El mensaje de Efesios

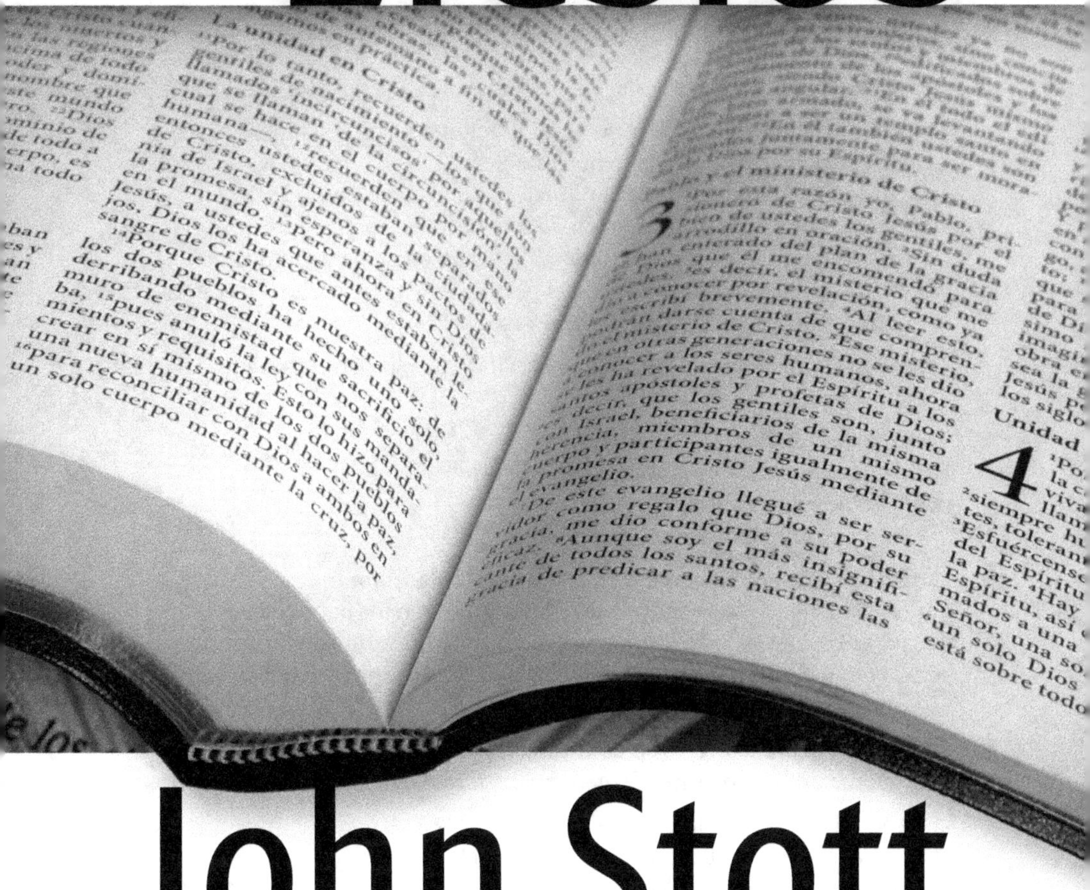

John Stott

Ediciones Certeza Unida
Barcelona, Buenos Aires, La Paz
2006

Stott, John

El mensaje de Efesios. – 2ª ed. – Buenos Aires : Certeza Unida, 2006.
288 páginas ; 23x16 cm.

ISBN-10: 950-683-132-7
ISBN-13: 978-950-683-131-8

1. Estudios Bíblicos. I. Powell, Adriana, ed. lit.
II. Pérez, Carmen, trad. III. Título
CDD 220.6

Título del original en inglés: *The Message of Ephesians*

Salvo que se mencione otra versión, las citas bíblicas corresponden a la Nueva Versión Internacional.

Tradujo al castellano: Carmen Pérez
Revisión bíblica: Jorge Olivares y Abel Schwab
Edición literaria: Adriana Powell
Diseño: Ayelén Horwitz y Miguel Collie

Ediciones Certeza Unida es la casa editorial de la Comunidad Internacional de Estudiantes Evangélicos (CIEE) en los países de habla hispana. La CIEE es un movimiento compuesto por grupos estudiantiles que buscan cumplir y capacitar a otros para la misión en la universidad y el mundo. Más información en:

Certeza Argentina, Bernardo de Irigoyen 654, (C1072AAN) Ciudad Autónoma de Buenos Aires, Argentina. *certeza@certezaargentina.com.ar*

Editorial Lámpara, Calle Almirante Grau No 464, San Pedro, Casilla 8924, La Paz, Bolivia. *coorlamp@entelnet.bo*

Publicaciones Andamio, Alts Forns 68, Sótano 1, 08038, Barcelona, España. *editorial@publicacionesandamio.com*
www.publicacionesandamio.com

Índice

Presentación

Este libro forma parte de la serie de exposiciones publicadas en inglés por InterVarsity Press bajo el título *The Bible Speaks Today* (La Biblia habla hoy). Igual que todas las exposiciones de aquella serie, *El Mensaje de Efesios* se caracteriza por el ideal de exponer el texto bíblico con fidelidad y relacionarlo con la vida contemporánea.

El comentario toma como base el texto bíblico de la *Nueva Versión Internacional*, e incluye la referencia a otras versiones de la Biblia. El propósito del autor es hacer comprensible el mensaje bíblico, a fin de aplicarlo a la realidad contemporánea tanto personal como de la comunidad.

Tenemos la certeza de que Dios aún habla hoy a través de lo que ya ha hablado. Nada es más necesario para la vida, el crecimiento y la salud de las iglesias o de los cristianos, que escuchar y prestar atención a lo que el Espíritu les dice a través de su antigua, pero siempre apropiada Palabra.

Prefacio del autor

Aquellos que nos autodenominamos cristianos 'evangélicos' sostenemos con esta definición que somos el pueblo del evangelio, aquél que mantiene en alto el auténtico evangelio cristiano. Es un reclamo audaz y algunas veces resistido. A fin de justificarlo necesitamos volver constantemente a las Escrituras, único lugar donde encontramos el enunciado normativo del evangelio. Si nos comparamos con este criterio, debemos admitir que muchas de nuestras formulaciones de las buenas nuevas son defectuosas. Una de las lagunas evangélicas más importantes es la de haber pasado por alto la importancia central de la iglesia. Tendemos a proclamar la salvación individual pero sin pasar de allí a la comunidad salvada. Enfatizamos que Cristo murió por nosotros 'para rescatarnos de toda maldad' más que para 'purificar para sí un pueblo elegido' (Tito 2.14). Pensamos de nosotros mismos más como 'cristianos' que como 'miembros de iglesia', y nuestro mensaje habla más del anuncio de una vida nueva que de una sociedad nueva.

Nadie puede salir de la lectura cuidadosa de la Carta de Pablo a los Efesios con un evangelio individualista. Porque Efesios es el evangelio de la iglesia. Presenta el propósito eterno de Dios de crear a través de Jesucristo una nueva humanidad que se destaca en un brillante relieve sobre el sombrío trasfondo del mundo antiguo. Porque la nueva sociedad de Dios se caracteriza por la vida en lugar de la muerte, la unidad y la reconciliación en lugar de la división y el aislamiento, los sanos valores de la rectitud en lugar de la corrupción, el amor y la paz en lugar del odio y las contiendas, una lucha incansable contra el mal en lugar de un vacilante compromiso con él.

Esta visión de una comunidad humana renovada me ha tocado profundamente. Al mismo tiempo, las realidades del desamor y el pecado en tantas iglesias contemporáneas son suficientes para hacernos llorar, porque deshonran a Cristo, contradicen la naturaleza de la iglesia y le quitan al testimonio cristiano su plenitud. Sin embargo, es creciente el número de miembros de las iglesias que buscan la renovación radical de la iglesia. Para gloria de Dios y por amor a la evangelización del mundo, nada es más importante que el hecho de que la iglesia no sólo sea, sino que se la vea como la nueva humanidad de Dios. Efesios nos brinda un estímulo vigoroso y permanente hacia el cumplimiento de esta visión.

Durante cinco o más años estudié el texto de Efesios, absorbiendo su mensaje, sintiendo su impacto, y soñando su sueño. En este período ha sido una gran ayuda práctica exponer la epístola a grupos diferentes y recibir sus reacciones. Comencé con la siempre dispuesta y paciente congregación de All Souls y continué con conferencias en la India, Nepal, Canadá y Méjico, y en julio de 1975 con la memorable Keswick Centenary Convention. No hay audiencia más alerta y crítica que aquella compuesta por estudiantes, por lo tanto me ha resultado especialmente beneficioso compartirlo con grupos estudiantiles en la India, en Norteamérica, Europa, Australia y Latinoamérica. También acepté el desafío de una exposición más extensa en 1976 para el Instituto de Verano en Regent College, Vancouver, y en la Universidad de Maryland, en Estados Unidos. Estoy sumamente agradecido por el estímulo intelectual y espiritual que me brindaron estas experiencias.

También estoy agradecido a varias personas que me han ayudado de diferentes maneras para escribir este libro, especialmente a Roy McCloughry que siguió el rastro de varias referencias útiles, a Myra Chave-Jones por leer una porción del manuscrito y a Tom Cooper por leerlo completo, y por los comentarios que me hicieron. Y a Frances Whitehead y a Vivienne Curry por la extenuante labor de descifrar mi letra y convertirla en un hermoso manuscrito a máquina.

John R. W. Stott

Abreviaturas

AG *A Greek-English Lexicon of the New Testament and Other Early Christian Literature*, William F. Arndt y F. Wilbur Gingrich, University of Chicago Press y Cambridge University Press, 1957.

BA *La Biblia de las Américas*, The Lockman Foundation, 1997.

BAD *La Biblia al día*, la Biblia en paráfrasis, edición con ayudas especiales, Editorial Mundo Hispano, 1979.

BJ *Biblia de Jerusalén*, revisada y aumentada, Desclée de Brouwer, 1975.

DHH *Dios habla hoy*, La Biblia en Versión Popular, Sociedades Bíblicas Unidas, 1994.

LPD *El Libro del Pueblo de Dios*, San Pablo, Madrid, 27ª ed., 2002.

LXX *Septuaginta*, el Antiguo Testamento en griego, siglo III a.C.

NVI *Nueva Versión Internacional*, Sociedad Bíblica Internacional, 1999.

RVR *La Santa Biblia Reina-Valera*, Revisión de 1995, Sociedades Bíblicas Unidas, 1995.

TDNT *Theological Dictionary of the New Testament*, ed. G. Kittel y G. Friedrich, trad. al inglés G. W. Bromiley, Eerdmans, 1964–1974.

TLA *Biblia para todos,* Traducción en Lenguaje Actual, Sociedades Bíblicas Unidas, 2002.

VNC *Sagrada Biblia,* versión de Eloino Nácar Fuster y Alberto Colunga Cueto, O. P., Madrid, 1968.

Introducción a la carta
Efesios 1.1–2

La Carta a los Efesios es un resumen maravillosamente conciso, pero abarcador, de las buenas nuevas cristianas y lo que ellas contienen. Nadie puede leerla sin sentirse movido al asombro y a la adoración, ni dejar de ser desafiado a vivir de una manera consecuente.

Era la epístola favorita de Juan Calvino. Armitage Robinson la llamó 'la corona de los escritos de San Pablo'.[1] William Barclay cita la afirmación de Samuel Taylor Coleridge, que la describe como 'la más divina composición humana' y añade su propia opinión de que es la 'reina de las epístolas'.[2]

Su mensaje ha llevado a muchos lectores a la fe y los ha estimulado a hacer buenas obras. Uno de ellos fue Juan Mackay, primer presidente del Seminario Teológico de Princeton. 'A este libro le debo mi vida', escribió. Y continuó explicando cómo, en julio de 1903, cuando era un jovencito de catorce años, experimentó a través de la lectura de Efesios 'un éxtasis juvenil en las sierras de Highland' e hizo 'una ferviente declaración de fe en Jesucristo, entre las rocas, a la luz de las estrellas'.[3] Este es su propio relato de lo que sucedió: "Vi un mundo nuevo … Todo era nuevo … tenía una nueva visión, nuevas experiencias, nuevas actitudes hacia los demás. Amaba a Dios. Jesucristo llegó a ser el centro de todas las cosas … había sido 'vivificado'; estaba realmente vivo."[4]

Juan Mackay nunca perdió su fascinación por Efesios. Así que, cuando lo invitaron a dar las conferencias Croall en la Universidad de Edimburgo, en enero de 1948, eligió como tema la carta a los Efesios. Quería anticiparse a la formación del Concilio Mundial de Iglesias en Ámsterdam, que tendría lugar más tarde, ese mismo año. El tema de la asamblea inaugural (posteriormente modificado) iba a ser 'El orden de Dios y el desorden del hombre'. De manera que tituló sus conferencias *El orden de Dios*. Se refería a Efesios como 'el más grande' de todos los escritos paulinos, 'el más maduro' y 'el más relevante para nuestros tiempos'.[5] Porque aquí está 'la esencia de la religión cristiana, el compendio más autorizado y más consumado de nuestra santa fe cristiana'.[6] Y otra vez dijo 'esta carta es pura música … Lo que aquí leemos es como una verdad que canta, una doctrina escrita en una clave musical'.[7] Así como el apóstol proclamó el orden de Dios en la era romana posterior a Augusto, marcada por 'un proceso de desintegración social', Efesios resulta hoy 'el libro más contemporáneo de la Biblia',[8] ya que promete unidad en un mundo de desunión, reconciliación en lugar de separación, y paz en lugar de guerra. El entusiasmo del doctor Mackay por esta carta aumenta nuestras expectativas al comenzar su estudio.

> **1.1 Pablo, apóstol de Cristo Jesús por la voluntad de Dios, a los santos y fieles en Cristo Jesús que están en Éfeso: ²Que Dios nuestro Padre y el Señor Jesucristo les concedan gracia y paz.**

Al leer estos dos versículos que inician la carta, se nos presentan tres asuntos preliminares: se refieren al autor, a sus destinatarios y a su mensaje.

1. El autor: Opiniones divergentes

Siguiendo las convenciones de su tiempo, el autor comienza por anunciarse a sí mismo. Se identifica como el apóstol Pablo.

La autoría paulina de Efesios se aceptó universalmente desde el primer siglo hasta el comienzo del diecinueve. ¿Por qué, entonces, los eruditos alemanes desde 1820 en adelante comenzaron a cuestionar la autenticidad de la carta, y por qué está extendido hasta hoy este escepticismo acerca de la autoría de Pablo? Para citar sólo un ejemplo: 'Hay muchos motivos para pensar que no proviene de su mano y ni siquiera de su época.'[9]

La mayoría de los comentaristas hacen notar el vocabulario y el estilo distintivo que presenta la carta. Suman la cantidad de palabras de Efesios que no aparecen en las otras cartas de Pablo, y el número de sus palabras favoritas que no se encuentran en Efesios. Su estilo, añaden, es bastante menos apasionado que lo habitual. Markus Barth, por ejemplo, ha escrito acerca de 'la dicción verbosa, redundante y pleonástica' del autor y de su 'estilo barroco, ampuloso, tipo letanía'.[10] Pero este es un juicio mayormente subjetivo. Por otra parte, los argumentos lingüísticos y estilísticos son notoriamente precarios. ¿Por qué deberíamos esperar que una mente tan original como la de Pablo se mantuviera dentro de los límites de un vocabulario reducido y un estilo inflexible? Temas diferentes requieren palabras distintas, y cuando se modifican las circunstancias también se modifica la atmósfera.

Sin embargo, se usan otros dos argumentos más importantes, que arrojan dudas sobre la autenticidad de la carta: el primero histórico y el segundo teológico. El argumento histórico se basa sobre una discrepancia entre el relato de Hechos acerca de la amistad íntima y de larga data de Pablo con la iglesia de Éfeso, y la relación absolutamente impersonal y por simple referencia que la carta expresa. Aunque su primera visita había sido breve (Hechos 18.19–21), la segunda duró tres años (Hechos 19.1–20.1, 31). Durante este período los instruyó sistemáticamente, tanto 'en público' como 'de casa en casa', llegaron a conocerlo bien, y al despedirse los ancianos de la iglesia le demostraron su afecto, acompañándolo con lágrimas, abrazos y besos.[11] Llama la atención, entonces, descubrir que la carta a los Efesios no contiene saludos personales como los que hay al final de otras cartas paulinas (en Romanos 16 se mencionan no menos de veintiséis nombres). En cambio, se dirige a sus lectores sólo en términos generales, deseando paz a 'los hermanos' y gracia a 'todos los que aman a nuestro Señor Jesucristo' (6.23–24). Alude a su propia situación como prisionero (3.1; 4.1; 6.20), pero no hace alusión alguna a la de ellos. Les pide que vivan en unidad y en pureza sexual, pero no alude a bandos ni a inmoralidades como lo hace en 1 Corintios. Se refiere en términos generales a la astucia de los falsos maestros (4.14), pero no identifica ninguna herejía en particular como en Gálatas o Colosenses. Más aun, no da ningún indicio de que él y ellos se conocieran personalmente. Por el contrario, solo ha 'oído' de su fe y amor, y ellos de su administración del evangelio (1.15; 3.2–4).

Este carácter impersonal de la carta resulta por cierto, sorprendente. Sin embargo no es suficiente para deducir que Pablo no fue el autor. Hay otras explicaciones posibles. Pablo pudo haberse dirigido a un grupo de iglesias asiáticas en lugar de hacerlo sólo a la iglesia Éfeso o, como sugiere Markus Barth, 'no a toda la iglesia de Éfeso, sino sólo a los miembros de origen gentil, gente a la que no conocía personalmente y que se habían convertido y bautizado después de su partida final de aquella ciudad'.[12]

El segundo argumento en contra de la autoría paulina de Efesios es teológico. Sobre este tema los comentaristas exponen una amplia variedad de puntos distintos. Por ejemplo, se enfatiza que en Efesios, a diferencia de otras cartas cuya autoría paulina es innegable, Cristo asume un papel de dimensiones cósmicas; que la esfera de interés está en 'los lugares celestiales' (una llamativa expresión que aparece cinco veces) donde operan los poderes y autoridades; que el punto central es la iglesia; que la 'justificación' no se menciona; que la 'reconciliación' es más entre judíos y gentiles que entre Dios y el pecador; que la salvación se describe no como muriendo con Cristo, sino sólo como resucitando con él; y que no hay referencia alguna a la segunda venida del Señor. Sin embargo, todos estos puntos son en comparación de poca importancia, y no puede haber error en decir que la carta refleja esencialmente a la teología paulina. Aun aquellos que niegan la autoría paulina se ven obligados a admitir que es 'un bloque que tiene reminiscencias de la innegable redacción de Pablo'.[13]

Además, está ese sentimiento que algunos lectores experimentan al leer la carta, de que se trata de un 'extraño'. Nadie lo ha expresado más vívidamente que Markus Barth en su primer estudio (1959), titulado *The Broken Wall*. La primera sección se denomina 'La enigmática epístola de Pablo', y la presenta como 'un extraño a la puerta'. ¿Qué es lo 'extraño' de Efesios? Menciona la doctrina de la predestinación, el énfasis sobre la iluminación intelectual, la 'superstición' (es decir las referencias a ángeles y demonios), el 'eclesiasticismo' que divorcia a la iglesia del mundo, y su enseñanza acerca de las relaciones en el hogar, un 'moralismo' que él llama 'patriarcal, autoritario, pequeño burgués' y carente de originalidad, amplitud, osadía, y gozo. Así resume su impresión inicial de Efesios: 'Este extraño sujeto nos recuerda a un huérfano de padre y madre. Usa un estilo barroco y agotador. Se apoya en el determinismo, sufre de intelectualismo, combina la fe en Cristo con una supersticiosa demonología, promueve un rígido modelo de iglesia concentrada en sí misma y termina con un moralismo superficial y trillado'.[14]

Cuando leí por primera vez esta evaluación, me pregunté si el doctor Barth realmente estaba describiendo Efesios, ya que su reacción frente a la carta difería tanto de la mía. Pero a medida que continué leyendo, se volvió claro que no estaba satisfecho con su propio juicio. Primero admite que puede haber sido culpable de haber hecho una caricatura, luego explica que quería impresionar a sus lectores para que sintieran lo que sienten los no cristianos cuando se les ofrece una caricatura del evangelio, y finalmente rescata el equilibrio al mencionar 'el encanto del descubrimiento' que experimentan las personas que llegan a conocer mejor a Efesios. La carta se hace estimable y también su autor, sugiere Barth, por tres características:

Primero, Efesios es una intercesión. Más que ninguna otra epístola del Nuevo Testamento, tiene 'el carácter y la forma de una *oración*'. Cuando alguien *discute* con nosotros, puede persuadirnos o no; pero cuando *ora* por nosotros, su relación con nosotros cambia. 'Así sucede con el extraño que está a la puerta. Efesios se ha ganado el derecho de entrar porque sus lectores ocupan un lugar en la intercesión del autor.'[15]

En segundo término, Efesios es afirmación. No es ni apologética ni polémica. En cambio, abunda en afirmaciones 'osadas' y aun 'jubilosas' acerca de Dios, de Cristo y del Espíritu Santo. 'Efesios se hace agradable y atractiva como documento con sólo atreverse a dejar brillar nada más que el amor y la elección de Dios, la muerte y la resurrección de Cristo, y la obra y fuerza del Espíritu Santo entre los hombres.'[16]

En tercer lugar, Efesios es evangelización. En su examen de los contenidos de la carta, Markus Barth enfatiza sus 'osadas afirmaciones' acerca del propósito y la acción salvadora de Dios (capítulos 1 y 2), acerca del 'permanente trabajo de Dios en su automanifestación en medio y a través de la iglesia' (capítulos 3 y 4), y acerca de la 'osada y gozosa condición de embajadores que tienen los cristianos en el mundo' (capítulos 5 y 6). Todo esto, dice él, le da a Efesios 'un significado sobresaliente para los que están preocupados por la tarea de evangelización de la iglesia en nuestros días.'[17]

2. El autor: Pablo, apóstol de Jesucristo

¿Cuál es, entonces, el estado del argumento en cuanto a la autoría de Efesios en los círculos eruditos? Muchos prefieren abstenerse de dar una opinión. Estarían de acuerdo con J. H. Houlden en que no hay 'ningún consenso de opiniones expertas', porque 'un argumento responde a otro sin conclusiones claras'.[18]

Otros niegan que Pablo sea el autor y proponen elaboradas teorías como alternativa. Quizás la más ingeniosa sea la del erudito americano E. J. Goodspeed. Especuló que alrededor del año 90 d.C. un ardiente devoto del apóstol Pablo, triste por la negligencia de su época hacia las cartas de su héroe, recorrió las iglesias que aquél había visitado, para recoger las cartas y más tarde publicarlas. Pero antes de hacerlo vio la necesidad de alguna clase de introducción. Así que compuso 'Efesios' como un mosaico de materiales extraídos de todas las cartas de Pablo, especialmente Colosenses (que había memorizado) y se la atribuyó a Pablo para encomendarlo a una generación posterior. E. J. Goodspeed fue más lejos aún y lanzó la teoría de que este autor y publicador no era otro que Onésimo, el esclavo convertido, ya que alguien con ese nombre era obispo de Éfeso en aquella época. Aunque esta reconstrucción ganó algo de popularidad en los Estados Unidos y fue adoptada en Inglaterra por el doctor Leslie Mitton, es casi enteramente especulativa.

Otros eruditos están volviendo al punto de vista tradicional. A. M. Hunter dice correctamente que 'la necesidad de demostrar sus argumentos cae sobre aquellos que niegan la autoría de Pablo'.[19]

Markus Barth utiliza la misma expresión y aplica la máxima de 'inocente mientras no sea encontrado culpable'.[20] En cuanto a mí, encuentro que aun esos juicios son demasiado tímidos. No parecen dar demasiado peso a las evidencias externas ni a las internas. Externamente, está el testimonio notable de la iglesia entera durante dieciocho siglos, que no se puede dejar de lado. Internamente, la carta no sólo pretende estar escrita en su totalidad por Pablo, sino que su tema de la unión de judíos y gentiles por la obra reconciliadora de Dios a través de Cristo, es coincidente con lo que aprendemos en todos lados acerca del apóstol a los gentiles. No creo que G. G. Findlay estuviera exagerando cuando escribió que el escepticismo moderno acerca de la autoría paulina de Efesios se recordará en el futuro como 'una de … las curiosidades de una época hipercrítica'.[21] La ausencia de cualquier otra alternativa satisfactoria está enfatizada correctamente por F. F. Bruce: 'El autor de Efesios tendría que haber sido por lo menos alguien igual al apóstol en su estatura espiritual e intelectual.

La historia cristiana primitiva no tiene conocimiento alguno de ese supuesto doble de Pablo.'[22]

Después de este breve examen de algunos puntos de vista modernos es un alivio volver al texto: **Pablo, apóstol de Cristo Jesús por la voluntad de Dios.** Pablo reclama para sí el mismo título que Jesús le había dado a los Doce,[23] y cuyo trasfondo, tanto en el Antiguo Testamento como en el judaísmo rabínico, designaba a alguien elegido especialmente, llamado y enviado a predicar con autoridad. Él no se había ofrecido voluntariamente para este ministerio ni la iglesia lo había designado. Por el contrario, su apostolado derivaba de la voluntad de Dios y de la elección y comisión de Jesucristo. Si esto es así, y yo lo creo firmemente, entonces debemos escuchar el mensaje de Efesios con la debida humildad y atención. Puesto que no debemos considerar a su autor ni como un individuo particular que está ventilando sus opiniones personales, ni como un maestro talentoso pero humanamente falible, ni siquiera como el héroe misionero más grande de la iglesia, sino como 'un apóstol de Jesucristo por la voluntad de Dios', es decir, como un maestro cuya autoridad es precisamente la autoridad de Jesucristo mismo, en cuyo nombre y por cuya inspiración escribe. Como lo expresó Charles Hodge a mediados del último siglo, 'la epístola se revela como la obra del Espíritu Santo tan claramente como las estrellas declaran que Dios es su Hacedor'.[24]

3. Los destinatarios

En la segunda parte del versículo 1 Pablo utiliza diversos calificativos para describir a sus lectores.

Primero, son **los santos.** Con esta conocida palabra no se refiere a alguna elite espiritual dentro de la congregación, una minoría de cristianos excepcionalmente piadosos, sino a todo el *pueblo de Dios.* Se los llamaba 'santos', porque habían sido apartados para pertenecerle a él. La expresión fue primero utilizada para Israel como la 'nación santa', pero se extendió a toda la comunidad internacional cristiana, que es el Israel de Dios.[25]

Luego, son también **fieles.** El adjetivo *pistos* puede tener tanto un significado activo ('confiado', 'teniendo fe') o pasivo ('confiable', 'siendo fiel'). La NVI elige el pasivo aquí, pero el activo parece mejor, ya que el pueblo de Dios es 'la familia de la fe',[26] unida por la fe común en

Dios a través de Jesucristo. Al mismo tiempo, J. Armitage Robinson puede estar en lo cierto al sugerir que "los dos sentidos de *pistis*, 'creer' y 'fidelidad', parecen estar mezclados".[27] Por cierto, es difícil imaginar a un creyente que no sea él mismo confiable, o un cristiano confiable que no haya aprendido lo que es la fidelidad de aquel en quien depositó su confianza.

En tercer lugar, los lectores de Pablo están **en Cristo Jesús**. Esta expresión clave de la carta ya aparece en su primer versículo. Estar **en Cristo** es estar personal y vitalmente unido a Cristo, como las ramas están unidas a la vid y los miembros al cuerpo, y por lo tanto, también al pueblo de Cristo. Es imposible ser parte del cuerpo sin estar relacionado tanto con la Cabeza como con los demás miembros. Aquí está en embrión mucho de lo que se desarrolla más adelante en la epístola. De acuerdo con el Nuevo Testamento y especialmente con Pablo ser cristiano es, en esencia, estar **en Cristo**, ser uno con él y con su pueblo.

En cuarto lugar, algunos manuscritos añaden que los lectores de Pablo están **en Éfeso**. En sus orígenes, Éfeso fue una colonia griega, pero ahora era la capital de la provincia romana de Asia y un populoso puerto comercial (formado antiguamente por el limo de arrastre). También era la base del culto a la diosa Diana (o Artemisa) cuyo templo, después de haber sido destruido en la mitad del siglo cuarto a.C., se había reconstruido en forma gradual hasta llegar a ser una de las siete maravillas del mundo. En efecto, el éxito de la misión de Pablo en Éfeso había amenazado a tal punto la venta de los templecitos de plata, que los plateros habían provocado un tumulto público.[28]

La descripción que Pablo hace de sus lectores es, por lo tanto, bien amplia. Son 'santos' porque pertenecen a Dios; son 'creyentes' porque han confiado en Cristo; y tienen dos hogares, porque residen al mismo tiempo 'en Cristo' y 'en Éfeso'. En efecto, todos los cristianos son santos y creyentes, y viven al mismo tiempo en Cristo y en el mundo terrenal, o 'en los lugares celestiales' y en la tierra. Muchos de nuestros conflictos espirituales surgen de nuestro fracaso para reconocer que somos ciudadanos de dos reinos. Tendemos a seguir con pasión a Cristo pero alejarnos del mundo, o a interesarnos por el mundo pero olvidarnos que también estamos en Cristo.

Las palabras 'en Éfeso', sin embargo, no se encuentran en el papiro paulino más antiguo (Chester Beatty 46), que data del siglo segundo.

Orígenes, en el siglo tercero, no las conocía, y están ausentes de los grandes códices vaticano y cianítico del siglo cuarto. El asunto se complica aún más por el hecho de que Marción, a mitad del siglo segundo, se refirió a la Epístola a los Efesios como habiendo sido dirigida 'a los laodicenses'. Ya que Pablo mismo dio directivas a los colosenses para que su carta fuera leída 'en la iglesia de Laodicea' y que ellos mismos leyeran también 'la carta dirigida a esa iglesia'[29] algunos han pensado que la llamada 'carta de Laodicea' era de hecho 'Efesios', y que él le estaba dando instrucciones a las iglesias para que intercambiaran las dos cartas que habían recibido de su mano. Ciertamente, Tíquico fue el portador de ambas.[30]

¿Cómo podemos entonces reconstruir la situación que llevó a estas variantes, en que algunas copias tienen 'en Éfeso', otras no tienen designación alguna, y una se refiere a Laodicea? Al comienzo del siglo veinte, Adolf Harnack sugirió que la carta fue originalmente dirigida a la iglesia de Laodicea, pero, debido a la tibieza de esa iglesia y su consecuente deshonra,[31] el nombre de Laodicea fue borrado y remplazado por Éfeso.

Otra explicación fue la propuesta por Beza hacia fines del siglo dieciséis y popularizada por el arzobispo Ussher en el diecisiete, que decía que Efesios fue originalmente un tipo de encíclica apostólica o carta circular para varias iglesias asiáticas, y que en el primer versículo se había dejado un espacio en blanco para que cada iglesia lo completara con su propio nombre. El nombre de Éfeso llegó a estar unido a la carta porque era la principal ciudad asiática.

De manera similar, Charles Hodge pensó que la carta quizás había sido 'escrita a los efesios y dirigida a ellos, pero destinada especialmente a todos los cristianos gentiles (como clase), en lugar de ser para los efesios como iglesia. Se la redactó de esa forma para alcanzar a los cristianos gentiles de las iglesias vecinas, a quienes, sin duda, el apóstol deseaba que les fuera comunicada'.[32]

Un público lector más general explicaría no sólo las variantes del primer versículo sino también la ausencia de toda alusión particular o saludos personales en la carta.

No obstante, la teoría de la carta circular es enteramente especulativa. Ningún manuscrito contiene la alternativa de otros destinatarios. Y Colosenses, que Pablo dice haber dirigido también a otra iglesia

(Colosenses 4.16), incluye de todos modos algunos saludos personales. De manera que el misterio permanece sin resolver.

4. El mensaje

La carta se ocupa de lo que Dios hizo a través de la obra histórica de Jesucristo y lo que hoy hace a través de su Espíritu, con el fin de construir su nueva sociedad en medio de la antigua.

Explica de qué manera Jesucristo derramó su sangre en su muerte como sacrificio por los pecados, fue luego levantado de la muerte por el poder de Dios y ha sido exaltado sobre todos los adversarios al lugar supremo, tanto en el universo como en la iglesia. Más aun, nosotros que estamos 'en Cristo', orgánicamente unidos a él por la fe, hemos compartido también estos grandes sucesos. Hemos sido levantados de la muerte espiritual, elevados a los cielos y estamos sentados con él allí. También hemos sido reconciliados con Dios, y los unos con los otros. Como resultado, a través de Cristo y en Cristo, no somos nada menos que la nueva sociedad de Dios, la única nueva humanidad que está creando y que incluye a judíos y gentiles en igualdad de términos. Somos la familia de Dios el Padre, el cuerpo de Jesucristo su Hijo, y el templo o morada del Espíritu Santo.

Por lo tanto, debemos demostrar de manera clara y visible en nuestra vida la realidad de esta nueva creación de Dios: primero por la unidad y diversidad de nuestra vida en común, en segundo lugar por la pureza y el amor de nuestro comportamiento diario, luego por la sumisión mutua y el cuidado de nuestras relaciones en el hogar, y finalmente por nuestra estabilidad en la lucha contra los poderes y autoridades del mal. Luego, en la plenitud de los tiempos, el propósito unificador de Dios será completado bajo la autoridad de Jesucristo.

Sin perder de vista este tema, quizás podamos analizar la carta de la siguiente manera:

1. La nueva vida que Dios nos dio en Cristo (1.3–2.10)

2. La nueva sociedad que Dios creó por medio de Cristo (2.11–3.21)

3. Los nuevos valores que Dios espera de su nueva sociedad, especialmente unidad y pureza (4.1–5.21)

4. Las nuevas relaciones a las que Dios nos ha invitado:
   armonía en el hogar y hostilidad hacia el diablo (5.21; 6.24)

Toda la carta es, por lo tanto, una magnífica combinación de doctrina cristiana y deber cristiano, fe cristiana y vida cristiana, lo que Dios ha hecho por medio de Cristo y lo que nosotros debemos ser y hacer en consecuencia. Su tema central es 'la nueva sociedad de Dios', qué es, cómo llegó a la existencia por medio de Cristo, de qué manera le fueron revelados a Pablo sus orígenes y naturaleza, cómo crece a través de la proclamación, la forma en que debemos vivir una vida digna de ella, y cómo llegará a su consumación el día en que Cristo reciba a su esposa, la iglesia, en esplendor, 'sin mancha ni arruga ni ninguna otra imperfección, sino santa e intachable' (5.27).

La relevancia contemporánea de este mensaje es obvia. Karl Marx también escribió acerca del 'nuevo hombre' y de la 'nueva sociedad'. Millones de personas captaron su visión y se dedicaron a llevarla a cabo. Pero Marx vio el problema humano y su solución en términos casi exclusivamente económicos. La 'nueva sociedad' era la sociedad sin clases que seguiría a la revolución, y el 'nuevo hombre' emergería como resultado de su liberación económica.

Pablo presenta una visión aun más grande. Porque él ve el problema humano como algo más profundo que la injusticia de las estructuras económicas y por lo tanto propone una solución más radical. Escribe nada menos que acerca de una nueva creación. Tres veces utiliza el lenguaje de la creación. A través de Jesucristo, Dios está recreando a hombres y mujeres 'para buenas obras', creando una humanidad única en lugar de la desastrosa división judeo-gentil y recreándonos a su propia imagen 'en verdadera justicia y santidad'.[33] Por lo tanto, de acuerdo a las enseñanzas de Pablo, el hombre nuevo y la nueva sociedad son la obra creadora de Dios. La reestructuración económica tiene mucha importancia, pero no puede producir estas cosas. Están más allá de la capacidad del poder humano y de su ingenio. Dependen del poder del divino Creador.

Este mensaje de la iglesia como nueva creación de Dios y nueva comunidad es de singular importancia para quienes nos llamamos (o nos llaman) cristianos 'evangélicos'. Por temperamento y tradición tendemos a ser señalados como individualistas, y se piensa que nos preocupamos poco por la iglesia. Sin embargo no debería ser así. El verdadero evangélico, el que deriva su teología de la Biblia, estará obligado a tener la muy elevada visión de la iglesia que tiene la Biblia. Hoy más que nunca necesitamos aprehender la visión bíblica de la iglesia. En el Occidente, la iglesia está declinando y necesita con urgencia ser renovada. ¿Pero qué forma de renovación deseamos? En muchos países se priva a la iglesia de sus privilegios, a menudo se la persigue, y algunas veces se la confina a lugares clandestinos. Tales situaciones urgen a que nos hagamos la pregunta básica: ¿cuál es el ser esencial de la iglesia, aquello sin lo cual dejaría de ser iglesia? Por otra parte, en varias regiones del mundo la iglesia está creciendo rápidamente, y en algunos lugares su tasa de crecimiento es mayor aun que la tasa de crecimiento de la población. ¿Pero qué clase de iglesias está naciendo y creciendo? En cada país, en cualquier grado de desarrollo, necesitamos preguntarnos cuestiones radicales acerca de la iglesia. Y Efesios nos proveerá esas respuestas. Porque aquí están las directivas de Cristo acerca de su iglesia, la iglesia por la cual una vez 'se entregó' (5.25), la iglesia 'que es su cuerpo' y aun su 'plenitud' (1.23).

Gran parte del mensaje de Efesios se anticipa en el saludo de apertura del apóstol: **Que Dios nuestro Padre y el Señor Jesucristo les concedan gracia y paz** (v. 2). Esta era la forma acostumbrada de saludo con la que Pablo comenzaba todas sus cartas, una forma cristianizada del saludo contemporáneo hebreo y griego. Sin embargo, podemos decir con certeza que nada de lo que hacía Pablo era enteramente convencional. Por el contrario, ambos sustantivos son especialmente apropiados para el comienzo de Efesios: **gracia** que indica libre iniciativa salvadora de Dios, y **paz**, lo que él ha tomado la iniciativa de hacer, es decir, reconciliar a los pecadores consigo mismo y unos con otros en su nueva comunidad.

Gracia y **paz** son palabras claves en Efesios. En 6.15 las buenas nuevas se denominan 'el evangelio de la paz'. En 2.14 está escrito que Jesucristo mismo es 'nuestra paz', porque primero hizo 'la paz' por su cruz (v. 15) y luego vino 'y proclamó paz' a judíos y gentiles por igual (v. 17). Por lo tanto su pueblo debe esforzarse 'por mantener la unidad del Espíritu mediante el vínculo de la paz' (4.3). 'Gracia', por otra parte, indica tanto la causa como la forma de la iniciativa reconciliadora tomada por Dios. 'Gracia' es su misericordia gratuita e inmerecida. Es 'por gracia' que somos salvos, 'la incomparable riqueza de su gracia' (2.5, 7–8), y es por esa misma gracia que somos investidos de dones para el servicio (4.7; ver 3.2, 7). Así que si queremos un resumen conciso de las buenas nuevas que se anuncian en toda la carta, no podríamos encontrar nada mejor que la frase 'paz por gracia'.

Finalmente, antes de terminar la introducción a la carta, no debemos pasar por alto la unión vital entre el autor, los lectores y el mensaje. Es el mismo Señor Jesucristo. Porque Pablo, el escritor, es un **apóstol de Cristo Jesús**. Los lectores están ellos mismos **en Cristo Jesús** y la bendición viene tanto de Dios nuestro Padre como *del* **Señor Jesucristo**, quienes, juntos, son la única fuente de la que fluyen la gracia y la paz. Por lo tanto el Señor Jesucristo domina la mente de Pablo y llena su visión. Parece casi como si él se sintiera forzado a incorporar a Jesucristo en cada afirmación que escribe, al menos al comienzo de su carta. Porque es por medio de, y en Jesucristo que la nueva sociedad de Dios ha comenzado a existir.

1
Nueva vida
Efesios 1.3–2.10

1
Toda bendición espiritual
Efesios 1.3–14

La sección inicial de Efesios (1.3–2.10), que describe la nueva vida que Dios nos ha dado en Cristo, se divide naturalmente en dos mitades. La primera consiste en una alabanza y la segunda en un ruego (1.3–14). En la mitad que corresponde a la 'alabanza' Pablo bendice a Dios porque nos ha bendecido en Cristo con toda bendición espiritual (1.3–14), mientras que en la mitad que corresponde a la 'oración' le pide a Dios que abra nuestros ojos para que podamos ver la plenitud de su bendición (1.15–2.10). En este capítulo nos ocuparemos de la expresión de alabanza del apóstol.

> **1.3** **Alabado sea Dios, Padre de nuestro Señor Jesucristo, que nos ha bendecido en las regiones celestiales con toda bendición espiritual en Cristo. 4Dios nos escogió en él antes de la creación del mundo, para que seamos santos y sin mancha delante de él. En amor 5nos predestinó para ser adoptados como hijos suyos por medio de Jesucristo, según el buen propósito de su voluntad, 6para alabanza de su gloriosa gracia, que nos concedió en su Amado. 7En él tenemos la redención mediante su sangre, el perdón de nuestros pecados, conforme a las riquezas de la gracia 8que Dios nos dio en abundancia con toda sabiduría y entendimiento. 9Él nos hizo conocer el misterio de su voluntad conforme al buen propósito que de antemano estableció en Cristo, 10para llevarlo a cabo cuando se cumpliera el tiempo: reunir en él todas las cosas, tanto las del cielo como las de la tierra.**
>
> **11En Cristo también fuimos hechos herederos, pues fuimos predestinados según el plan de aquel que hace todas las cosas conforme al designio de su voluntad,**

> ¹²a fin de que nosotros, que ya hemos puesto nuestra esperanza en Cristo, seamos para alabanza de su gloria. ¹³En él también ustedes, cuando oyeron el mensaje de la verdad, el evangelio que les trajo la salvación, y lo creyeron, fueron marcados con el sello que es el Espíritu Santo prometido. ¹⁴Éste garantiza nuestra herencia hasta que llegue la redención final del pueblo adquirido por Dios, para alabanza de su gloria.

En el original griego estos doce versículos constituyen una sola oración compleja. A medida que Pablo dicta, las palabras fluyen de su boca en una cascada continua. No hace pausas para respirar ni pone puntos aparte en sus frases. Los comentaristas han buscado metáforas lo suficientemente vívidas para describir el impacto de este estallido inicial de adoración. 'Entramos a esta epístola a través de una puerta magnífica', escribe Findlay.[1] Es 'una cadena de oro' de muchos eslabones,[2] o 'un calidoscopio de luces brillantes y colores cambiantes'.[3] William Hendriksen lo compara con una bola de nieve que 'avanza rodando … por una pendiente, creciendo en volumen a medida que desciende',[4] y E. K. Simpson quizás menos felizmente lo asemeja a 'una prolongada carrera de caballos … corriendo a toda velocidad'.[5] El símil musical de John Mackay es más romántico: 'Esta adoración rapsódica es comparable a la obertura de una ópera que contiene la secuencia de las melodías que seguirán'.[6] Y Armitage Robinson sugiere que es 'el vuelo preliminar del águila, elevándose y girando, como si estuviera por un momento indecisa acerca de la dirección que tomará en su ilimitada libertad'.[7]

Una puerta, una cadena de oro, un calidoscopio, una bola de nieve, una carrera de caballos, la obertura de una ópera, y el vuelo de un águila: todas estas metáforas en sus diferentes formas describen la impresión de color, movimiento y grandeza que la plegaria deja en la mente del lector.

El párrafo entero es una canción de alabanza, una doxología, o más aun, una 'eulogía' porque esa es la palabra que Pablo utiliza. Comienza bendiciendo a Dios por bendecirnos a nosotros con toda bendición concebible. Más particularmente, pareciera hacer una referencia deliberada a la Trinidad. Porque el origen de la bendición es **Dios, Padre de nuestro Señor Jesucristo** y también 'nuestro Padre' (v. 2);

su esfera es Dios el Hijo, porque es **en Cristo**, y en virtud de nuestra unión con él, que Dios nos ha bendecido; y su naturaleza es espiritual, **toda bendición espiritual**, una frase que puede muy bien significar 'toda bendición del Espíritu Santo', quien como ejecutivo divino aplica la obra de Cristo a nuestros corazones. Como dice Charles Hodge: 'Estas bendiciones son *espirituales* no meramente porque pertenecen al alma, sino porque son derivadas del Espíritu Santo, cuya presencia e influencia constituyen la gran bendición obtenida por Cristo.'[8]

En parte por esta referencia trinitaria, algunos eruditos han comentado lo que denominan el sentido 'litúrgico' del párrafo. Es una 'gran bendición' escribe Markus Barth, 'una exclamación de alabanza y de plegaria, que recuerda aquellas que se pronunciaban en las sinagogas judías y en los hogares', y 'pudo … haber llegado a Pablo de la corriente de tradición cristiana oral, probablemente litúrgica.'[9] Algunos comentaristas han ido más allá y han descubierto en el pasaje una estructura trinitaria como la del Credo de los Apóstoles y el Credo Niceno: el Padre que elige (vv. 4–6), el Hijo que redime (vv. 7–12) y el Espíritu que sella (vv. 13–14), y cada estrofa con el refrán 'para alabanza de su gloria' (vv. 6, 12, 14). Aunque esto parece demasiado estructurado para ser probable, sin embargo el contenido trinitario del párrafo sigue siendo obvio.

Primero, Dios el Padre es la fuente o el origen de toda bendición que disfrutamos. Su iniciativa se advierte claramente porque él mismo es el sujeto de casi todos los verbos principales de estos versículos. Es él quien **nos ha bendecido** (v. 3), quien **nos escogió** (v. 4), y **nos predestinó para ser adoptados como hijos suyos** (v. 5), quien **nos concedió** su gracia (v. 6, BA, 'su gracia que gratuitamente ha impartido sobre nosotros'; VNC, literalmente 'nos gratificó con su gracia'), por lo tanto **nos dio en abundancia** su gracia (v. 8), y también **nos hizo conocer** su voluntad y su propósito **reunir en él** [Cristo] **todas las cosas** (vv. 9–10). Más aun, él **hace todas las cosas conforme al designio de su voluntad** (v. 11). Pasando de los verbos a los sustantivos, Pablo se refiere en rápida sucesión al amor y la gracia de Dios, su voluntad, su propósito y su plan. Por lo tanto, todo el párrafo está lleno de Dios el Padre, quien ha puesto su amor y derramado su gracia sobre nosotros, y ahora está llevando a cabo su plan eterno.

En segundo lugar, la esfera dentro de la cual las bendiciones divinas son otorgadas y recibidas es el Señor Jesucristo. En los primeros catorce versículos de la carta, Jesucristo se menciona tanto por nombre como por título ('Cristo', 'Jesucristo', 'Cristo Jesús', 'el Señor Jesucristo', 'el Amado'); por pronombre y adjetivo posesivo ('él', 'su') no menos de diez veces; y la frase 'en Cristo' o 'en él' aparece diez veces. Ya en el primer versículo el apóstol ha descrito a los cristianos como 'santos' y 'fieles' que están 'en Cristo Jesús'. Ahora, en el resto del párrafo, Pablo describe las consecuencias de esta expresión que indica un nuevo principio de solidaridad humana. Antes estábamos 'en Adán', y pertenecíamos a la antigua humanidad caída; ahora estamos **en Cristo** y pertenecemos a la nueva humanidad redimida. Es **en Cristo** que Dios nos ha bendecido y nos ha elegido en la eternidad (vv. 3–4). Es **en su Amado** que nos ha otorgado su gracia, para que **en él** tengamos redención o perdón (vv. 6–7). Es **en Cristo** que los primeros cristianos judíos llegaron a ser pueblo de Dios (vv. 11–12) y **en él** también los creyentes gentiles fueron sellados como pertenecientes a Dios (vv. 13–14). Es también **en Cristo** que Dios ha delineado su plan para unir todas las cosas **en él** o bajo su mando (vv. 9–10). En un tiempo nosotros, los gentiles, estuvimos 'separados de Cristo' y por lo tanto sin esperanza y sin Dios (2.12), pero ahora **en Cristo** hemos sido colmados de bendiciones.

En tercer lugar está el Espíritu Santo. Aunque en este párrafo se lo menciona por nombre sólo en el versículo 13, su actividad se da por sentada en todo el pasaje y su variada obra se describe en capítulos posteriores. Lo que Pablo enfatiza aquí es que la bendición que Dios nos da **en Cristo** es **espiritual**. Probablemente intenta un contraste con los días del Antiguo Testamento cuando las bendiciones prometidas por Dios eran en su mayor parte materiales. Quizás el ejemplo más llamativo se encuentre en Deuteronomio 28.1–14, donde las bendiciones prometidas a un Israel obediente eran muchos hijos, una buena cosecha, abundancia de ganado y liderazgo entre las naciones. También es verdad que Jesús prometió a sus seguidores algunas bendiciones materiales, porque les ordenó que no se preocuparan por la comida, la bebida y el vestido, y les garantizó que su Padre celestial supliría sus necesidades si ponían primero su preocupación por el reino de Dios y su justicia. Sin embargo, las bendiciones distintivas del nuevo pacto son espirituales y no materiales; por ejemplo, la ley de Dios escrita en nuestros corazones por el Espíritu Santo, un conocimiento personal de Dios y el perdón de nuestros pecados.[10]

A fin de no dejar lugar a dudas, Pablo añade a este adjetivo 'espiritual' la cláusula **en las regiones celestiales** (v. 3), o mejor aun, 'en los cielos', ya que no sugiere ninguna ubicación geográfica (*en tois epouraniois*). Esta es la primera oportunidad en la que utiliza esta admirable expresión, que aparece cinco veces en Efesios y ninguna vez en las otras cartas. ¿Qué significa? La palabra 'cielo' se usa en las Escrituras de diferentes maneras. Los autores antiguos distinguían entre 'el cielo de la naturaleza', 'el cielo de la gracia' (vida eterna ya recibida y gozada por el pueblo de Dios en la tierra) y 'el cielo de gloria' (el estado final de los redimidos). Pero 'los cielos' o 'las regiones celestiales' deben entenderse de manera diferente de todos estos. No es el cielo visible, ni gracia, ni gloria, ni ninguna morada espacial literal, sino el invisible mundo de la realidad espiritual. Los cinco usos de la expresión de Efesios indican que 'los cielos' son la esfera en la cual los poderes, autoridades y potestades (3.10; 6.12) continúan operando, en la cual Cristo reina supremo y su pueblo reina con él (1.20; 2.6), y en la cual, por lo tanto, Dios nos bendice con toda bendición espiritual en Cristo (1.3).

Así, la enseñanza del versículo 3 aparece como sumamente importante. Los cristianos somos trinitarios. Creemos en un Dios: el Padre, el Hijo y el Espíritu Santo. Afirmamos con gratitud y gozo que Dios nos ha bendecido en Cristo (*eulogēsas*, un tiempo aoristo) con toda bendición espiritual. Es decir, cada bendición del Espíritu Santo nos ha sido concedida por el Padre, si estamos en el Hijo. Ninguna bendición ha sido retenida. Por supuesto que aún tenemos que crecer en madurez en Cristo, ser transformados a su imagen y explorar las riquezas de nuestra herencia en él. Por supuesto, también Dios puede brindarnos muchas experiencias más profundas y más ricas en el camino. No obstante, si estamos en Cristo, toda bendición espiritual nos pertenece ahora mismo. O, como el apóstol lo dice en Colosenses, nosotros estamos 'completos en él' (RVR).[11]

Habiendo establecido este principio general, Pablo va hacia lo particular. ¿Qué son estas bendiciones con las que Dios nos ha bendecido en Cristo? Están desarrolladas en el resto del pasaje. Se relacionan con el pasado (**antes de la creación del mundo**, v. 4), el presente (lo que **tenemos** en Cristo ahora, v. 7) y el futuro (los que **hemos puesto nuestra esperanza en Cristo**, v. 12). La bendición pasada es 'elección';

la presente, 'adopción' como hijos de Dios; y la futura, 'unificación' cuando todas las cosas estarán unidas bajo Cristo.

1. La bendición del pasado: elección | 1.4–6

Pablo retrocede mentalmente hasta **antes de la creación del mundo** (v. 4), antes del comienzo de los tiempos, en una eternidad pasada en la que sólo existía Dios en la perfección de su ser.

En esa eternidad anterior a la creación Dios hizo algo. Forjó un propósito en su mente. Este propósito concernía tanto a *Cristo* (su único hijo) como a *nosotros* (a quienes se proponía hacer sus hijos e hijas adoptivos, ya que la palabra incluye a los dos sexos). Debe notarse bien la afirmación: **Dios nos escogió en él**. La reunión de las tres personas es enfática: Dios nos puso juntos, a nosotros y a Cristo, en su mente. Él determinó hacernos (a nosotros que aún no existíamos) sus hijos a través de la obra redentora de Cristo (que aún no había ocurrido). Era una decisión definida, porque el verbo *exelexato* (él escogió) es aoristo. También surge de su favor completamente inmerecido, ya que nos escogió **para que seamos santos y sin mancha delante de él**, lo que indica que cuando nos eligió en su mente, nosotros éramos profanos y dignos de culpa; por lo tanto, no merecíamos la adopción sino el juicio. Más aun (Pablo repite la misma verdad con diferentes palabras), **en amor[12] nos predestinó para ser adoptados como hijos suyos por medio de Jesucristo, según el buen propósito de su voluntad, para alabanza de su gloriosa gracia, que nos concedió en su Amado** (vv. 5–6).

La gente encuentra difícil la doctrina de la elección. '¿No elegí yo a Dios?' pregunta alguien indignado. A lo que debemos responder: 'Sí, por cierto que fue así, y libremente, pero sólo porque en la eternidad Dios te había elegido primero.' '¿No me decidí yo por Cristo?' pregunta otro, a lo que debemos responder: 'Sí, por cierto que lo hiciste, y libremente, pero sólo porque en la eternidad Dios primero se había decidido por ti.'

En ninguna parte de las Escrituras se devela el misterio de la elección y debemos cuidarnos de cualquiera que trate de sistematizarla demasiado rígidamente. No es probable que hallemos una solución simple a un problema que ha desconcertado a las mejores mentes de la cristiandad durante siglos. Pero aquí por lo menos, en nuestro texto, hay tres verdades importantes para captar y recordar:

a. La doctrina de la elección no es especulación humana sino revelación divina

No fue inventada por Agustín de Hipona o Calvino de Ginebra. Por el contrario, es sin lugar a dudas una doctrina bíblica y ningún cristiano bíblico puede ignorarla. De acuerdo con el Antiguo Testamento, Dios eligió a Israel entre todas las naciones de la tierra para ser su pueblo especial.[13] De acuerdo con el Nuevo Testamento está eligiendo una comunidad internacional para ser sus 'santos' (v. 1), su pueblo especial.[14] Así que no debemos rechazar la noción de elección como si fuera una fantasía extraña de los hombres, sino aceptarla humildemente (aunque no la entendamos del todo) como una verdad que Dios mismo ha revelado. Parece natural que a esta altura busquemos la opinión de Calvino. Predicó sobre Efesios desde su púlpito de la Iglesia de San Pedro, en Ginebra, cuarenta y ocho sermones, comenzando el 1º de mayo de 1558. He aquí uno de sus comentarios: 'Aunque no podemos concebir ni por medio de argumentos ni por razonamientos de qué modo nos eligió Dios antes de la creación del mundo, sin embargo lo sabemos porque él nos lo declaró; y la experiencia misma es suficiente comprobante, cuando estamos iluminados por la fe.'[15]

b. La doctrina de la elección es un incentivo para la santidad, no una excusa para el pecado

Es verdad que la doctrina nos da una poderosa garantía de seguridad eterna, ya que aquel que nos eligió y nos llamó, seguramente nos sostendrá hasta el fin. Pero nuestra seguridad no puede ser utilizada para admitir y menos aún para alentar el pecado. Algunos parecen imaginar a un cristiano hablándose a sí mismo en estos términos: 'Yo soy uno de los que Dios ha elegido, salvo y seguro. Así que no hay necesidad de que me preocupe por la santidad. Puedo comportarme como lo desee.' Pero tal asombrosa presunción no tiene apoyo alguno en la verdadera doctrina de la elección. Es más bien al revés. Porque Pablo escribe aquí que Dios nos eligió en Cristo **para que seamos santos y sin mancha delante de él** (v. 4). 'Sin mancha' (*amōmos*) es la palabra que se usa en el Antiguo Testamento para un sacrificio 'inmaculado'. 'Santo y sin mancha' aparece en 5.27 (RVR) y en Colosenses 1.22 (RVR), donde se señala nuestro estado final de perfección. Pero el proceso de santificación comienza aquí y ahora. Así que lejos de alentar el pecado, la doctrina de la elección lo prohíbe y sitúa sobre nosotros la necesidad de la santidad. Porque la santidad es el propósito mismo de nuestra elección. En última instancia, la única evidencia de la elección es una vida santa. F. F. Bruce comenta sabiamente: 'Aquellos que llevan vidas santas y semejantes a Cristo demuestran mejor el amor predestinador de Dios que aquellos cuyos intentos de develar el misterio los hacen caer en interminables disquisiciones lógicas.'[16]

c. La doctrina de la elección es un estímulo para la humildad, no un motivo para envanecerse

Algunos piensan que creer que somos uno de los que Dios ha elegido es el pensamiento más arrogante que se puede sostener. Y así sería si imagináramos que Dios nos ha elegido por algún mérito propio. Pero no hay lugar alguno para el mérito en la doctrina bíblica de la elección. El caso es precisamente lo opuesto. Dios le explicó a Israel que no los había elegido porque sobrepasaran a las otras naciones de alguna manera, porque en realidad no eran superiores. ¿Por qué entonces? Simplemente porque los amaba.[17] La razón por la cual los eligió estaba en él (amor), no en ellos (mérito). La misma verdad se establece en Efesios. El énfasis de todo el primer párrafo está en la gracia de Dios, el amor de Dios, la voluntad de Dios, el propósito de Dios y la elección de Dios. Porque nos eligió en Cristo, declara Pablo, 'antes de la creación del mundo', es decir antes de nuestra existencia, por lo cual no podríamos reclamar mérito alguno. Así que la 'elección de Dios es libre; vence y aniquila todo mérito, obras y virtudes humanas.'[18]

Por lo tanto, la verdad acerca de la elección de Dios, aunque sea en muchos aspectos un problema sin resolver, debe llevarnos a la santidad, no al pecado; y a una gratitud humilde de adoración, no al envanecimiento. Sus consecuencias prácticas siempre deben ser que vivamos, por un lado, **santos y sin mancha delante de él** (v. 4) y, por el otro, **para alabanza de la gloria de su gloria** (v. 6).

2. La bendición del presente: la adopción | 1.5–8

Dios actuó y **en amor nos predestinó para ser adoptados como hijos suyos**. Esta expresión parece ser la clave para comprender las consecuencias actuales de nuestra elección. La elección con el propósito de la adopción. En efecto, cuando la gente hace la pregunta acerca de por qué Dios siguió adelante con la creación si él sabía que ocurriría la caída, una posible respuesta es que él nos destinó para una dignidad aun más alta que la creación misma. Se proponía 'adoptarnos', hacernos hijos e hijas de su familia. En la ley romana (parte del trasfondo de los escritos de Pablo) los hijos adoptivos gozaban de los mismos derechos que los otros hijos. El Nuevo Testamento tiene mucho que decir acerca de este status de 'hijo', con sus abundantes privilegios y las responsabilidades que demanda. Ambos son mencionados en estos versículos.

Tomemos primero nuestro privilegio. Sólo aquellos que han sido adoptados en la familia de Dios pueden decir: **En él tenemos la redención mediante su sangre, el perdón de nuestros pecados, conforme a las riquezas de la gracia que Dios nos dio en abundancia con toda sabiduría y entendimiento.** (vv. 7–8). Porque los hijos de Dios disfrutan de un libre acceso a su Padre celestial, y su confianza ante él se debe al conocimiento de que han sido redimidos y perdonados. **Redención** (*apolutrōsis*) significa 'liberación por el pago de un precio'; se aplicaba especialmente al rescate de los esclavos. Aquí se la equipara con el **perdón**, porque esta liberación es un rescate del juicio justo de Dios sobre nuestros pecados, y el precio pagado fue el derramamiento de la sangre de Cristo cuando murió por nosotros en la cruz. Así que redención, perdón y adopción van juntas;[19] redención o perdón es un privilegio presente que tenemos y disfrutamos ahora. Es lo que hace posible una relación filial con Dios. Viene de la sobreabundancia de su gracia sobre nosotros.

Pero la condición de hijo también impone responsabilidades. Porque el Padre celestial no mima a sus hijos. Por el contrario, 'nos corrige para nuestro verdadero provecho, para hacernos santos como él'.[20] Así que las dos declaraciones de Pablo son paralelas, que **nos predestinó para ser … hijos suyos** (v. 5) y **nos escogió … para que seamos santos** (v. 4). El apóstol volverá más adelante a este tema tan vital: 'Por tanto, imiten a Dios, como hijos muy amados' (5.1). Es inconcebible que podamos disfrutar de una relación con Dios como hijos suyos sin aceptar la obligación de imitar a nuestro Padre y cultivar la semejanza familiar.

Así que la adopción como hijos de Dios nos impone tanto una suma como una resta; una inmensa ganancia y una pérdida necesaria. Ganamos acceso a él como nuestro Padre a través de la redención o el perdón. Pero perdemos nuestras manchas, comenzando ya mismo por la obra santificadora del Espíritu Santo hasta que finalmente seamos hechos perfectos en los cielos. Las palabras que parecen unir el privilegio y la responsabilidad de nuestra adopción están en la expresión **delante de él** (v. 4) que significa 'ante sus ojos' o 'en su presencia'. Porque vivir nuestra vida ante la presencia consciente de nuestro Padre es a la vez un privilegio inmenso y un constante desafío para agradarlo.

3. La bendición futura: la unidad | 1.9–10

Dios hizo más que 'elegirnos' en Cristo en la eternidad pasada y darnos la condición de 'hijos' como posesión presente, con todos sus privilegios y responsabilidades. También **nos dio en abundancia … toda sabiduría y entendimiento… [para] conocer el misterio de su voluntad** para el futuro. Se refiere a su voluntad de **reunir en él [Cristo] todas las cosas, tanto las del cielo como las de la tierra** (vv. 8–10). La historia, por lo tanto, no carece de sentido ni de propósito. Se mueve hacia una meta gloriosa. ¿Qué es, entonces, este 'misterio', que Dios ha dado a 'conocer', este secreto revelado, esta 'voluntad', 'propósito' o 'plan'? En el capítulo 3 el 'misterio' es la inclusión de los gentiles en la nueva sociedad de Dios, en términos similares a los judíos. Pero esta unidad étnica presente es un símbolo o bosquejo de una unidad futura que será aun más grande y más maravillosa.

El plan de Dios **cuando se cumpliera el tiempo**, cuando el tiempo vuelva a unirse a la eternidad, es **reunir en [Cristo] todas las cosas, tanto las del cielo como las de la tierra …** (v. 10). El verbo griego traducido 'reunir' (*anakephalaioō*) 'es rico en alusión y significado'.[21] No era común en el griego secular. De acuerdo con Moulton y Milligan, aunque desconocido en documentos no literarios por ser demasiado sofisticado para ellos, sin embargo 'lo familiar del término *kephalaion* (suma, total) haría que su significado fuera obvio aun para los lectores comunes'. Por lo tanto el verbo *anakephalaioō* significaba 'traer algo a una *kephalaion*', o 'resumir', ya sea en el sentido de 'hacer un resumen mediante reflexión o discurso' ('condensar en un sumario', Thayer) o en el sentido de la 'reunión de cosas'. La otra única aparición del verbo en el Nuevo Testamento es en Romanos 13.9, cuando todos los mandamientos de la segunda tabla de la ley 'se resumen' en esta oración: 'Ama a tu prójimo como a ti mismo.'

El contexto de Efesios 1, por cierto, parece ser adecuado a la noción de 'reunión', más que al de 'resumen'. Un poco más adelante, en el versículo 22, Pablo declara que Dios ha hecho a Jesucristo 'cabeza (*kephalē*) sobre todas las cosas a la iglesia'. Así que aquí parece estar diciendo que 'la reunión de la totalidad tiene lugar en sujeción a la cabeza'.[22] Cristo ya es cabeza de su cuerpo, la iglesia, pero un día 'todas las cosas' reconocerán su señorío. Actualmente aún hay discordancia en el universo, pero en el cumplimiento de los tiempos el desacuerdo cesará y la unidad que anhelamos vendrá a ser realidad bajo la autoridad de Jesucristo.

Esta perspectiva origina una pregunta importante: ¿Quién y qué serán incluidos en esta unidad final bajo su autoridad? Algunos teólogos, tanto de la antigüedad como actuales, han tomado la expresión 'todas las cosas' como base sobre la cual edificar sueños universalistas. Es decir que especulan con la idea de que todos se salvarán al final, que aquellos que mueren impenitentes un día se arrepentirán y que aun los demonios serán finalmente redimidos, ya que literalmente 'todas las cosas … así las que están en los cielos, como las que están en la tierra' se reunirán bajo el mando salvador de Cristo. Un elocuente defensor contemporáneo del universalismo es Markus Barth. Es cierto que parece negarlo en uno o dos lugares, diciendo que no debemos olvidar la enseñanza de Jesús acerca del pecado imperdonable.[23] Sin embargo la impresión general que queda es clara. "La iglesia … es el cuerpo viviente y creciente de Cristo. Con esta definición la iglesia incluye a todos los que aún no creen … Jesucristo no es sólo 'cabeza de la iglesia'. Es igualmente … cabeza de todo hombre, sea que ese hombre crea en Cristo o no."[24] Lo que sucede simplemente es que toda la gente no conoce ni ha recibido a Cristo como lo hace la iglesia. 'Por lo tanto, podemos considerar a la iglesia como las primicias, el comienzo, el ejemplo, el signo o la manifestación de aquel dominio y de aquella alabanza que será conocida y disfrutada universalmente por todos los hombres. La iglesia no es más que una institución de servicio preliminar y de carácter transitorio. Por ahora es la única comunidad sobre la tierra que sirve a Jesucristo conscientemente.'[25] Un poco más adelante, cuando comenta acerca de la pared de separación que Cristo ha destruido, declara: '¡No hay pared alguna entre la iglesia y el mundo!' Pero muchos cristianos se reúnen detrás de las paredes de los edificios y las tradiciones eclesiásticas. 'Una iglesia que se encierra para resguardarse del mundo … sólo puede aprender de Efesios que el mundo está acertado cuando la trata con la misma lástima o compasión reservada para los hipócritas.' Markus Barth rechaza esa clase de 'iglesia amurallada'. 'En conclusión', escribe, 'de acuerdo con el evangelio de la paz no hay *ninguna* pared entre lo cercano y lo lejano, entre la iglesia y el mundo'.[26]

Al leer su apasionado ataque contra la 'iglesia amurallada', uno sospecha que es su reacción en contra de las actitudes de autosatisfacción, distanciamiento y desamor de algunos cristianos de hoy; y está bien que así lo haga. Si todo lo que quiere decir es que la iglesia no debe levantar barricadas en contra del mundo, sino salir hacia él en servicio y testimonio de amor, estaríamos de acuerdo de todo corazón. Pero él va mucho más allá, a una declaración de 'solidaridad' entre la iglesia y el mundo, que no reconoce ninguna distinción entre ellos excepto que una ha recibido conscientemente a Jesucristo, mientras que el otro no lo ha hecho.

Esta negativa a aceptar una distinción radical entre la iglesia y el mundo, entre la nueva sociedad y la antigua, no puede realmente defenderse tomando como base a Efesios. La pared divisoria que Cristo ha abolido no es la barrera que separa al mundo *de* la iglesia; es la barrera que segrega grupos e individuos, unos de otros *dentro* de la iglesia. Por otra parte, el cuadro que Efesios pinta de los gentiles no es sólo que ellos ignoran la salvación. Su condición está descripta en 4.17. A los 'pensamientos frívolos', Pablo añade 'dureza de su corazón'. Están separados de la vida de Dios, viven en la oscuridad y están ávidos de impureza. El apóstol los llama 'hijos de desobediencia' (RVR) e 'hijos de ira' (RVR) (una vez refiriéndose a su estado actual y otra a su destino futuro) y en ambos contextos apunta también a la ira terrible pero justa de Dios: son 'hijos de ira' ahora y 'la ira de Dios' vendrá sobre ellos en el día final (2.3; 5.6).

Así que, volviendo a Efesios 1.10, no podemos usar legítimamente la expresión 'todas las cosas' para respaldar un argumento de salvación universal, a menos que estemos preparados para acusar a Pablo de confusión teológica y auto contradicción. ¿Qué son entonces **todas las cosas … tanto las del cielo como las de la tierra** que estarán un día reunidas bajo la autoridad de Cristo? Por cierto que incluyen a los creyentes vivos y a los muertos, a la iglesia en la tierra y a la iglesia en el cielo. Es decir, aquellos que están 'en Cristo' ahora (v. 1) y quienes habiendo recibido bendición (v. 3), elección (v. 4), adopción (v. 5), gracia (v. 6), y redención o perdón (v. 7) en Cristo estarán un día perfectamente unidos 'en él' (v. 10). No hay duda de que los ángeles también estarán incluidos (ver 3.10, 15). Pero **todas las cosas** (v.10) (*ta panta*) normalmente significa el universo, que Cristo ha creado y sostiene.[27] Así que Pablo parece estar refiriéndose a la renovación cósmica, aquella regeneración del universo, aquella liberación de la creación que gime, que ya había mencionado en Romanos.[28] El plan de Dios es que **todas las cosas** que fueron creadas por medio de Cristo y para Cristo, y que se mantienen unidas en Cristo,[29] estarán finalmente unidas bajo su reinado, sujetas a su autoridad. Porque el Nuevo Testamento lo declara el 'heredero de todo'.[30]

Así que la DHH habla en el versículo 10 de 'unir bajo el mando de Cristo todas las cosas' y J. B. Lightfoot escribe acerca de 'la completa armonía del universo, que ya no contendrá elementos extraños o discordantes, sino que sus partes encontrarán su centro y unión en Cristo'.[31]

En el cumplimiento de los tiempos, las dos creaciones de Dios (la totalidad de su universo y la totalidad de su iglesia) estarán unidas bajo el Cristo cósmico que es la cabeza suprema de ambos.

A esta altura conviene detenernos un momento y considerar cuánto necesitamos todos nosotros desarrollar la amplia perspectiva de Pablo. Debemos recordar que él estaba prisionero en Roma. Por cierto que no en una celda o mazmorra, pero todavía bajo arresto domiciliario y esposado a un soldado romano. Pero aunque su muñeca estuviera encadenada y su cuerpo imposibilitado, tenía el corazón y la mente llenos de eternidad. Vislumbró hacia 'antes de la creación del mundo' (v. 4) y hacia 'cuando se cumpliera el tiempo' (v. 10) y tomó conciencia de lo que 'tenemos' ahora (v. 7) y de lo que debemos 'ser' ahora (v. 4), a la luz de esas dos eternidades. Y en cuanto a nosotros ¡qué estrecha es nuestra visión en comparación con la de él, qué pequeña es nuestra mente, y qué estrechos nuestros horizontes! Naturalmente y con toda facilidad caemos en la preocupación por nuestros pequeños asuntos. Necesitamos ver el tiempo a la luz de la eternidad, y nuestros privilegios y obligaciones presentes a la luz de nuestra elección pasada y perfección futura. Entonces, si compartiéramos la perspectiva del apóstol, también compartiríamos su alabanza. Porque la doctrina lleva a la doxología tanto como al deber. La vida se transformaría en adoración y bendeciríamos a Dios constantemente por habernos bendecido tan ricamente en Cristo.

4. El alcance de estas bendiciones | 1.11–14

Después de describir las bendiciones espirituales que Dios les da a sus hijos en Cristo, Pablo añade otro párrafo para enfatizar que las bendiciones pertenecen por igual a los cristianos de origen judío como gentil. La estructura del párrafo lo muestra claramente: **En Cristo … fuimos predestinados … a fin de que nosotros** [judíos], **que ya hemos puesto nuestra esperanza en Cristo, seamos para alabanza de su gloria. En él también ustedes** [gentiles], **cuando oyeron el mensaje … y lo creyeron, fueron marcados con el sello que es el Espíritu Santo prometido …** El apóstol pasa del pronombre **nosotros** (él mismo y otros judíos creyentes) al **también ustedes** (sus lectores gentiles creyentes) y a **nuestra herencia** (que ambos grupos comparten por igual). Está anticipando el tema de la reconciliación de judíos y gentiles que elaborará en la segunda parte del capítulo 2. Sin embargo, con la repetición de las palabras **en él** (vv. 11, 13, RVR) pone el énfasis en el hecho de que Cristo es el reconciliador y que es a través de la unión con él que el pueblo de Dios es uno. El apóstol comparte con nosotros tres grandes verdades acerca del pueblo de Dios.

a. El pueblo de Dios es la posesión de Dios

Leyendo la NVI uno no se imaginaría que en este párrafo se enseña la verdad del pueblo de Dios como 'posesión' de Dios, pero muy probablemente es así. El apóstol emplea dos expresiones griegas cuyo trasfondo en el Antiguo Testamento sugiere claramente este significado. El primero está traducido como **predestinados** (v. 11). Es el verbo *klēroō,* que puede significar dar o recibir un *klēros,* una herencia. La pregunta es a qué herencia se refiere Pablo. Podría ser la nuestra, un don que hemos recibido. Así dice la NVI: **En Cristo también fuimos hechos herederos.** Otra alternativa podría ser la herencia de Dios, porque nos ha tomado para ser suyos. Así puede traducirse: 'en quién también hemos sido hechos herencia'. Así lo hace Armitage Robinson al decir: 'Hemos sido elegidos como la porción de Dios.'[32] Desde el punto de vista lingüístico esta traducción es más natural. La TLA intenta captar este concepto diciendo: 'Por medio de Cristo, Dios nos había elegido desde un principio para que fuéramos suyos y recibiéramos todo lo que él había prometido.' Pero, lo que es más importante, el trasfondo del Antiguo Testamento parece exigirlo. Israel era el *klēros* de Dios, su 'herencia'. Una y otra vez se repite esta verdad. Por ejemplo: 'Porque la porción de Jehová es su pueblo; Jacob, la heredad que le tocó' y 'Bienaventurada la nación cuyo Dios es Jehová, el pueblo que él escogió como heredad para sí.'[33] La utilización que Pablo hace del verbo *klēroō* en este párrafo parece indicar su convicción de que todos aquellos que están en Cristo, tanto judíos como gentiles, son ahora el *klēros* de Dios, como lo fue Israel en los días del Antiguo Testamento.

Esto se confirma con el segundo término que utiliza, que también es rico en asociaciones con el Antiguo Testamento, y que está ubicado hacia el final del pasaje (v. 14). La traducción de la RVR es literal pero ininteligible: 'hasta la redención de la posesión adquirida' (*eis apolutrōsin tēs peripoiēseos*). La pregunta que tenemos que hacernos acerca de la posesión es la misma que nos hicimos acerca de 'herencia': ¿es nuestra o de Dios? Otras versiones dan por sentado que es nuestra (hasta que *nosotros* tomemos posesión de ella). Pero J. H. Houlden las considera 'una versión libre y tendenciosa.'[34] Parece más probable que la posesión (como la herencia) es de Dios y se refiere otra vez a su pueblo. Esto sí aparece en la NVI: ... **la redención final del pueblo adquirido por Dios** (v.14). En el mismo sentido, la DHH dice 'cuando haya completado nuestra liberación y haya hecho de nosotros el pueblo de su posesión', la TLA 'cuando haya liberado totalmente a los que formamos su pueblo' y VNC 'con vistas al rescate de (su) patrimonio'. El argumento principal para interpretarlo de esta manera está una vez más en el Antiguo Testamento. Porque el sustantivo *peripoiēsis* ('posesión'), o el adjetivo vinculado a él, aparecen con bastante frecuencia en la LXX como descripción de Israel. Por ejemplo: 'Vosotros seréis mi especial tesoro sobre todos los pueblos' y 'Jehová tu Dios te ha escogido para serle un pueblo especial'.[35] Esta fraseología se toma en el Nuevo Testamento en relación con la iglesia que Cristo ha comprado para sí mismo.[36]

Poniendo juntas estas dos expresiones griegas, con su claro trasfondo veterotestamentario, es difícil resistirse a la conclusión de que Pablo se refiere a la iglesia como 'herencia' y 'posesión' de Dios. Estas palabras se aplicaban exclusivamente a la nación de Israel, pero ahora las utiliza para un pueblo internacional cuyo factor común es que está 'en Cristo'. El hecho de que el mismo vocabulario se utilice para ambos pueblos indica la continuidad espiritual entre ellos.

Esta enseñanza, aunque un tanto escondida en la NVI y oscurecida por la mayoría de las otras versiones castellanas, es sin embargo básica para lo que Pablo está escribiendo en este pasaje. El pueblo de Dios son los 'santos' de Dios (v. 1), la herencia de Dios (v. 11), la posesión de Dios (v. 14). Sólo cuando hayamos entendido esto estaremos preparados para hacernos dos preguntas más. Primero ¿*cómo* llegamos a ser pueblo de Dios? Segundo ¿*por qué* nos hizo su pueblo? Pablo responde a la primera refiriéndose a la voluntad de Dios y a la segunda por referencia a su gloria. Y repite cada verdad tres veces.

b. El pueblo de Dios depende de la voluntad de Dios

¿Cómo llegamos a ser pueblo o posesión de Dios? No puede haber dudas acerca de la respuesta de Pablo. Fue por voluntad de Dios. Nos predestinó para ser sus hijos **según el buen propósito de su voluntad** (v. 5); **nos hizo conocer el misterio de su voluntad conforme al buen propósito que de antemano estableció en Cristo** (v. 9); y hemos llegado a ser herencia de Dios **según el plan de aquel que hace todas las cosas conforme al designio de su voluntad** (v. 11). Todo el pasaje está lleno de referencias a la voluntad de Dios (*thelēma*), buena voluntad (*eudokia*) o propósito (*prothesis*) y al plan o programa por medio del cual han sido expresados. Pablo no podría haber enfatizado con más fuerza el hecho de que nuestra condición de miembros de la nueva comunidad de Dios no se debía a la casualidad ni a nuestra elección sino a la propia voluntad soberana de Dios y a su propósito. Este fue el factor decisivo, como lo es en cada conversión.

Sin embargo, no es que estemos inactivos. Lejos de ello, en este contexto mismo, en el que nuestra salvación se atribuye completamente a la voluntad de Dios, también se describe nuestra responsabilidad. Porque primero hemos oído (v. 13) **el mensaje de la verdad**, al que también llama **el evangelio que les trajo la salvación**; luego lo creímos, por lo cual fuimos **marcados con el sello que es el Espíritu Santo prometido**. Que nadie diga, por lo tanto, que la doctrina de la elección por la voluntad soberana y la misericordia de Dios, misteriosa como es, hace que la evangelización o la fe sean innecesarias. Todo lo contrario: es sólo por la voluntad gratuita de Dios que la evangelización tiene alguna esperanza de éxito y la fe es posible. La predicación del Evangelio es el medio que Dios ha preparado, por el cual rescata de ceguera y esclavitud a aquellos que ha elegido en Cristo antes de la fundación del mundo, los libera para creer en Jesús y, por lo tanto, ejecuta su voluntad.[37]

Y la seguridad de que Dios está activo en las vidas de sus hijos la proporciona el Espíritu Santo, quien en los versículos 13 y 14 recibe tres designaciones: **promesa**, **sello** y **garantía**. Primero es (literalmente) 'el Espíritu Santo de la promesa' porque Dios prometió por medio de los profetas del Antiguo Testamento y por medio de Jesús enviarlo (lo que hizo en el día de Pentecostés). Dios promete darlo hoy a todos los que se arrepienten y creen (tarea que él provoca).[38]

En segundo lugar, el Espíritu Santo no es sólo la **promesa** de Dios sino también su **sello**. Un sello es una marca de posesión y de autenticidad. El ganado y aun los esclavos se marcaban con el sello de sus dueños a fin de mostrar a quién pertenecían. Pero esos sellos eran externos, mientras que Dios sella el corazón. Pone su Espíritu dentro de su pueblo a fin de marcarlos como su pertenencia.[39]

En tercer lugar, el Espíritu Santo es la **garantía** de Dios, su prenda por la que se compromete a llevar a su pueblo, con toda seguridad, hasta su herencia final. **Garantía** ('arras' en RVR) aquí es *arrabōn,* una palabra de origen hebreo que parece haber adquirido un uso griego a través de los comerciantes fenicios. En griego moderno se utiliza para designar el anillo de compromiso. Pero en las primeras transacciones comerciales significaba una 'primera cuota, depósito, pago, prenda, que cubre una parte del precio de compra por adelantado, y por lo tanto asegura un reclamo legal sobre el artículo en cuestión o hace válido el contrato' (AG). En este caso la garantía no es algo separado de lo que se garantiza, sino su primera parte. Un anillo de compromiso promete casamiento pero no es en sí mismo una parte del casamiento.

Un depósito sobre una casa o en un contrato de locación, sin embargo, es más que una garantía de pago: es la primera cuota del precio de compra. Lo mismo sucede con el Espíritu Santo. Al dárnoslo, Dios no sólo está prometiendo nuestra herencia final sino que ya nos está dando un primer atisbo que es, sin embargo, 'sólo una *pequeña fracción* de la dote futura'.[40]

c. El pueblo de Dios vive para la gloria de Dios

De la pregunta acerca de *cómo* llegamos a ser el pueblo de Dios, vamos ahora al *por qué* Dios nos hizo su pueblo, y, por lo tanto, vamos de su voluntad a su gloria. Vimos antes cómo Pablo aludía tres veces al 'propósito de su voluntad' o algo similar. Ahora veremos cómo se expresa, también tres veces, a la gloria de Dios. Escribe que Dios nos predestinó para ser sus hijos **para alabanza de su gloriosa gracia** (v. 6); que nos hizo su herencia y nos llamó a vivir **para alabanza de su gloria** (v. 12) y que un día redimirá finalmente a su pueblo, que es su posesión, **para alabanza de su gloria** (v. 14).

Esta hermosa frase necesita desarrollo. La gloria de Dios es la revelación de Dios, y la gloria de su gracia es su autorrevelación como Dios de gracia. Vivir para alabanza de la gloria de su gracia es adorarlo con nuestras palabras y obras como el Dios de gracia. También significa hacer que otros lo vean y lo alaben. Esta era la voluntad de Dios para Israel en los días del Antiguo Testamento,[41] y es también su propósito para su pueblo hoy. Estaré siempre agradecido a uno de mis primeros colegas en la iglesia All Souls quien, al retirarse de nuestro grupo para realizar otro trabajo, me regaló un cortapapel para mi escritorio que llevaba grabadas las palabras 'Para alabanza de su gloria'. Mientras escribo lo tengo delante como permanente recordatorio y desafío.

Aquí están pues el 'cómo' y el 'por qué' del pueblo de Dios, que es también su 'herencia' y su 'posesión'. ¿*Cómo* llegamos a ser su pueblo? 'Según el puro afecto de su voluntad'. ¿*Por qué* nos hizo su pueblo? 'Para alabanza de la gloria de su gracia'. Por lo tanto, todo lo que tenemos y somos en Cristo viene de Dios y vuelve a él. Comienza en su voluntad y termina en su gloria. Porque es allí donde todo termina y comienza.

Pero todo este lenguaje cristiano entra en violenta colisión con el mundo antropocéntrico y egocéntrico. El hombre caído, preso dentro de su pequeño ego, tiene una confianza ilimitada en el poder de su voluntad y un apetito casi insaciable de alabanza de su propia gloria. Pero el pueblo de Dios ha comenzado al fin a ser totalmente cambiado. La nueva sociedad tiene valores nuevos e ideales nuevos. Porque el pueblo de Dios es la posesión de Dios que vive por la voluntad de Dios y para la gloria de Dios.

2
Una oración pidiendo conocimiento
Efesios 1.15–23

[1.15]Por eso yo, por mi parte, desde que me enteré de la fe que tienen en el Señor Jesús y del amor que demuestran por todos los santos, [16]no he dejado de dar gracias por ustedes al recordarlos en mis oraciones. [17]Pido que el Dios de nuestro Señor Jesucristo, el Padre glorioso, les dé el Espíritu de sabiduría y de revelación, para que lo conozcan mejor. [18]Pido también que les sean iluminados los ojos del corazón para que sepan a qué esperanza él los ha llamado, cuál es la riqueza de su gloriosa herencia entre los santos, [19]y cuán incomparable es la grandeza de su poder a favor de los que creemos. Ese poder es la fuerza grandiosa y eficaz [20]que Dios ejerció en Cristo cuando lo resucitó de entre los muertos y lo sentó a su derecha en las regiones celestiales, [21]muy por encima de todo gobierno y autoridad, poder y dominio, y de cualquier otro nombre que se invoque, no sólo en este mundo sino también en el venidero. [22]Dios sometió todas las cosas al dominio de Cristo, y lo dio como cabeza de todo a la iglesia. [23]Ésta, que es su cuerpo, es la plenitud de aquel que lo llena todo por completo.

Aunque Pablo naturalmente está pensando en sus lectores asiáticos a quienes está escribiendo, sin embargo, a lo largo del primer capítulo de su carta parece dirigirse más a Dios que a ellos. Comienza con una extraordinaria bendición (1.3–14), y continúa con una gran intercesión (1.15–23). Efesios 1 está en realidad dividido en estas dos secciones. Primero, Pablo bendice a Dios por habernos bendecido en Cristo; luego pide que Dios abra nuestros ojos para que podamos ver la plenitud de su bendición.

Para llevar hoy una vida cristiana saludable es de suma importancia seguir el ejemplo de Pablo y mantener juntas la alabanza y la oración cristianas. Muchas personas no alcanzan a mantener este equilibrio. Algunos cristianos parecen no hacer otra cosa que orar por nuevas bendiciones espirituales, olvidando aparentemente el hecho de que Dios ya los ha bendecido en Cristo con toda bendición espiritual. Otros ponen tal énfasis en la verdad de que todo les pertenece en Cristo, que llegan a hacerse complacientes y parecen no tener deseos de saber o experimentar más profundamente sus privilegios cristianos. Se puede decir que ambos grupos muestran un desequilibrio. Han creado una polarización que la Escritura no tolera. Lo que Pablo hace en Efesios 1 y que nos alienta a imitar, es tanto seguir alabando a Dios porque en Cristo todas las bendiciones espirituales son nuestras, como seguir orando para que podamos conocer la plenitud de lo que nos ha dado. Si mantenemos juntas la alabanza y la oración, la bendición y la petición, es poco probable que lleguemos a perder nuestro equilibrio espiritual.

A medida que continuamos comparando las dos secciones de Efesios 1, otro rasgo llama nuestra atención: ambas son esencialmente trinitarias. Porque ambas están dirigidas a Dios el Padre: la bendición, al **Dios, Padre de nuestro Señor Jesucristo** (v. 3); y la intercesión, al 'Dios de nuestro Señor Jesucristo' (v. 17), también llamado el **Padre glorioso** (Padre de gloria, RVR). A continuación, ambas se refieren específicamente a la obra de Dios en y a través de Cristo, ya que por un lado, él 'nos ha bendecido … en Cristo' (v. 3) y por otro lado **ejerció en Cristo** un supremo acto de poder al resucitarlo y entronizarlo (v. 20). Y en tercer lugar, ambas secciones del capítulo aluden, aunque no directamente, a la obra del Espíritu Santo, ya que las bendiciones que Dios nos concede en Cristo son 'bendiciones espirituales' (v. 3) y es sólo por **Espíritu** [o espíritu] **de sabiduría y de revelación** que llegamos a conocerlas (v. 17). No creo que sea demasiado aventurado reconocer esta estructura trinitaria. La fe cristiana y la vida cristiana son ambas fundamentalmente trinitarias. Y una es respuesta de la otra. Es porque Dios el Padre se ha acercado a nosotros en bendición a través del Hijo y por el Espíritu, que nos acercamos a través del Hijo y por el Espíritu (ver 2.18).

Lo que hace que Pablo comience a orar por sus lectores es algo que ha escuchado acerca de ellos. En el párrafo anterior ha escrito en términos bastante generales de qué manera él y sus hermanos cristianos judíos habían esperado primero en Cristo (v. 12) y cómo sus lectores, cristianos gentiles, habían 'oído el mensaje de la verdad ... y lo creyeron' (v. 13). Ahora se vuelve más personal: **desde que me enteré de la fe que tienen en el Señor Jesús y del amor que demuestran por todos los santos** (v. 15). Curiosamente, los mejores manuscritos omiten las palabras 'del amor que demuestran'. Sin ellas 'el Señor Jesús' y 'todos los santos' se transforman en los objetos de la fe. Tan poco habitual es esta noción de una fe puesta tanto en los cristianos como en Cristo, y tan distinta de lo que Pablo escribe en los demás lugares, que estamos obligados a hacer una elección. O seguimos a Markus Barth y traducimos 'fe' como 'fidelidad' o como 'lealtad', que 'es algo similar al amor',[1] y podría estar dirigida probablemente tanto a Cristo como a los cristianos, o debemos concluir, aun en contra de la poderosa evidencia de los manuscritos, que las palabras 'del amor que demuestran' fueron dictadas por Pablo, pero de alguna manera perdidas por el primer copista. En este último caso tenemos la combinación familiar de fe en Cristo y amor hacia su pueblo, cuyo paralelo se encuentra en Colosenses 1.4. Cada cristiano cree y ama a la vez. La fe y el amor son dones cristianos básicos, y también lo es la esperanza, el tercer miembro de la tríada, que ya ha sido mencionada en el versículo 12 y que aparece nuevamente en el versículo 18. Es imposible estar en Cristo y no encontrarse impulsado tanto a la fe en él como al amor hacia su pueblo (a *todos* ellos; en este caso judíos y gentiles sin distinción).

Habiendo oído de su fe y de su amor cristianos, Pablo dice que continuamente le da gracias a Dios por ellos (reconociéndolo como autor de ambas cualidades), y luego los incorpora en sus oraciones. Porque a pesar de su incesante gratitud a Dios por ellos, todavía no está satisfecho. Y ¿cuál es su pedido? No es que reciban una 'segunda bendición', sino más bien que puedan apreciar todo lo posible las consecuencias de la bendición que ya han recibido. Así que la esencia de su oración por ellos es **que sepan** (v. 18). Aunque sus otras oraciones registradas abarcan más que esta, todas incluyen una petición similar, sea que 'puedan comprender' (3.18) o 'que Dios les haga conocer plenamente su voluntad con toda sabiduría y comprensión espiritual'[2] o abundar 'cada vez más en conocimiento y en buen juicio'.[3] No debemos pasar por alto este énfasis. Crecer en conocimiento es indispensable para crecer en santidad. Más aun, la relación entre el conocimiento y la santidad es mucho más íntima que la que existe entre medio y fin. Porque el 'conocimiento' por el que Pablo ora es un concepto más hebreo que griego; al conocimiento de la comprensión le añade el conocimiento de la experiencia. Más todavía, enfatiza **que lo conozcan mejor** (v. 17), a Dios mismo personalmente, como el contexto dentro del cual **sepan** (v. 18) es decir, que conozcamos verdades acerca de él. No hay conocimiento más alto que el conocimiento de Dios mismo. Como lo expresó Adolphe Monod: 'La filosofía, tomando al hombre como su centro, dice *conócete a ti mismo;* sólo la Palabra inspirada que procede de Dios ha sido capaz de decir *conoce a Dios*.'[4]

Tal conocimiento es imposible sin revelación. Así que Pablo ora para que Dios **les dé el Espíritu de sabiduría y de revelación, para que lo conozcan mejor** (v. 17). Aunque la RVR escribe 'espíritu' con minúscula, la referencia probablemente sea al Espíritu Santo, como traduce NVI, ya que la Escritura habla de él como 'el espíritu de verdad', el agente de la revelación y el maestro del pueblo de Dios. No es que podemos pedirle a Dios que 'dé' el Espíritu Santo a aquellos que ya lo han recibido y han sido 'marcados' con él (v. 13), sino que podemos y debemos orar por su ministerio de iluminación. Es por su confianza en este ministerio del Espíritu Santo que Pablo puede continuar con su oración: **Que les sean iluminados los ojos del corazón para que sepan** ...(v.18). En el uso bíblico, el corazón es el ser interior, que incluye tanto la mente como las emociones. Así que **los ojos del corazón** son simplemente 'nuestros ojos interiores' que necesitan abrirse o ser 'iluminados' antes de poder captar la verdad de Dios.

El apóstol junta ahora tres grandes verdades que quiere que sus lectores (por medio de la iluminación del Espíritu Santo) conozcan en su mente y por experiencia. Se refieren al llamado de Dios, su herencia y su poder. En particular, ora para que puedan conocer la 'esperanza' del llamado de Dios, la 'gloria' (**riqueza de su gloriosa herencia**) de su herencia y la 'grandeza' ('cuán incomparable es la grandeza') de su poder.

1. La esperanza del llamado de Dios

El llamado de Dios nos lleva a los mismos comienzos de nuestras vidas cristianas. 'A los que predestinó, también los llamó; a los que llamó, también los justificó.'[5] Es cierto que lo llamamos para que nos salvara,[6] pero nuestro llamado no fue sino una respuesta de él.

La pregunta es ahora ¿para qué nos llamó Dios? Su llamado no fue algo fortuito o carente de propósito. Tenía un objetivo cuando nos llamó. Nos llamó a algo y para algo. Y esto es lo que quiere decir 'la esperanza de su llamado' (literalmente el v. 18) que en 4.4 se menciona como 'esperanza de vuestra vocación' (RVR). Es la expectativa que disfrutamos como resultado del hecho de que Dios nos ha llamado.

El resto del Nuevo Testamento nos dice qué es esto. Es una expectativa variada y rica. Porque Dios nos 'ha llamado a ser de Jesucristo' (DHH) y 'a tener comunión con … Jesucristo.'[7] Nos ha llamado 'a ser santos' o 'a una vida santa', ya que aquel que nos ha llamado es santo en sí mismo y nos dice 'sean santos, porque yo soy santo.'[8] Una de las características del pueblo 'santo' o pueblo especial de Dios, es quedar libres del juicio de la ley de Dios. Así que no vamos a caer en la esclavitud nuevamente porque hemos sido 'llamados a ser libres.'[9] Otra característica es la hermandad armoniosa por sobre las barreras de raza y de clase, porque fuimos 'llamados en un solo cuerpo' para disfrutar 'la paz de Cristo' y debemos vivir una vida 'digna del llamamiento que [hemos] recibido … tolerantes unos con otros en amor.'[10]

Al mismo tiempo, aunque podemos gozar de la paz en Cristo dentro de la comunidad cristiana, estamos obligados a experimentar la oposición del mundo incrédulo. Sin embargo, no debemos responder de igual modo pues 'para esto [este sufrimiento injusto y esta capacidad de soportar con paciencia] fueron llamados; porque Cristo sufrió por ustedes, dándoles ejemplo para que sigan sus pasos.'[11] Por otro lado, sabemos que más allá de este sufrimiento está la gloria. Porque Dios también nos ha llamado 'a su reino y a su gloria' o 'a su gloria eterna en Cristo'. Esto es lo que Pablo llama el 'llamamiento celestial en Cristo Jesús', por cuya causa él continúa en la carrera cristiana hacia la meta.[12]

Todo esto estaba en la mente de Dios cuando nos llamó. Nos llamó a Cristo y a santidad, a libertad y a paz, a sufrimiento y a gloria. Más sencillamente, fue un llamado a una vida nueva en la que conocemos, amamos, obedecemos y servimos a Cristo, disfrutamos de comunión con él y con los demás, y miramos más allá de nuestros sufrimientos presentes hacia la gloria que será revelada algún día. Esta es la **esperanza** [a la que] **él los ha llamado**. Pablo ora para que nuestros ojos puedan abrirse para conocerla.

2. La gloria de la herencia de Dios

La segunda oración del apóstol a Dios es que podamos saber **cuál es la riqueza de su gloriosa herencia entre los santos** (v. 18b). La expresión griega, como la castellana, podrían significar tanto la herencia de Dios como la nuestra, es decir, tanto la herencia que él recibe como la que brinda. Algunos comentaristas lo toman en su primer sentido y entienden que se refiere a la herencia que Dios posee entre su pueblo. Es verdad que los autores del Antiguo Testamento enseñan sin ambigüedad que el pueblo de Dios era su 'herencia' o 'posesión' (en la sección anterior encontramos una referencia a esta verdad en los versículos 12 y 14). Pero el pasaje paralelo de Colosenses 1.12 sugiere la otra interpretación, es decir que 'la herencia de Dios' se refiere aquí a lo que él nos dará, porque debemos agradecer al Padre, que nos 'ha facultado para participar de la herencia de los santos en el reino de la luz'.

En este caso, si el 'llamado' de Dios se remonta a los comienzos de nuestra vida cristiana, la 'herencia' de Dios apunta a su final, a esa herencia final de la cual el Espíritu Santo es la garantía (v. 14) y que Pedro describe como 'indestructible, incontaminada e inmarchitable … reservada en el cielo para ustedes'.[13] Porque los hijos de Dios son sus herederos, en realidad 'coherederos con Cristo',[14] y un día, por su gracia, la herencia será nuestra. Cómo será exactamente excede nuestra imaginación. Así que actuaremos con sabiduría si no somos dogmáticos acerca de esto. Sin embargo, algunos aspectos han sido revelados en el Nuevo Testamento, y no nos equivocaremos si nos apoyamos en ellos. Se nos ha dicho que 'veremos' a Dios y su Cristo y lo adoraremos; que esta visión 'bienaventurada' será una visión transformadora, porque 'cuando Cristo venga seremos semejantes a él', no sólo en cuerpo sino también en carácter; y que gozaremos de perfecta comunión unos con otros. Porque la herencia de Dios (la que él nos da) no será una pequeña porción particular para cada individuo sino más bien se dará 'entre todos los santificados'; cuando nos unamos a la 'multitud tomada de todas las naciones, tribus, pueblos y lenguas, tan grande que nadie podía contarla. Estaban de pie delante del trono y del Cordero'.[15]

Pablo no indica que sea presuntuoso pensar acerca de nuestra herencia espiritual o anticipada con gozo y gratitud. Por el contrario, ora para que podamos conocer la 'gloria' de ella, y más aun, 'las riquezas de la gloria' (RVR).

3. La grandeza del poder de Dios

Si el 'llamado' de Dios se remonta al comienzo, y la herencia de Dios apunta hacia el final, seguramente el 'poder' de Dios cubre el período intermedio entre ambos. En esto se concentra el apóstol, porque sólo el poder de Dios puede llenar la expectativa que pertenece a su llamado y llevarnos con seguridad a las riquezas de la gloria de la herencia final que nos dará en los cielos. Pablo está convencido de que el poder de Dios es suficiente y acumula palabras para convencernos. Escribe no sólo acerca del 'poder' de Dios, sino también de 'la energía del poder de su fuerza' (traducción literal; NVI: **ese poder es la fuerza grandiosa y eficaz**, v. 19), y ora para que podamos conocer su grandeza, más precisamente **cuán incomparable es la grandeza de su poder a favor de los que creemos.**

¿Cómo llegaremos a conocer la inmensa grandeza del poder de Dios? En virtud de la demostración pública de su poder a través de la resurrección y exaltación de Cristo (vv. 20–23). Pablo se refiere a tres hechos sucesivos: el primero **cuando lo resucitó de entre los muertos** (v. 20a); el segundo, **lo sentó a su derecha en las regiones celestiales,** muy por encima de todo competidor (vv. 20b, 21), y **sometió todas las cosas al dominio de Cristo** (v. 22a); y el tercero, **lo dio como cabeza de todo a la iglesia. Ésta, que es su cuerpo …** (vv. 22b, 23). Estas tres cosas van juntas. Es debido a la resurrección de Cristo de entre los muertos y su entronización sobre los poderes del mal que ha recibido la misión de ser cabeza de la iglesia. La resurrección y la ascensión fueron una demostración decisiva de poder divino. Porque si hay dos poderes que el hombre no puede controlar y que lo esclavizan, ellos son la muerte y el mal. El hombre es mortal, no puede evitar la muerte. El hombre ha caído, no puede vencer al mal. Pero Dios, en Cristo, ha conquistado a ambos y, por lo tanto, puede rescatarnos de ambos.

a. La resurrección de Jesucristo de los muertos

La muerte es un enemigo amargo e implacable. A todos habrá de llegarnos algún día. Hace unos pocos años ingresé en un hospital londinense para visitar a una persona de mi congregación que había sido internada de urgencia. Esperaba encontrarla a las puertas de la muerte, pero en lugar de ello estaba sentada en la cama y sonriendo. 'Cuando me trajeron aquí,' me dijo, 'los doctores y las enfermeras se reunieron a mi alrededor como si estuviera por morir. ¡Pero decidí que no iba a hacerlo!' Era una afirmación llena de ánimo, pero no enteramente correcta. La señora, en efecto, ya murió hace algún tiempo. Puede ser que tengamos éxito en posponer la muerte, pero no podemos escapar de ella. Y después de la muerte nada puede detener el proceso de decaimiento y descomposición. Ni las técnicas más sofisticadas de embalsamamiento pueden preservar el cuerpo eternamente. Somos polvo y al polvo retornaremos inevitablemente.[16] Ningún poder humano puede evitar esto, ni tampoco traer a la vida a una persona muerta.

Pero Dios ha hecho lo que el hombre no puede hacer. Levantó a Jesucristo de la muerte. Primero, evitó el proceso natural de descomposición, no permitiendo que el Santo vea corrupción.[17] Luego, no sólo revertió el proceso, restaurándole la vida al Jesús muerto, sino que lo hizo trascender esta vida que conocemos. Levantó a Jesús a una vida nueva (inmortal, gloriosa, libre), que nadie había experimentado antes y que nadie ha experimentado desde entonces todavía.

Esta fue la primera parte de la demostración pública del poder de Dios. Levantó a Jesús de la muerte a una nueva dimensión de experiencia humana. La tumba vacía y las apariciones de la resurrección fueron las evidencias. Sería casi imposible, por lo tanto, encuadrar las enseñanzas de Pablo en este pasaje con los intentos de reconstrucción de los desmitificadores. Rudolph Bultmann será siempre recordado por su tesis de que 'Cristo ha resucitado en el *kerygma*'. Con esto quiso decir que Jesús no resucitó en un sentido objetivamente histórico o físico, sino solamente en la fe recobrada y en la proclamación triunfante (*kerygma*) de sus discípulos. Pero lo que Pablo declara aquí como demostración de poder divino es algo **que Dios ejerció en Cristo**, no en sus seguidores.

b. La entronización de Jesucristo sobre el mal

Habiendo levantado a Jesús de entre los muertos y fuera del dominio de la muerte, Dios **lo sentó a su derecha en las regiones celestiales** (v. 20). Es decir, lo promovió al puesto de honor supremo y de autoridad ejecutiva. Al hacerlo, cumplió la promesa mesiánica del Salmo 110.1: "Así dijo el Señor a mi Señor: 'Siéntate a mi derecha hasta que ponga a tus enemigos por estrado de tus pies.'" Se encuentran reminiscencias de este versículo no sólo en las referencias que hace a 'la derecha' de Dios y a Cristo 'sentado' allí, sino también en la última afirmación de que Dios ha puesto todas las cosas 'debajo de sus pies' (v. 22, RVR), es decir, haciéndolas su estrado. En el Salmo 110 el estrado de sus pies está formado por sus 'enemigos'. Podemos dar por sentado, por lo tanto, que **todo gobierno y autoridad, poder** y **dominio** sobre el que ha sido exaltado no son los ángeles, sino los demonios, aquellas 'potestades que dominan este mundo de tinieblas' o 'fuerzas espirituales malignas' contra las cuales Pablo luego nos exhorta a luchar,[18] ya que aún no le han concedido la victoria final a Cristo.[19] La expresión más generalizada que sigue a continuación, **cualquier otro nombre que se invoque, no sólo en este mundo sino también en el venidero** (v. 21b), puede haberse añadido para incluir también a los ángeles, inclusive a todo ser inteligente concebible, sobre los cuales Cristo reina con absoluta supremacía.

El hecho de que todas las cosas están ahora bajo los pies de Jesús es, probablemente, una alusión a otra hebra de la enseñanza bíblica. Adán, hecho a la semejanza de Dios, recibió dominio sobre la tierra y sus criaturas, y no lo perdió totalmente al caer en desobediencia. Por el contrario, en su meditación sobre el registro de la creación del hombre de Génesis, el salmista se dirige a Dios con estas palabras: 'Lo entronizaste sobre la obra de tus manos, ¡todo lo sometiste a su dominio! Todas las ovejas, todos los bueyes, todos los animales del campo, las aves del cielo, los peces del mar, y todo lo que surca los senderos del mar …'[20] Pero el dominio del hombre ha sido limitado por la caída, y está distorsionado cuando explota o poluciona el medio ambiente, de quien fue designado originariamente como mayordomo responsable. Así que el dominio completo que Dios intentaba hacer gozar al hombre es ejercido ahora sólo por el hombre Cristo Jesús: 'Todavía no vemos que todo le esté sujeto [al hombre]. Sin embargo, vemos a Jesús … coronado de gloria y honra …'[21] Jesús ya ha destronado a la muerte y un día el 'último enemigo' será destruido finalmente.[22]

c. Jesucristo, cabeza de la iglesia

Pablo no ha terminado aún con su relato de la exaltación soberana de Jesús. Ya ha escrito sobre su resurrección **de entre los muertos** (v. 20) y sobre su entronización **encima de todo** (v. 21). Ahora continúa relatando el significado de este triunfo doble para **la iglesia** (v. 22). Esta verdad está bosquejada en dos expresiones sugerentes, que han causado muchos problemas a los comentaristas. La primera es que Dios **dio** a Jesús **como cabeza de todo a la iglesia. Ésta, que es su cuerpo** (vv. 22–23a), y la segunda es la frase **la plenitud de aquel que lo llena todo por completo** (23b). Si bien ambas cláusulas son difíciles, son tan importantes que debemos emplear algo de tiempo para buscar su sentido.

La primera habla de Jesús como **cabeza**, y lo ubica con un poderío que se extiende sobre **todas las cosas**. La idea de 'todo' se menciona dos veces en el versículo 22, y en ese contexto incluye no solamente el universo material, sino también, y especialmente, a todos los seres inteligentes que lo pueblan, buenos y malos, angélicos y demoníacos. Este universo y estos seres son los que Cristo gobierna. Ya que **todas las cosas** han sido puestas bajo sus pies por Dios, él es por lo tanto **cabeza de todo**. Las expresiones 'cabeza', 'pies', 'encima' (y 'debajo' en RVR) son obviamente complementarias.

Pero Pablo va más allá de esto. Su tema no es sólo que Dios ha hecho a Jesús cabeza sobre todas las cosas, sino que lo 'dio' (*edōke*) como cabeza-sobre-todas-las-cosas 'a la iglesia', la cual es su cuerpo. Porque aquel a quien Dios dio a la iglesia para que fuera su cabeza, ya era cabeza del universo. Por lo tanto, el universo y la iglesia tienen ambos la misma cabeza en Jesucristo.

La otra expresión enigmática, sobre cuya interpretación se han gastado litros de tinta, es la expresión final, **la plenitud de aquel que lo llena todo por completo**. Los lectores de Efesios deben ser conscientes de las tres principales explicaciones posibles de estas palabras. En lo que hace a la gramática y el idioma las tres son posibles, y las tres cuentan con distinguidos defensores. Si opto tentativamente por la tercera, es en consideración del contexto y la coherencia de las Escrituras, y no basándome en la gramática y el vocabulario. Pero el lector debe formarse su propia opinión.

La primera de las explicaciones toma la frase como una descripción no de la iglesia (el cuerpo) sino de Cristo (la cabeza), es decir 'la iglesia, que es el cuerpo de aquel quien a su vez es la plenitud del que lo llena todo por completo'. En este caso, Pablo no está diciendo que la iglesia es la plenitud de Cristo, sino que Cristo es la plenitud de Dios, quien llena a Cristo, como de hecho llena todas las cosas. A primera vista esta es una interpretación atractiva. Va bien con el contexto de la supremacía de Cristo. También tiene paralelos en las Escrituras, porque en todas partes se dice que Dios 'llena los cielos y la tierra',[23] y en Colosenses se dice que la plenitud de la deidad habita en Cristo.[24] Esta interpretación ha tenido proponentes eruditos, incluyendo algunos entre los padres teodoretos, y en tiempos modernos, C. F. D. Moule, de Cambridge[25] y G. B. Caird, de Oxford.[26] Sin embargo, las dificultades son considerables. Por un lado la sintaxis resulta extraña, ya que requiere que Dios sea a la vez sujeto y objeto de la misma oración ('Dios … lo dio como cabeza a la iglesia que es la plenitud de Dios'). Por otro lado, los paralelos no son exactos. Es cierto que Colosenses dice que la plenitud de la deidad habita 'en Cristo', pero está lejos de identificar a Cristo con la plenitud de Dios. Hodge llega a decir que esta última identificación no es 'escritural': "[La Biblia] dice que la plenitud de la deidad está 'en Cristo', pero nunca dice que Cristo sea la plenitud de Dios."[27] Y hay otro paralelo inexacto. Tanto en Efesios como en Colosenses es Cristo, y no Dios, quien llena todo.[28]

Si rechazamos con dudas esta primera explicación, nos dirigimos a las otras dos, que toman 'la plenitud' como descripción de la iglesia más que de Cristo. Estos versículos contienen, en efecto, el primer uso de la palabra 'iglesia' en Efesios. Se la identifica primero como el 'cuerpo' de Cristo, y luego como su 'plenitud', la plenitud 'de aquel que todo lo llena por completo'. La dificultad radica en que el sustantivo 'plenitud' (*plērōma*) puede tener tanto un significado activo como pasivo. Activamente, significa 'aquello con que se llena' o los 'contenidos' de algo. Pasivamente, significa 'aquello que se llena o está lleno', no los contenidos sino el continente. Ambos sentidos han sido aplicados al texto que estamos considerando.

Tomemos primero el sentido activo: 'aquello con que se llena o completa'. Los eruditos han acordado que este es el uso más común de *plērōma*. En griego clásico se usaba para designar los contenidos de una vasija o bolsa, y tanto para la carga de un buque como para su tripulación. Y este significado activo es común en el Nuevo Testamento. Así, los fragmentos de panes y peces que llenaron las canastas eran *plērōmata*.[29] *Plērōma* es la palabra utilizada para un 'remiendo' de tela nueva, no encogida, que cuando se cosa a una vestidura vieja llenará el hueco o la rotura, pero romperá la tela.[30] Y en la cita del Salmo 24.1, 'Del Señor es la tierra y todo cuanto hay en ella', la forma griega para 'todo cuanto hay en ella' es 'y su plenitud', es decir sus contenidos.[31] Y ya hemos visto que lo que llena al Padre también llena al Hijo.[32]

Si este es el sentido de *plērōma* en Efesios 1.23, entonces dice que la iglesia 'llena' o 'completa' a Cristo, y que Cristo está incompleto sin ella. No se puede negar que este sentido es compatible con la metáfora cabeza–cuerpo que Pablo ha utilizado. Por lo tanto, la iglesia 'es el complemento de Cristo que es la cabeza' (AG), 'así como el cuerpo es el complemento necesario de la cabeza a fin de hacer un hombre completo.'[33] Con lo sorprendente que resulta esta idea, son notables los comentaristas del pasado y del presente que la han adoptado. Calvino tomó este punto de vista: "Por esta palabra 'plenitud' él quiere decir que nuestro Señor Jesucristo y aun Dios su Padre se consideran a sí mismos imperfectos, a menos que nos unamos a ellos … como si un padre dijera: Mi casa parece vacía cuando no veo a mis hijos en ella. Un esposo diría: Parezco ser sólo la mitad de un hombre cuando mi esposa no está conmigo. De la misma manera Dios dice que no se considera pleno y perfecto si no nos atrae a sí mismo y nos hace uno con él."[34] Casi en forma similar, William Hendriksen escribe de Cristo: 'Pero como *esposo* sí está incompleto sin la *esposa*: no se puede pensar en él como *vid* sin sus *pámpanos;* como *pastor,* no podemos imaginarlo sin las *ovejas:* y así también como *cabeza* halla su total expresión en su *cuerpo,* la iglesia.'[35] Según la misma tradición reformada, Charles Hodge se aviene a esta interpretación, y basa su decisión sobre la evidencia lingüística: "En cualquier otro caso en que aparece en el Nuevo Testamento (a saber, *plērōma*) se la usa activamente: 'aquello que llena …' El uso común de la palabra en el Nuevo Testamento está … claramente a favor de tomarla aquí también en sentido activo."[36]

Más aun, el participio que le sigue puede traducirse de tal manera que apoye esta explicación. *Plēroumenou* podría estar en la voz media y tener, por lo tanto, un sentido activo. Así lo toma la NVI, **aquel que lo llena todo**. Pero también podría ser pasivo ('que está siendo llenado'). Así lo tomaron las versiones antiguas (por ejemplo, latina, siríaca y egipcia) y los grandes comentaristas griegos Orígenes y Crisóstomo. Entonces el sustantivo activo y el verbo pasivo encajan a la perfección uno en el otro, y la iglesia es 'la que llena a Cristo que está siendo llenado por ella'. De los comentaristas más modernos, ha sido Armitage Robinson quien ha tenido más éxito al popularizar esta interpretación. Luego de afirmar que esta es 'quizás la expresión más notable de toda la epístola',[37] continúa explicando: 'En algún sentido misterioso la iglesia es aquello sin lo cual Cristo no está completo, pero con lo cual está o estará completo. Es decir que él (Pablo) ve a Cristo como esperando en un sentido su completamiento, y destinado por Dios a encontrar plenitud en la iglesia.'[38] Así que parafrasea: "La cabeza encuentra plenitud en el cuerpo: la iglesia es la plenitud de Cristo, porque Cristo 'todo lo llena por completo', avanzando hacia una plenitud absoluta que todo lo incluye."[39]

Ahora llegamos a la tercera alternativa, que toma *plērōma* en su sentido pasivo, no como 'aquello que llena' sino como 'aquello que es llenado'; no los contenidos, sino el continente lleno. De acuerdo con AG este es 'muy probablemente el significado aquí'. Si es así entonces la iglesia es la plenitud de Cristo, no porque lo llena, sino porque él la llena a ella. Aquel que la llena es presentado como llenando 'todo', 'todo el universo' (TLA), que es precisamente lo que se dice en 4.9, 10; o como él mismo siendo llenado, por ejemplo por Dios, como en Colosenses 1.10 y 2.29. Uniendo las dos partes de la cláusula, significaría que Cristo, quien llena a la iglesia, también llena al universo; o bien que Cristo, quien llena a la iglesia, es a su vez llenado por Dios. La primera posibilidad es la más natural porque Dios no se menciona por nombre. Pero en cualquiera de los dos casos, la iglesia es la 'plenitud' de Cristo en el sentido de que él la llena.

Después de reflexionar considerablemente sobre todo el pasaje y sobre las exposiciones de muchos comentaristas, he llegado a la conclusión de que esta última alternativa es la más plausible de ser la interpretación correcta, por tres razones. Primero, por la coherencia de las Escrituras. El más seguro de los principios de interpretación bíblica es dejar que las Escrituras expliquen a las Escrituras. En ninguna otra parte de las Escrituras se dice explícitamente que la iglesia 'llena' o 'completa' a Cristo,[40] y en cambio sí se dice constantemente que Cristo mora en y llena a su iglesia. Porque la iglesia es el templo de Dios (2.21–22). Así como su gloria llenó el templo de Jerusalén, así hoy Jesucristo, que es la gloria de Dios, llena la iglesia por su Espíritu.

Segundo, el contexto lo confirma. En la última parte de Efesios 1, Pablo se refiere a la resurrección y entronización de Jesús como la suprema demostración histórica del poder de Dios. Su énfasis en todo el pasaje está puesto en el señorío y soberanía de Jesús sobre todas las cosas. Sería muy incongruente que continuara diciendo que la iglesia, de alguna manera, 'completa' a este Cristo supremo. Una conclusión más apropiada será seguramente enfatizar que este Cristo supremo llena a su iglesia, como llena también el universo.

El tercer argumento incluye la aclaración del versículo 23 sobre su **cuerpo** y su **plenitud** como descripciones sucesivas de la iglesia. Por estar a continuación es natural esperar que ambos cuadros ilustren por lo menos una verdad similar, es decir el gobierno de Cristo sobre su iglesia. La iglesia es su 'cuerpo' (él la dirige); la iglesia es su 'plenitud' (él la llena). Más todavía, ambas enseñan el doble gobierno de Cristo sobre el universo y la iglesia. Por un lado Dios dio a Cristo como cabeza sobre todas las cosas a la iglesia (v. 22), y por el otro la iglesia está llena por Cristo que también llena todas las cosas (v. 23). Es esto lo que lleva a Markus Barth a ir más allá y proponer una fusión de las metáforas. Señalando que las imágenes del 'cuerpo' y la 'plenitud' van juntas en Efesios 4.13–16 y Colosenses 1.18–19, lo mismo que aquí, y que los escritores médicos de la época aproximada de Pablo, como Hipócrates y Galeno, pensaban que la cabeza o mente controlaba y coordinaba las funciones del cuerpo, el doctor Barth resume el concepto de Pablo diciendo que 'la cabeza llena el cuerpo con poderes de movimiento y percepción y por lo tanto inspira a todo el cuerpo con vida y dirección'.[41]

Conclusión

Ahora es tiempo de dejar las cuestiones detalladas que nos han estado ocupando para examinar en conjunto la plegaria que Pablo eleva por sus lectores. Una de sus características más impresionantes, para mí, es su énfasis sobre la importancia del 'conocimiento' ('para que sepan') para la madurez cristiana, junto con su enseñanza de cómo se obtiene el conocimiento y cómo se relaciona con la fe. Para dar esta instrucción apostólica Pablo une lo que nosotros, con consecuencias desastrosas, separamos demasiado a menudo.

a. Iluminación y pensamiento

Toda la confianza de la oración de Pablo estriba en que sus lectores puedan tener un conocimiento acabado del llamado de Dios, su herencia y su poder, especialmente de este último. ¿Pero cómo esperaba que fuera respondida su oración? ¿Cómo crecen los cristianos en conocimiento? Algunos responderán que el conocimiento depende de la iluminación del Espíritu Santo. Y están en lo cierto, al menos en parte. Porque Pablo ora para que el **Espíritu de sabiduría y de revelación** (v.17) pueda acrecentar su conocimiento de Dios y alumbrar los ojos de su entendimiento. Sin embargo, no tenemos libertad para inferir de esto que nuestra responsabilidad consiste solamente en orar y esperar la iluminación, y no pensar para nada. Otros cometen el error opuesto: utilizan su mente y piensan, pero dejan poco lugar a la iluminación del Espíritu Santo.

El apóstol Pablo reúne ambos. Primero ora para que los ojos del entendimiento de sus lectores sean alumbrados para conocer el poder de Dios. Luego enseña que Dios ya ha provisto evidencia histórica de su poder al resucitar y exaltar a Jesús. Por lo tanto, Dios ha revelado su poder objetivamente en Jesucristo, y ahora ilumina nuestra mente por medio de su Espíritu para captar esta revelación. La iluminación divina y el pensamiento humano van unidos. Todo nuestro pensamiento es improductivo sin el Espíritu de verdad; sin embargo, su iluminación no tiene intenciones de ahorrarnos el trabajo de utilizar la mente. Es precisamente cuando examinamos lo que Dios hizo en Cristo que el Espíritu abrirá nuestros ojos para comprender sus implicaciones.

b. Conocimiento y fe

Se da por sentado comúnmente que la fe y la razón son incompatibles. No es así. En las Escrituras nunca se las opone, como si tuviéramos que elegir entre ambas. La fe va más allá de la razón, pero descansa sobre ella. El conocimiento es la escalera por la cual la fe se eleva, el trampolín desde el cual puede saltar más lejos aun.

Así oraba Pablo: **para que sepan … cuán incomparable es la grandeza de su poder a favor de los que creemos … que Dios ejerció en Cristo …** (vv. 18-20). Es vital ver cómo Pablo une los verbos 'saber' y 'creer'. Exactamente el mismo poder de resurrección que Dios exhibió en Cristo está ahora a nuestra disposición. Primero debemos conocer su grandeza sorprendente según fue demostrada en la resurrección y entronización de Cristo, y luego debemos asirnos en forma práctica de ella por nosotros mismos, y por la fe. Por supuesto que ya somos creyentes. Nuestra fe ya ha sido mencionada en los versículos 1, 13 y 15. Pero ahora el presente participio *pisteuontas* (v. 19) enfatiza la necesidad de un ejercicio continuo de la fe en la aprehensión del poder de Dios. Por lo tanto, la fe y el conocimiento se necesitan uno al otro. La fe no puede crecer sin una firme base de conocimiento; el conocimiento es estéril si no trae aparejada la fe.

¿Cuánto sabemos del poder de Dios que levantó a Jesús de los muertos y lo exaltó sobre el mal? En verdad, el mismo poder de Dios nos ha resucitado a nosotros con Jesús de la muerte espiritual y nos ha entronizado con Jesús en los lugares celestiales, como Pablo lo demostrará en 2.1–10. Pero ¿cuánto de esto es mera teoría y cuánto es experiencia? No resulta difícil pensar en nuestra debilidad humana: nuestra lengua o nuestro temperamento, nuestra malicia, codicia, lujuria, envidia y orgullo. Estas cosas, por cierto, están más allá de nuestro poder de control. Y debemos humillarnos para admitirlo. 'Las palabras que el apóstol utiliza aquí son como truenos y rayos para derrotar y someter todo el orgullo del hombre.'[42] Pero ¿están nuestras debilidades más allá del poder de Dios? Pablo pronto nos asegurará que Dios es capaz en grado sumo de sobrepasar nuestros pensamientos y oraciones 'por el poder que obra eficazmente en nosotros' (3.20), y finalmente nos exhortará para que nos fortalezcamos 'con el gran poder del Señor' (6.10). Éste es el poder de Dios que levantó a Jesús de la muerte y nos levantó con él. Ha puesto todas las cosas debajo de los pies de Cristo y puede poner cualquier mal debajo de los nuestros.

3
Resucitados con Cristo
Efesios 2.1–10

Algunas veces me pregunto si la gente buena y reflexiva habrá estado alguna vez más deprimida acerca de los problemas humanos que hoy. Por supuesto que cada época tiene necesariamente una visión confusa de sus propios problemas, porque está demasiado cerca de ellos para verlos en la óptica adecuada. Y cada generación origina nuevos profetas de la ruina. Sin embargo, ahora los medios de comunicación nos permiten aprehender la extensión mundial del mal contemporáneo, y esto es lo que hace que la escena moderna parezca tan oscura. Por una parte, el creciente problema económico (crecimiento de población, agotamiento de recursos naturales, inflación, desempleo, hambre); por otra, la extensión del conflicto social (racismo, luchas tribales, lucha de clases, desintegración de la vida familiar); y en parte la ausencia de guías morales reconocidas (lo cual lleva a la violencia, la deshonestidad y la promiscuidad sexual). El ser humano parece incapaz de manejar sus propios asuntos o de crear una sociedad justa, libre, humana y tranquila. Porque el hombre mismo ha perdido su centro.

Contra el sombrío trasfondo de nuestro mundo de hoy, Efesios 2.1–10 resalta con una pertinencia sugerente. Pablo primero desciende a las profundidades del pesimismo acerca del hombre, y luego se eleva a las alturas del optimismo acerca de Dios. Esta combinación de pesimismo y optimismo, desesperación y fe, constituye el refrescante realismo de la Biblia. Porque lo que Pablo hace en este pasaje es pintar un vívido contraste entre lo que somos por naturaleza y lo que podemos llegar a ser por gracia.

> **2.1 En otro tiempo ustedes estaban muertos en sus transgresiones y pecados, 2 en los cuales andaban conforme a los poderes de este mundo. Se conducían**

según el que gobierna las tinieblas, según el espíritu
que ahora ejerce su poder en los que viven en la
desobediencia. ³En ese tiempo también todos nosotros
vivíamos como ellos, impulsados por nuestros deseos
pecaminosos, siguiendo nuestra propia voluntad y
nuestros propósitos. Como los demás, éramos por
naturaleza objeto de la ira de Dios. ⁴Pero Dios, que es
rico en misericordia, por su gran amor por nosotros,
⁵nos dio vida con Cristo, aun cuando estábamos muertos
en pecados. ¡Por gracia ustedes han sido salvados!
⁶Y en unión con Cristo Jesús, Dios nos resucitó y nos hizo
sentar con él en las regiones celestiales, ⁷para mostrar
en los tiempos venideros la incomparable riqueza de
su gracia, que por su bondad derramó sobre nosotros
en Cristo Jesús. ⁸Porque por gracia ustedes han sido
salvados mediante la fe; esto no procede de ustedes, sino
que es el regalo de Dios, ⁹no por obras, para que nadie
se jacte. ¹⁰Porque somos hechura de Dios, creados en
Cristo Jesús para buenas obras, las cuales Dios dispuso
de antemano a fin de que las pongamos en práctica.

Es importante ubicar este párrafo en su contexto. Hemos estado considerando la oración de Pablo (1.15–23) en la que pide que los ojos interiores de sus lectores sean iluminados por el Espíritu Santo para conocer el alcance del llamado de Dios, la riqueza de la herencia que les espera en los cielos, y por sobre todo la supereminente grandeza de su poder que está mientras tanto al alcance de ellos. De este poder ha dado Dios una demostración histórica suprema al resucitar a Cristo de la muerte y exaltarlo por sobre los poderes del mal. Pero nos ha dado una demostración mayor aún al resucitarnos y exaltarnos a nosotros con Cristo, quitándonos por lo tanto de la esclavitud de la muerte y el pecado. Este párrafo, entonces, es realmente una parte de la oración de Pablo para que ellos puedan (y también nosotros) saber cuán poderoso es Dios. Las primeras palabras ya lo enfatizan: **En otro tiempo ustedes estaban muertos** ... En el texto griego no hay ningún verbo importante que refleje la acción de Dios hasta el versículo 5 (**nos dio vida con Cristo**); algunas versiones en castellano, por ejemplo RVR, ponen al comienzo 'y él os dio vida' simplemente para acortar el suspenso de esperar tanto. En cualquiera de los casos la secuencia de pensamiento es clara: 'Jesucristo estaba muerto, pero Dios lo levantó y exaltó. Ustedes también estaban muertos, pero Dios los levantó y exaltó con Cristo.'

1. El hombre por naturaleza o la condición humana | 2.1–3

Antes de mirar en detalle esta descripción demoledora de la condición humana apartada de Dios, necesitamos establecer con claridad que se trata de una descripción que nos abarca a todos. Pablo no nos da un retrato de alguna tribu particularmente decadente o de algún segmento degradado de la sociedad, o del extremadamente corrupto paganismo de sus días. No; este es el diagnóstico bíblico del ser humano caído que vive en la sociedad caída, en todas partes del mundo. Es cierto que Pablo comienza con un enfático **ustedes**, indicando en primer lugar a sus lectores gentiles, de Asia Menor, pero rápidamente continúa escribiendo (v. 3a) que **todos nosotros vivíamos** de la misma manera (es decir incluyéndose a sí mismo y a sus hermanos judíos), y concluye con una referencia a **los demás** (v. 3b). Aquí está pues la evaluación apostólica de todos los hombres y mujeres sin Dios, de la condición humana universal. Es una condensación, en tres versículos, de los primeros tres capítulos de Romanos, en los que Pablo desarrolla su argumento acerca del pecado y de la culpa, primeramente de los paganos, luego de los judíos y finalmente de toda la humanidad. Aquí señala graves verdades acerca de los seres humanos sin redención (incluyéndonos a nosotros), hasta que Dios nos tuvo piedad.

a. Estábamos muertos

> [2.1]**En otro tiempo ustedes estaban muertos en sus transgresiones y pecados, [2]en los cuales andaban conforme a los poderes de este mundo.**

La muerte a la que Pablo se refiere no es una imagen metafórica como en la parábola del hijo pródigo ('este hijo mío estaba muerto'); es una afirmación fáctica de la condición espiritual de todos los que están fuera de Cristo. Y es consecuencia de sus **transgresiones y pecados**.

Estas dos palabras parecen haber sido cuidadosamente elegidas para dar un relato comprensible de la maldad humana. Una 'transgresión' (*paraptōma*) es un paso en falso, que incluye ya sea cruzar un límite conocido, o desviarse del camino correcto. Un 'pecado' (*hamartia*), por otro lado, significa más bien no dar en el blanco, no alcanzar la medida. Juntas, ambas palabras cubren lo positivo y lo negativo, lo activo y lo pasivo, en los aspectos del mal humano, es decir, nuestros pecados de comisión y de omisión. Delante de Dios somos tanto rebeldes como fracasados. Como resultado, estamos 'muertos' o 'alejados de la vida que proviene de Dios' (4.18). Pues la vida verdadera, 'la vida eterna', es comunión con el Dios viviente; y muerte espiritual es la separación de él, muerte que el pecado trae inevitablemente aparejado: 'Son las iniquidades de ustedes las que los separan de su Dios. Son estos pecados los que lo llevan a ocultar su rostro para no escuchar.'[1]

La afirmación bíblica acerca del estado de 'muerte' de los no cristianos hace surgir interrogantes en muchos porque no parece coincidir con los hechos de la experiencia habitual. Muchas personas que no hacen ninguna profesión cristiana, y que aun repudian abiertamente a Jesucristo, parecen ser más vitales que las demás. Uno tiene el cuerpo vigoroso de un atleta, otro la mente ágil de un erudito, un tercero la personalidad vivaz de una estrella de cine. ¿Debemos decir que tales personas, si Cristo no las ha salvado, están muertas? Sí, por cierto, debemos decirlo y lo decimos. Porque en la esfera que más importa (que no es el cuerpo, ni la mente, ni la personalidad, sino el alma), esa persona no tiene vida. Y podemos verlo. Están ciegos para la gloria de Jesucristo, y sordos a la voz del Espíritu Santo. No tienen amor a Dios, ni conciencia sensible de su realidad personal; su espíritu no se eleva hacia él con el clamor 'Abba, Padre', ni anhelan la comunión con su pueblo. No responden a Dios, son como cadáveres. Así que no debemos dudar en afirmar que una vida sin Dios (no importa cuán adecuada en sentido físico, o cuán alerta en lo mental) es una muerte viviente, y aquellos que la viven están muertos aunque estén vivos.[2] Comprender esta paradoja es tomar conciencia de la tragedia básica de la existencia humana caída. La gente que fue creada por Dios y para Dios ahora está viviendo sin Dios. Por cierto, esa era nuestra condición hasta que el Buen Pastor nos encontró.

b. Estábamos esclavizados

Pablo no se contenta simplemente con decir que andábamos **muertos en transgresiones y pecados**. La expresión es un hebraísmo que indica nuestro comportamiento o modo de vida anterior. Pero, por lo menos para nuestra manera occidental de pensar, 'andar' sugiere una caminata agradable por el campo, con libertad para disfrutar la belleza de los alrededores. Sin embargo, fue muy diferente nuestro andar **en transgresiones y pecados**. No había allí verdadera libertad, sino una temible esclavitud a fuerzas sobre las cuales carecíamos de control. ¿Qué fuerzas eran estas? Si detrás de la muerte está el pecado, ¿qué hay detrás del pecado que nos mantiene en tal cautividad? La respuesta de Pablo, puesta en palabras propias de la terminología eclesiástica, es 'el mundo, la carne y el diablo'. Pablo se refiere a estas tres influencias como aquellas que controlaban y dirigían nuestra anterior existencia precristiana.

Primero, nos describe como andando **conforme a los poderes de este mundo** (v. 2). La frase griega es 'de acuerdo a la época de este mundo'. Reúne los dos conceptos: época de maldad y oscuridad (en contraste con 'los tiempos venideros' que Jesús presentó); y 'de este mundo', es decir la sociedad organizada sin referencia a Dios o, como suele decirse, 'secularizada' (en contraste con el reino de Dios, que es la nueva sociedad bajo su gobierno). Así que ambas palabras, 'época' y 'mundo' expresan un sistema de valores sociales alienado de Dios. Invade y hasta domina la sociedad no cristiana y mantiene a la gente en cautiverio. Podemos detectar los valores subhumanos de 'esta época' y 'este mundo' en cualquier lugar en que los seres humanos se van deshumanizando a causa de la opresión política o de la tiranía burocrática; donde rige una visión secular (de repudio a Dios), amoral (de repudio a los valores absolutos), o materialista (de glorificación de la sociedad de consumo); debido a la pobreza, el hambre, el desempleo, por la discriminación racial o por cualquier forma de injusticia. Su influencia es penetrante. La gente tiende a no tener una opinión propia, sino a someterse a la cultura superficial de la televisión y de las revistas de tapa lustrosa. Es una esclavitud cultural. Todos éramos iguales hasta que Jesús nos liberó. Vivíamos según 'el mal ejemplo de la gente de este mundo' (TLA).

Nuestro segundo cautiverio era en relación al diablo, llamado aquí **el que gobierna las tinieblas** (v. 2) o 'el Príncipe del imperio del aire' (BJ). La palabra 'aire' podría traducirse 'atmósfera brumosa', que describe la oscuridad que el diablo prefiere en lugar de la luz. Pero la frase completa no necesita significar otra cosa sino que él tiene el mando de esos 'poderes y autoridades' mencionados anteriormente, que operan en el mundo invisible. En nuestros días está fuera de moda en la iglesia creer en un diablo personal, en inteligencias demoníacas personales bajo su mando, aun cuando el satanismo florece fuera de ella. Pero no hay ninguna razón por la cual la moda de la iglesia deba dirigir la teología, sobre todo si la enseñanza clara de Jesús y sus apóstoles (por no mencionar la iglesia de los siglos subsiguientes) afirmaban su existencia malévola.

Otra frase para describirlo es **el espíritu que ahora ejerce su poder en los que viven en la desobediencia** (v. 2). Debido a que la palabra 'espíritu' está en genitivo, no está en oposición a 'Príncipe' (acusativo). En realidad debemos entender que 'el Príncipe del imperio del aire' es también 'el gobernador del espíritu que opera en las personas desobedientes'. El 'espíritu', por lo tanto, es una fuerza impersonal que opera activamente en la gente no cristiana. Debido a que las Escrituras identifican al diablo no sólo como fuente de tentaciones pecaminosas, sino también como 'león' y 'asesino', podemos rastrear con seguridad todo mal, error y violencia hasta llegar finalmente a él. Cuando dice que él y la atmósfera que genera están obrando en los seres humanos, el verbo (*energeō*) es el mismo que se utiliza para el poder de Dios que levantó a Jesús de entre los muertos (1.20). Sólo esa energía o acción divina podría habernos rescatado del diablo.

La tercera influencia que nos mantiene en esclavitud es la de **nuestros deseos pecaminosos** (v. 3a), o 'los deseos de nuestra carne' (RVR) donde 'carne' no quiere decir el tejido vivo que recubre nuestro esqueleto óseo, sino nuestra naturaleza humana egocéntrica y caída. Los 'deseos' se definen como 'la voluntad de la carne y de los pensamientos' (RVR). Este agregado es particularmente importante porque muestra el error de igualar 'los deseos de la carne' con lo que popularmente se llaman 'los pecados de la carne'. Es necesario hacer dos aclaraciones. Primero, no hay nada malo en los deseos corporales naturales, sean de alimentarse, de dormir o del sexo. Dios hizo así el cuerpo humano. Pero cuando el apetito por la comida se transforma en glotonería, el deseo de dormir en pereza y el apetito sexual en lujuria, entonces los deseos naturales se pervierten en deseos pecaminosos. En segundo lugar, 'los deseos de la carne' incluyen los malos deseos tanto de la *mente* como del *cuerpo*, como por ejemplo el pecado de orgullo intelectual, la ambición inapropiada, el rechazo de la verdad conocida y la mentalidad maliciosa o vengativa. Más aun, de acuerdo a la exposición que Pablo hace en Filipenses 3.3–6, 'esfuerzos humanos' (la 'carne' en RVR) cubren todas las formas de arrogancia, hasta el orgullo por los antepasados, por los parentescos, la raza, la religión o la buena moral. En cualquier punto en que el 'yo' saque su desagradable cabeza en oposición a Dios o al ser humano, allí está la 'carne'. Como comenta apropiadamente F. F. Bruce, 'puede manifestarse tanto de manera socialmente respetable como en las vergonzosas prácticas del paganismo del primer siglo'.[3] Y no importa lo respetable que sea la forma (o el disfraz) que adopte, nuestro egocentrismo es una esclavitud horrible.

Así que, antes de que Jesucristo nos liberara, estábamos sujetos a influencias opresivas tanto de adentro como de afuera. Afuera estaba 'el mundo' (la cultura no cristiana predominante), adentro estaba 'la carne' (nuestra naturaleza caída entrelazada con el egocentrismo); y más allá de ambos, operando activamente a través de ellos, estaba el espíritu del mal, el diablo, 'el que gobierna las tinieblas', que nos mantenía cautivos. No es que podamos atribuir la culpa de nuestra esclavitud al mundo, la carne y el diablo, y negarnos a aceptar ninguna responsabilidad. Por el contrario, es significativo que en estos versículos 'ustedes' y 'nosotros' no se identifican con estas fuerzas, sino que se distinguen de ellas, aunque estén esclavizados por ellas. A nosotros se nos llama **los que viven en la desobediencia** (v. 2b), es decir 'los rebeldes' (BJ) hacia Dios. Nos habíamos rebelado, a sabiendas y voluntariamente, en contra de la autoridad amorosa de Dios y, por lo tanto, habíamos caído bajo el dominio de Satanás.

c. Estábamos condenados

Pablo no ha completado aún su descripción de nuestro estado anterior a Cristo. Tiene una verdad más, y desagradable, para decirnos acerca de nosotros mismos. No sólo estábamos muertos y esclavizados, dice, sino que también estábamos condenados: **Como los demás, éramos por naturaleza objeto de la ira de Dios** (v. 3b). Dudo que haya en Efesios otra expresión que haya provocado más hostilidad que esta. Algunos comentaristas hacen pocos intentos, o ninguno, por comprenderla, menos aun por defenderla; la dejan de lado como insostenible para nuestros días. Las causas de su hostilidad son tres: se refieren a las palabras 'ira', 'objeto' y 'por naturaleza'. Debemos considerar cuidadosamente lo que Pablo quiere significar con ellas, y tratar de aclarar los malentendidos.

Primero, **la ira de Dios** no es como la del hombre. No es que tenga mal carácter, como si pudiera salirse de sus casillas en cualquier momento. No es despecho, ni malicia, ni animosidad, ni venganza. Nunca es arbitraria ya que es la reacción divina a una sola situación, el mal. Por lo tanto, es enteramente predecible y no está sujeta a capricho, ánimo o antojo. Más aun, no es la retribución impersonal de la sociedad, 'el proceso inevitable de causa y efecto en un universo moral', ya sea a través de la marginación social o por medio de la administración de la justicia en las cortes legislativas o de algún otro medio, como argumentaba C. H. Dodd en su famoso comentario Moffatt sobre la Carta a los Romanos.[4] El hecho de que 'ira' (*orgē*) o 'la ira' (*hē orgē*) aparezca sin la adición de las palabras 'de Dios' no hace su ira menos impersonal que su gracia, cuando se omiten las palabras 'de Dios' (como en los versículos 5 y 8 de este capítulo 'por gracia han sido ustedes salvados'). La ira que juzga y la gracia que redime son ambas personales. Son la ira y la gracia de Dios.

Entonces, ¿qué es su ira si no es una reacción arbitraria ni un proceso impersonal? Es la hostilidad personal, justa y constante de Dios hacia el mal, es su negación absoluta a hacer concesiones, y su propósito de condenarlo. Más aun, su ira no es incompatible con su amor. Es notable el contraste entre los versículos 3 y 4: **éramos por naturaleza objeto de la ira de Dios. Pero Dios, que es rico en misericordia, por su gran amor por nosotros ...** Por lo tanto, Pablo va de la ira de Dios a la misericordia y el amor de Dios sin ningún sentido de incomodidad o rareza. Es capaz de tener a ambas en su mente porque Pablo creía que ambas estaban unidas en el carácter de Dios. Necesitamos, pienso, estar más agradecidos a Dios por su ira, y adorarle porque gracias a su perfecta rectitud siempre reacciona frente al mal de la misma manera inmutable, predecible y sin transar. Si no fuera por la permanencia de su carácter moral no podríamos tener paz.

El segundo problema que la gente encuentra está en la frase **objeto de la ira de Dios** o literalmente 'hijos de ira' como señalan RVR y otras traducciones. La palabra 'hijos' sugiere un cuadro de niños, casi bebés recién nacidos, como estando bajo la ira de Dios, y la gente naturalmente rechaza esta idea. Pero se puede decir con confianza que aquí no hay ninguna alusión a niños pequeños. La expresión es otro hebraísmo, como lo es **los que viven en desobediencia** o literalmente 'hijos de desobediencia' en el versículo 2, y se refiere a gente de todas las edades. La NVI expresa adecuadamente **éramos por naturaleza objeto de la ira de Dios**.

El tercer problema está en la cláusula adverbial **por naturaleza**. ¿En qué sentido éramos 'por naturaleza' objetos de la ira y el juicio de Dios? Para empezar, creo que todos estamos de acuerdo en que Pablo traza un deliberado contraste entre lo que éramos 'por naturaleza' (*phusei*, v. 3) y lo que hemos llegado a ser 'por gracia' (*chariti*, v. 5). Es un contraste entre el pasado y el presente; entre lo que éramos cuando estábamos librados a nosotros mismos y lo que hemos llegado a ser porque Dios intervino en nuestro favor; también entre juicio y salvación. 'Por naturaleza estábamos bajo la ira de Dios, por gracia hemos sido salvados.' Esto es mucho más claro y no se presta a discusión.

Pero *phusei*, 'por naturaleza', parece describir más que nuestra condición 'natural' cuando estamos librados a nosotros mismos. Parece apuntar al origen de nuestra condición 'como miembros de una raza caída,'[5] y por lo tanto, origina preguntas difíciles acerca de nuestra herencia genética y, como consecuencia, de nuestra responsabilidad moral. ¿Es la frase de Pablo una síntesis de algo mayor, como si dijera que por nacimiento tenemos una tendencia hacia el pecado, y que por lo tanto nuestro pecado nos pone bajo el juicio de Dios? ¿O está diciendo que, como seres humanos, estamos desde que nacimos bajo el juicio de Dios? No he encontrado repudio más fuerte hacia esta última noción que las siguientes palabras de R. W. Dale. No cabe duda que expresan lo que piensan muchos: 'Esta frase se cita algunas veces como un intento de sostener la terrible doctrina de que por nuestro mero nacimiento somos objeto de la ira divina y que, al margen de cualquier pecado voluntario, estamos bajo la maldición divina. Esta espantosa teoría no recibe respaldo alguno ni del Nuevo ni del Antiguo Testamento.'[6] Sin embargo, R. W. Dale sabía que la doctrina que tan vigorosamente repudiaba se enseña en las grandes confesiones reformadas, por ejemplo los Treinta y Nueve Artículos y la Confesión de Westminster. Aquí está, por ejemplo, el artículo anglicano Nº 9: 'El pecado original no está en el seguimiento de Adán, (es decir, en su imitación) ... sino que es la falta o corrupción de la naturaleza de todo ser humano engendrado naturalmente de la descendencia de Adán: por lo cual el hombre está muy lejos de la bondad original, y está por su propia naturaleza inclinado al mal, de tal modo que la carne siempre está en contra del espíritu; y por lo tanto toda persona nacida en este mundo es merecedora de la ira y el juicio de Dios ...' En otras palabras, nuestra naturaleza humana por herencia merece la ira y el juicio de Dios. Esto es lo que Pablo parece estar enseñando aquí. ¿Cómo debemos entenderlo?

Es probable que el mejor comentario sea el del propio Pablo, tal como lo encontramos en Romanos. Así como estos versículos son una expresión resumida de Romanos 1–3, también la expresión 'por naturaleza hijos de ira' es un resumen de Romanos 5.12–14. Su argumento de que 'la muerte pasó a toda la humanidad, porque todos pecaron' no es que todos hayan heredado una naturaleza pecadora que los llevó al pecado y por lo tanto a la muerte, sino que 'todos pecaron' en y con Adán. El Antiguo Testamento tiene un fuerte sentido de la solidaridad de la raza humana. Habla de la generación siguiente como estando ya 'en los lomos' de la generación anterior, una verdad que la genética moderna parece estar subrayando. Pablo dice, por lo tanto, que no podemos tomar a Adán como nuestro chivo emisario y atribuirle nuestro pecado, culpa y castigo. Porque nosotros mismos 'estábamos' en Adán. Puede muy bien decirse que pecamos en Adán, y que en y con él incurrimos en culpa y morimos. ¿No es en este sentido que podemos ser descriptos como pecadores 'por naturaleza' y sujetos al justo juicio de Dios? La gran mayoría de teólogos protestantes siempre han agregado que creen que la gracia de Dios y el sacrificio de Cristo cubren los años de la niñez antes de la edad responsable, y aquellos que están en la tradición reformada han llamado la atención hacia la evidencia bíblica de que los niños con padres cristianos nacen dentro del pacto.[7] Pero aun estas calificaciones importantes no alteran la herencia de nuestro pecado y nuestra culpa, ni el juicio que merecemos.

Muerte, esclavitud y condenación: estos son los tres conceptos que Pablo presenta a fin de retratar nuestra perdida condición humana. ¿Es demasiado pesimista? Bueno, debemos admitir (como él lo hubiera hecho) que esta no es toda la verdad acerca de la humanidad. Nada dice aquí de 'la imagen de Dios' en la cual fueron originalmente creados los seres humanos y que todavía retienen, aunque tristemente dañada. Pero por cierto que lo cree, y habla de nuestra redención en términos de una recreación a la imagen de Dios (v. 10 y 4.24). Tampoco dice aquí nada acerca de distintos grados de depravación humana, aunque también la hubiese aceptado. Porque la doctrina bíblica de 'depravación total' no significa que todos los seres humanos son igualmente depravados ni que nadie es capaz de algún bien, sino que ninguna parte de la persona humana (mente, emociones, conciencia, voluntad, etc.) ha permanecido intacta desde la caída. Sin embargo, a pesar de esta necesaria calificación que declara la permanente dignidad del hombre en razón de la imagen divina que no ha perdido totalmente, el diagnóstico de Pablo sigue teniendo vigencia. Fuera de Cristo el hombre está muerto debido a sus delitos y pecados, esclavizado por el mundo, la carne y el diablo, y condenado bajo la ira de Dios.

El fracaso en reconocer la gravedad de esta condición humana explica la fe ingenua de la gente en los remedios superficiales. La educación masiva es altamente deseable. Y también lo son las leyes justas y administradas con justicia. Ambas son agradables a Dios que es el Creador y el Juez justo de toda la humanidad. Pero ni la educación ni la legislación pueden rescatar a los seres humanos de la muerte espiritual, la cautividad o la condenación. Una enfermedad radical requiere un remedio radical. No dejaremos, por tal motivo, de preocuparnos por una educación mejor o por una sociedad más justa. Pero es preciso agregar a estas cosas una dimensión nueva, y que para los no cristianos resultará extraña: la de la evangelización. Porque Dios nos ha confiado un mensaje de buenas nuevas que ofrece vida a los muertos, libertad a los cautivos y perdón a los condenados.

2. El hombre por gracia, o la compasión divina | 2.4–10

El versículo 4 comienza con un contundente giro adversativo: **Pero Dios ...** Estas dos palabras enfrentan la desesperada condición de la humanidad caída con la iniciativa gratuita y la acción soberana de Dios. Éramos objetos de su ira, **Pero Dios … por su gran amor por nosotros** nos tuvo misericordia. Estábamos muertos, y los muertos no resucitan, **pero Dios** nos resucitó con Cristo. Éramos esclavos, en una situación deshonrosa e impotente, **pero Dios** nos ha levantado con Cristo y nos ha colocado a su diestra, en una posición de honor y poder. Por lo tanto, Dios ha actuado para revertir nuestra condición pecaminosa. Es esencial colocar ambas partes de este contraste juntas, es decir, lo que somos por naturaleza y lo que somos por gracia, la compasión humana y la condición divina, la ira de Dios y el amor de Dios. Algunas veces se critica a los cristianos por estar mórbidamente preocupados con sus pecados y sus culpas. La crítica es injusta si estamos enfrentándonos a verdades acerca de nosotros mismos (nunca es malo mirar la realidad cara a cara), pero sí lo es cuando dejamos de glorificar la misericordia y la gracia de Dios.

Ahora necesitamos preguntarnos exactamente lo que Dios ha hecho y también por qué lo hizo.

a. Lo que Dios hizo

Para decirlo en una frase, nos ha 'salvado'. En ambos versículos, 5 y 8, se hace la misma afirmación: **Por gracia ustedes han sido salvados.** Algunos comentaristas han llegado a sugerir que los versículos 4–10 son una especie de himno que celebra las glorias de la salvación y de la *sola gratia*, acompañada dos veces por la aclamación litúrgica 'Por gracia han sido salvados.' 'Salvados' es un participio perfecto (*sesōsmenoi*). Enfatiza las consecuencias permanentes de la acción salvadora de Dios en el pasado, como si Pablo dijera: 'Ustedes son pueblo que ha sido salvado y permanece salvo por siempre.' Sin embargo, muchos dicen hoy que encuentran que el lenguaje tradicional de la salvación carece de significado. Así que necesitamos explorar el sentido de lo que Pablo escribe.

En realidad, acuña tres verbos que expresan lo que Dios hizo en Cristo; luego (por adición del prefijo *syn,* 'junto con'), nos une a Cristo en cada uno de estos acontecimientos. Así, primero Dios **nos dio vida con Cristo** (v. 5), luego **en unión con Cristo Jesús, Dios nos resucitó** (v. 6a) y en tercer lugar **nos hizo sentar con él en las regiones celestiales** (v. 6b). Estos verbos ('nos dio vida', 'resucitó' e 'hizo sentar') se refieren a tres hechos históricos sucesivos en la obra redentora de Jesús, que normalmente se llaman resurrección, ascensión y sesión. Declaramos creer en ellos cuando repetimos el Credo: 'Se levantó de los muertos al tercer día, ascendió a los cielos y está sentado a la diestra de Dios Padre.' Lo que más provoca nuestro asombro, sin embargo, es que ahora Pablo no está escribiendo acerca de Cristo, sino sobre nosotros. No está afirmando que Dios revivió, levantó y sentó a Cristo, sino que nos revivió, nos levantó y nos sentó a nosotros con Cristo.

Para el cristianismo es fundamental el concepto de unión del pueblo de Dios con Cristo. ¿Qué constituye lo distintivo de los miembros de la nueva sociedad de Dios? No es sólo que admiran y hasta adoran a Jesús, no es sólo que afirman los dogmas de la iglesia, ni siquiera que viven bajo ciertas normas morales. No; lo que los distingue es su nueva solidaridad, como pueblo que está 'en Cristo'. Por virtud de su unión con Cristo han compartido realmente su resurrección, ascensión y sesión. En las **regiones celestiales**, es decir ese mundo invisible de realidades espirituales en donde operan los poderes y autoridades (3.10; 6.12) y en el que Cristo reina supremamente (1.20); allí Dios ha bendecido a su pueblo en Cristo (1.3), y allí nos ha sentado con Cristo (2.6). ¡Y si estamos sentados con Cristo en los cielos no cabe duda de que estamos sentados sobre tronos! Más aun, este lenguaje acerca de la solidaridad con Cristo en su resurrección y exaltación no es una pieza de misticismo cristiano carente de significado. Lleva el testimonio de una experiencia viva que Cristo nos ha dado: por una parte, una vida nueva (con una conciencia sensible hacia la realidad de Dios, y amor por él y por su pueblo); y por otro lado, una victoria nueva (que domina al mal en forma creciente). Estábamos muertos, pero hemos sido revividos e iluminados espiritualmente. Estábamos cautivos, pero hemos sido entronizados.

b. Por qué lo hizo

Pablo va más allá de una mera descripción de la acción salvadora de Dios: nos da a entender algo de su motivación. Más aun, el mayor énfasis de todo el párrafo está en que lo que motivó a Dios para actuar a nuestro favor no fue algo que estaba en nosotros (algún supuesto mérito) sino algo que estaba en él (su favor inmerecido). Pablo une cuatro palabras para expresar los orígenes de la iniciativa salvadora de Dios. Escribe acerca de la 'misericordia' de Dios (**Dios,**

que es rico en misericordia, v. 4a), del 'amor' de Dios (**por su gran amor por nosotros**, v. 4b), de la 'gracia' de Dios (**por gracia ustedes han sido salvados**, vv. 5 y 8), y de la 'bondad' de Dios (**su bondad derramó sobre nosotros en Cristo Jesús**, v. 7). Estábamos muertos y, por lo tanto, éramos incapaces de salvarnos a nosotros mismos; sólo la 'misericordia' podía alcanzar al indefenso, porque 'misericordia' es amor para el que está abajo. Estábamos bajo la ira de Dios; sólo el 'amor' de Dios podía triunfar sobre la ira. No merecíamos nada de la mano de Dios más que su juicio por nuestros delitos y pecados; sólo la 'gracia' podía rescatarnos de nuestro desierto, porque la gracia es favor inmerecido. ¿Por qué actuó Dios entonces? Por su pura misericordia, amor, gracia y bondad.

Más que eso. Nos salvó a fin de poder **mostrar en los tiempos venideros la incomparable riqueza de su gracia** (v. 7). Al levantar y exaltar a Cristo él demostró 'cuán incomparable es la grandeza de su poder' (1.19–20); pero al levantarnos y enaltecernos a nosotros demostró también 'la incomparable riqueza de su gracia' y continuará haciéndolo hasta la eternidad. Como evidencias vivientes de su bondad señalaremos más allá de nosotros hacia él, a quien le debemos nuestra salvación.

Hacia el final de mi época de estudiante de teología en Ridley Hall, Cambridge, el reverendo Paul Gibson se jubiló como director y se descubrió un retrato de él. Al expresarle su agradecimiento al artista, le hizo un bien merecido elogio. Dijo que en el futuro la gente que mirara el cuadro no preguntaría '¿Quién es este hombre?' sino más bien '¿Quién pintó este cuadro?'. Pero en nuestro caso, Dios ha desplegado más que mera habilidad. Un enfermo, después de una operación importante, es un testimonio vivo de la habilidad del cirujano, y un condenado después del indulto lo es de la misericordia de su gobernante. Somos ambas cosas: muestras de la habilidad de Dios y trofeos de su gracia.

Los versículos 8–10 hablan sobre la gracia de Dios y explican por qué, en los siglos venideros, Dios mostrará su gracia y su bondad hacia nosotros, en Cristo Jesús. Es por nuestra salvación. Dios mostrará su gracia hacia nosotros porque nos ha salvado por gracia: **Porque por gracia ustedes han sido salvados mediante la fe** (v. 8a). He aquí tres palabras fundamentales de la buena nueva cristiana: salvación, gracia y fe. 'Salvación' es más que perdón. Es liberación de la muerte, la esclavitud y la ira presentadas en los versículos 1–3. Más aun, incluye la totalidad de nuestra vida nueva en Cristo: junto con él se nos ha dado vida, hemos sido elevados y sentados en los lugares celestiales. 'Gracia' es la misericordia gratuita e inmerecida de Dios hacia nosotros, y 'fe' es la confianza humilde con la cual nosotros la recibimos.

A fin de reforzar esta afirmación positiva de que hemos sido salvados sólo por la gracia de Dios y a través de la confianza en Cristo, Pablo añade dos negaciones: primero, **esto no procede de ustedes, sino que es el regalo de Dios** (v. 8b); y segundo, **no por obras, para que nadie se jacte** (v. 9). Algunos comentaristas han tomado la palabra 'esto', en la primera de estas dos negaciones, como referencia a la fe (es decir, 'fueron salvados … mediante la fe, y aun esta fe por la que fueron salvados es regalo de Dios'). Teológicamente esto es cierto. Nunca debemos pensar que la salvación es una especie de transacción entre Dios y nosotros, en la que él contribuye con la gracia y nosotros contribuimos con la fe. No: estábamos muertos y tuvimos que ser revividos antes de poder creer; los apóstoles de Cristo enseñan claramente en todas partes que la fe salvadora también es el regalo gratuito de Dios.[8] Sin embargo, Pablo no está aquí afirmándolo expresamente, porque el término 'esto' (*touto*) es neutro, mientras que 'fe' es un sustantivo femenino. Por lo tanto, debemos tomar 'esto' como referido a toda la formulación anterior: 'Por gracia de Dios son pueblo que ha sido salvado mediante la fe, y todo este hecho y experiencia es … el regalo gratuito de Dios para ustedes.' No es un logro propio ('no procede de ustedes'), ni una recompensa por obras de religión o filantropía ('no por obras'). Por lo tanto, ya que no hay sitio para el mérito humano, tampoco hay sitio para ninguna glorificación humana. La salvación es el don de Dios, 'para que nadie se jacte'. Los cristianos siempre se sienten incómodos ante el orgullo, porque perciben su incongruencia. En el cielo no podremos contonearnos como pavos. El cielo estará lleno de las proezas de Cristo y las alabanzas a Dios. Habrá, sí, demostraciones en el cielo. No de nosotros mismos, sino demostración de la riqueza incomparable de la gracia, la misericordia y la bondad de Dios a través de Jesucristo.

A esta altura uno podría imaginarse que Pablo ha terminado su argumento y está listo para pasar a otro tema. Pero no: está decidido a no dejar su tema hasta que lo haya expuesto de tal manera que no haya equívoco posible. Así que añade una afirmación más positiva, decisiva y gloriosa (v. 10): **Porque somos hechura de Dios, creados en Cristo Jesús para buenas obras, las cuales Dios dispuso de antemano a fin de que las pongamos en práctica.** La primera palabra enfática de la oración es *autou,* 'suya'. Pablo ya ha declarado que la salvación no ha sido un logro nuestro. Ahora no afirma simplemente lo opuesto, es decir, que es el logro de Dios. Va más allá. Deja de lado cualquier idea de salvación como 'algo' independiente de nosotros mismos. Está refiriéndose a nosotros, como seres humanos vivientes que antes estábamos muertos. ¿Qué somos ahora? **Somos hechura** de Dios (*poiēma,* 'su obra de arte, su obra maestra');[9] **creados** (*ktisthentes*) **en Cristo Jesús.** Ambas palabras griegas hablan de creación. Hasta aquí, Pablo ha presentado la salvación en términos de resurrección de los muertos, liberación de la esclavitud y rescate de la condenación. Y cada vez aclara que la obra es de Dios, porque los muertos no pueden revivir por sí mismos, ni pueden los cautivos o los condenados liberarse a sí mismos. Pero ahora establece este principio por encima de cualquier atisbo de duda. La salvación es creación, re-creación, creación nueva. Y el lenguaje creativo es una tontería a menos que haya un Creador. Hablar de autocreación es una clara contradicción de términos. 'Veis entonces', escribe Calvino, "que esta palabra 'creados' es suficiente para tapar las bocas y dejar de lado el cacareo de gloriarse por tener algún mérito. Porque cuando dicen eso, presuponen que son sus propios creadores."[10]

No es que nosotros seamos pasivos e inertes. Algunos críticos siempre han pensado esto, y han considerado que la doctrina paulina de la salvación sólo por la gracia nos predispone, en realidad, a continuar en el pecado. Están completamente equivocados. Las buenas obras son indispensables para la salvación, pero no como su fundamento o como un medio, sino como su consecuencia y evidencia. No somos salvos 'por las obras' (vv. 8–9), sino **creados en Cristo Jesús para buenas obras** (v. 10); buenas obras que Dios preparó de antemano, que él diseñó en una eternidad pasada y para la cual nos modeló, de manera que 'las pongamos en práctica' continuamente.

Por lo tanto, el párrafo termina como comenzó, con nuestro andar humano, una frase idiomática hebrea para referirse a nuestra manera de vivir. Primero andábamos en 'transgresiones y pecados', en los que el diablo nos había atrapado; ahora andamos en 'buenas obras' que Dios ha preparado eternamente para que hiciésemos. El contraste es completo. Es un contraste entre dos estilos de vida (malo y bueno), y detrás de ellos dos dueños (el diablo y Dios). ¿Qué puede haber posibilitado tal cambio? Las expresiones clave del párrafo son: **pero Dios** (v. 4) y **por gracia** (vv. 5, 8).

Pablo no se engañaba acerca de la degradación de la humanidad. Se negó a suavizar la situación porque esto podría haberlo llevado a proponer soluciones superficiales. En cambio, comenzó el párrafo con un retrato fiel del hombre sujeto a tres poderes terribles; el 'pecado', la 'muerte' y la 'ira'. Pero se negó a desesperarse, porque creía en Dios. Por cierto que la única esperanza para los muertos está en la resurrección. Pero el Dios viviente es el Dios de la resurrección. Es más que eso, es el Dios de la creación. Ambas metáforas indican la necesidad indispensable de la gracia divina. Este es el significado verdadero de 'salvación'.

II
Nueva sociedad
Efesios 2.11–3.21

4
Una sola humanidad nueva
Efesios 2.11–22

'Alienación' es una palabra popular en la sociedad contemporánea. Hay muchas personas en el llamado mundo 'desarrollado', en especial jóvenes, que están desilusionados con el 'sistema' y critican la 'tecnocracia', son hostiles hacia lo que está 'establecido' y se describen a sí mismos como 'alienados'. Algunos se esfuerzan para lograr una reforma, otros incuban la revolución y otros se aíslan. Ninguno de ellos consigue acomodarse al *status quo*.

Fue Karl Marx quien popularizó la palabra que él mismo tomó del teólogo alemán Ludwig Feuerbach. Marx entendió la situación del proletariado en términos de alienación económica. Cada trabajador pone en su obra algo de sí mismo. Cuando su empleador vende el producto se hace culpable, al menos en parte, de alienar al trabajador de sí mismo. De acuerdo con Marx, esta es la base de la lucha de clases.

En nuestros días la palabra se utiliza generalmente para hablar de la alienación del trabajador, no sólo de sus logros y de su recompensa debida, sino también del ejercicio del poder, especialmente en cuanto a la toma de decisiones. En otras palabras, el término ha tomado más connotaciones políticas que económicas. 'Alienación' es en parte un sentido de insatisfacción por el estado de las cosas y en parte un sentido de impotencia para cambiarlo. Este es un sentimiento generalizado en los países democráticos de Occidente y sería necio que los cristianos lo ignorasen.

Pero la Biblia habló mucho antes que Feuerbach y Marx de la alienación humana. Describe otras dos alienaciones, aun más radicales que la política y la económica. Una es la alienación de Dios nuestro Creador y la otra es la alienación unos de otros, con las demás criaturas. Nada es más deshumanizante que esta quiebra de las relaciones humanas fundamentales. Nos transformamos en extraños en un mundo en el que deberíamos sentirnos como en casa, y en alienados en vez de ciudadanos.

La Carta a los Efesios alude a ambas formas de alienación. Más aun, Pablo utiliza la palabra en relación con ambas condiciones. La palabra griega es *apallotrioō* y significa convertir en extraño, excluir y alienar. En el Nuevo Testamento aparece solamente en estos dos versículos de Efesios, junto con el paralelo de Colosenses, para cada uno de ellos:

> [4.18] alejados [alienados] de la vida que proviene de Dios
> (ver Colosenses 1.20, 21)

> [2.12] excluidos [alienados] de la ciudadanía de Israel

Ahora bien, esta doble alienación, o mejor dicho su reemplazo por la reconciliación, es el tema de Efesios 2. En la primera mitad del capítulo (vv. 1–10) Pablo describe a los seres humanos como alienados de Dios. El verbo no aparece realmente allí, como en 4.18, pero no cabe duda de lo que se quiere significar cuando se los retrata como 'muertos en … transgresiones y pecados' y 'por naturaleza objeto de la ira de Dios' (vv. 1, 3). En el capítulo anterior consideramos el significado de estas frases.

En la segunda mitad de Efesios 2 (vv. 11–22), que es nuestro texto para este capítulo, los seres humanos también se describen como alienados los unos de los otros. En particular los gentiles, descriptos como **excluídos de la ciudadanía de Israel** (v. 12). Es casi imposible para nosotros, tantos siglos después, formarnos la idea de aquellos días en que la humanidad estaba profundamente dividida entre judíos y gentiles. La Biblia comienza con una clara declaración de la unidad del género humano. Pero después de la caída y del diluvio, encontramos los orígenes de la división y separación humanas. Pareciera que Dios mismo contribuyó al proceso eligiendo a Israel entre todas las naciones para que fuera su pueblo 'santo' o 'especial'. Pero necesitamos recordar que al llamar a Abraham, le prometió bendecir a todas las familias de la tierra a través de su descendencia; al elegir a Israel lo hizo para que fuera una luz para las naciones.[1] La tragedia es que Israel olvidó su vocación, cambió su privilegio en favoritismo y terminó por despreciar y hasta detestar a los paganos, considerándolos como 'perros'. William Barclay nos ayuda a sentir la alienación entre las dos comunidades, y la hostilidad profundamente arraigada entre ellas, especialmente del lado judío. Escribe:

> El judío abrigaba un enorme desprecio por el gentil.
> Los gentiles, decían, habían sido creados por Dios para
> ser combustible para el fuego del infierno. Dios sólo
> amaba a Israel entre todas las naciones que había hecho …
> Ni siquiera estaba permitido ayudar a dar luz a una madre
> gentil, pues sería simplemente traer al mundo un gentil
> más. Antes de la venida de Cristo los gentiles eran objeto
> de desprecio para los judíos. Las barreras que los dividían
> eran infranqueables. Si un judío o una judía se casaba
> con un gentil, se llevaba a cabo el funeral del joven (o
> de la joven) judío. Tal contacto con el gentil equivalía a
> la muerte.[2]

El símbolo más conocido de esta doble alienación de los gentiles, separados de Dios y de Israel como pueblo de Dios, era el así llamado **muro de enemistad** (v. 14) o 'la pared intermedia de separación' (RVR). Era un elemento notable del magnífico templo construido en Jerusalén por Herodes el Grande. El edificio del templo estaba construido sobre una plataforma elevada. A su alrededor se levantaba el atrio de los sacerdotes. Al oriente de éste estaba el atrio de Israel, y más hacia el este el atrio de las mujeres. Estos tres atrios, para los sacerdotes, para los hombres laicos y para las mujeres laicas de Israel, estaban todos en el mismo nivel que el edificio del templo. Desde ese nivel se descendía cinco escalones a una plataforma amurallada, y luego, al otro lado de la pared, otros catorce escalones hacia otra pared, detrás de la cual estaba el atrio exterior para los gentiles. Era un atrio espacioso que se extendía alrededor del templo y de sus atrios interiores. Desde cualquier lugar de él los gentiles podían mirar y ver el templo, pero no se les permitía aproximarse. Estaban separados de él por la pared circular, que era una barricada de piedra de un metro y medio de espesor sobre la cual se exhibían, a intervalos, notas de advertencia en griego y en latín. No decían 'Los que pasen serán enjuiciados' sino 'Los que pasen serán ejecutados'.

Josefo, el famoso historiador judío, describe esta barricada en sus dos libros. En *Antigüedades,* escribe que el templo estaba 'rodeado de una pared divisoria de piedra, con una inscripción que prohibía a cualquier extranjero entrar bajo pena de muerte'.[3] En sus *Guerras de los judíos* es un poco más explícito: "Había una separación hecha de piedra a su alrededor, cuya altura era de tres codos. Su construcción era muy elegante; sobre ella había pilares a igual distancia unos de otros, donde estaba inscripta la ley de pureza, en griego y en letras romanas, que decía: 'Ningún extranjero debe entrar a este santuario.'"[4]

Durante los últimos cien años o más se han descubierto dos de las inscripciones griegas, una en 1871 y la otra en 1935. La primera está exhibida en un museo de Estambul, y es una plancha blanca de piedra caliza que mide casi un metro de largo. Sus palabras exactas son: 'Ningún extranjero puede atravesar la barrera y los aledaños alrededor del templo. Cualquiera que sea sorprendido haciéndolo tendrá que culparse a sí mismo por su muerte.' Pablo sabía todo esto por su experiencia personal. Apenas tres años antes de estar escribiendo la carta, estuvo cerca de ser linchado por un grupo de judíos furiosos, que pensaba que había llevado a un gentil al templo. Curiosamente, era un efesio llamado Trófimo.[5]

Este es el trasfondo histórico, social y religioso de Efesios 2. Aunque todos los seres humanos están alienados de Dios por el pecado, los gentiles también estaban alienados del pueblo de Dios. Y aun peor que esta doble alienación (de la cual la pared del templo era un símbolo) era la 'enemistad' y 'hostilidad' activa (*echthra*) que afloraba constantemente: la enemistad entre el hombre y Dios, y la enemistad entre gentiles y judíos.

El gran tema de Efesios 2 es que Jesucristo ha destruido ambas enemistades. Ambas se mencionan en la segunda mitad del capítulo, aunque en orden inverso:

> [2.14] Cristo … de los dos pueblos ha hecho uno solo,
> derribando mediante su sacrificio el muro de enemistad
> (*echthra*)

> [2.16] para reconciliar con Dios a ambos en un solo cuerpo
> mediante la cruz, por la que dio muerte a la enemistad
> (*echthra*)

Junto con la abolición de estas dos enemistades Jesús ha podido crear una sociedad nueva, en realidad una humanidad nueva, en la cual la alienación ha sido reemplazada por la reconciliación, y la hostilidad por la paz. Y esta nueva unidad humana en Cristo es la prenda y el anticipo de aquella unidad final bajo la cabeza de Cristo, a la que Pablo ya ha mirado con esperanza en 1.10.

Después de esta introducción con relación a su trasfondo y tema, estamos ahora listos para estudiar el texto:

> [2.11] Por lo tanto, recuerden ustedes los gentiles de nacimiento —los que son llamados 'incircuncisos' por aquellos que se llaman 'de la circuncisión', la cual se hace en el cuerpo por mano humana—, [12] recuerden que en ese entonces ustedes estaban separados de Cristo, excluidos de la ciudadanía de Israel y ajenos a los pactos de la promesa, sin esperanza y sin Dios en el mundo.
> [13] Pero ahora en Cristo Jesús, a ustedes que antes estaban lejos, Dios los ha acercado mediante la sangre de Cristo.
> [14] Porque Cristo es nuestra paz: de los dos pueblos ha hecho uno solo, derribando mediante su sacrificio el muro de enemistad que nos separaba, [15] pues anuló la ley con sus mandamientos y requisitos. Esto lo hizo para crear en sí mismo de los dos pueblos una nueva humanidad al hacer la paz, [16] para reconciliar con Dios a ambos en un solo cuerpo mediante la cruz, por la que dio muerte a la enemistad. [17] Él vino y proclamó paz a ustedes que estaban lejos y paz a los que estaban cerca. [18] Pues por medio de él tenemos acceso al Padre por un mismo Espíritu.
> [19] Por lo tanto, ustedes ya no son extraños ni extranjeros, sino conciudadanos de los santos y miembros de la familia de Dios, [20] edificados sobre el fundamento de los apóstoles y los profetas, siendo Cristo Jesús mismo la piedra angular. [21] En él todo el edificio, bien armado, se va levantando para llegar a ser un templo santo en el Señor. [22] En él también ustedes son edificados juntamente para ser morada de Dios por su Espíritu.

Puede resultar útil que antes de entrar en una exposición más detallada captemos la estructura del pasaje como un todo. Pablo traza la biografía espiritual de sus lectores gentiles en tres actos. He aquí la médula de su mensaje para ellos: 1. Ustedes estaban alejados de Dios y de su pueblo de Israel. 2. Por su muerte en la cruz Cristo Jesús ha reconciliado a judíos y gentiles unos con otros, y con Dios, creando 'una nueva humanidad' (v. 15). 3. Ya no están separados sino que son miembros plenos junto con Israel, del pueblo y la familia de Dios. Los tres actos están marcados por las expresiones 'en ese entonces' (v. 12), 'pero ahora' (v. 13) y 'por lo tanto' (v. 19). Y la secuencia es: **En ese entonces … estaban separados … pero ahora en Cristo Jesús, a ustedes … los ha acercado … porque Cristo es nuestra paz … por lo tanto, ustedes ya no son extraños ni extranjeros … sino conciudadanos de los santos …** Denominaré de la siguiente manera estos tres actos del plan de Dios:

1. El retrato de una humanidad alienada,
   o lo que éramos en otro tiempo (2.11–12)

2. El retrato del Cristo pacificador,
   o lo que Jesucristo ha hecho (2.13–18)

3. El retrato de la nueva sociedad de Dios,
   o lo que hemos llegado a ser (2.19–22)

1. El retrato de una humanidad alienada, o lo que éramos en otro tiempo | 2.11–12

En los versículos 1–3 Pablo ha pintado a toda la humanidad (tanto a judíos como a gentiles) en un estado de pecado y de muerte. Aquí, en los versículos 11 y 12 se refiere particularmente a los gentiles, o al mundo pagano antes de Cristo, es decir, aquellos a quienes los judíos (la circuncisión) llamaban burlonamente los **incircuncisos**. La circuncisión le había sido ordenada por Dios a Abraham como la señal externa de pertenencia al pueblo del pacto. Pero tanto el rito físico como la palabra habían llegado a adquirir una importancia exagerada. Los gentiles y los judíos habitualmente se llamaban entre sí con nombres difamatorios. Pablo lo señala en este pasaje. Los gentiles eran llamados **incircuncisos** por la llamada 'circuncisión, la cual se hace en el cuerpo por mano humana'. Es como si Pablo estuviera declarando la falta de importancia de los nombres y las etiquetas, en comparación con la realidad detrás de ellos, e insinuando que por detrás de la llamada 'circuncisión, la cual se hace en el cuerpo por mano humana' había otra clase de circuncisión, la del corazón, espiritual y no física, que necesitaban y podían recibir tanto los judíos como los gentiles.[6]

En el versículo 12 deja de lado el asunto de cómo se daban apodos judíos y gentiles, y pasa al aspecto serio de la alienación gentil. En Romanos había dado una lista de los privilegios judíos (9.3–5); aquí hace una lista de los privilegios que carecían los gentiles. Primero, **estaban separados de Cristo**. La expresión es aun más trágica porque en el capítulo 1 él ha desplegado las grandes bendiciones espirituales de estar 'en Cristo' y en la primera parte del capítulo 2 ha explicado cómo Dios nos ha revivido, exaltado y sentado 'con Cristo'. Pero **en ese entonces**, es decir durante todo el período anterior a Cristo, los gentiles no estaban ni 'en Cristo' ni 'con Cristo' sino **separados de Cristo**: ni siquiera esperaban el advenimiento de un Mesías.

La segunda y la tercera falta de privilegio de los gentiles eran parecidas a la primera. Estaban **excluidos de la ciudadanía de Israel y ajenos a los pactos de la promesa** (refiriéndose probablemente a la promesa fundamental que Dios había hecho a Abraham). Israel era una 'comunidad' o nación bajo el gobierno de Dios, una teocracia, y 'el pueblo del pacto' a quienes Dios se había prometido a sí mismo con un pacto solemne. Por lo tanto se había dedicado a ellos y había gobernado sobre ellos. Los gentiles estaban excluidos de este pacto.

Las carencias cuarta y quinta están claramente mencionadas: **sin esperanza y sin Dios en el mundo**. Los gentiles no tenían esperanza porque, aunque Dios había programado y prometido incluirlos un día, ellos no lo sabían y, por lo tanto, no albergaban ninguna esperanza que les diera aliento. Estaban 'sin Dios' (*atheoi*) porque, aunque Dios se había revelado a toda la humanidad en la naturaleza y por lo tanto no carecían de testimonio, sin embargo, habían sofocado la verdad conocida y se habían volcado a la idolatría.[7] No era exagerado, por lo tanto, describir al mundo antiguo no judío como 'sin esperanza' y 'sin Dios'. La edad de oro de los griegos había pasado, y no tenían ninguna promesa para el futuro, hacia la cual mirar con esperanza. Más aun, los dioses de Grecia y de Roma habían fracasado enteramente en su intento de satisfacer al hambre de los corazones humanos. La gente era *atheoi*, no en el sentido de que no creían (por el contrario, estaban colmados de dioses) sino en el sentido de que no tenían un conocimiento verdadero de Dios como el que Israel había recibido,[8] ni tenían con él una relación personal (porque habían rechazado el conocimiento que tenían).

Esta era, por lo tanto, la terrible situación del mundo gentil antiguo antes de Cristo. Estaban separados del Mesías, de la teocracia, de los pactos, de la esperanza y de Dios mismo. En el resumen que hace William Hendriksen, los gentiles estaban 'sin Cristo, sin ciudadanía, sin amigos, sin esperanza y sin Dios'.[9] En la frase de Pablo estaban 'lejos', alienados de Dios y del pueblo de Dios.

Nosotros mismos, debemos agregar, estábamos exactamente en la misma posición antes de ser cristianos. Estábamos alienados de Dios y de su pueblo. Peor aun, había en nuestro corazón la 'enemistad' a la que Pablo se refiere más adelante, de tal manera que nos rebelamos en contra de la autoridad de Dios y sabíamos poco o nada de una verdadera convivencia humana. ¿Acaso no es lo mismo en el mundo de hoy sin Cristo? Los hombres construyen paredes de separación y división como el terrible muro de Berlín, o erigen cortinas invisibles de hierro o de bambú, o construyen barreras de raza, color, casta, tribu o clase. La división es una característica constante de cualquier comunidad sin Cristo. Nosotros mismos lo hemos experimentado. Ahora el apóstol dice: **Por lo tanto, recuerden** (v. 11). Hay ciertas cosas que las Escrituras nos dicen que debemos olvidar (como las injurias que otros nos hacen). Pero hay una cosa en especial que estamos obligados a recordar y no olvidar nunca: esto es, lo que éramos antes de que el amor de Dios descendiera y nos alcanzara. Porque sólo si recordamos nuestra alienación primitiva (tan desagradable como pudiera resultarnos), podremos recordar la grandeza de la gracia que nos perdonó y nos transformó.

2. El retrato de Cristo el pacificador o lo que Jesucristo ha hecho | 2.13–18

El paralelo entre ambas mitades de Efesios 2 resulta obvio. Primero, en ambos casos se presenta una descripción de la vida sin Cristo: 'muertos' (vv. 1–3) y 'excluidos' (vv. 11–12). Luego sigue, otra vez en ambos casos, la gran expresión contraria 'Pero Dios' (v. 4) y **Pero ahora** (v. 13). La distinción principal es que en la segunda mitad Pablo está enfatizando la experiencia gentil. Utiliza dos veces el pronombre enfático ustedes (*hymeis*): 'Recuerden que *ustedes* estaban separados … pero ahora en Cristo Jesús, a *ustedes* … los ha acercado.' Esta es, en esencia, la diferencia que Cristo ha hecho: **A ustedes que antes estaban lejos, Dios los ha acercado**. Este lenguaje espacial ('lejos' y 'acercado') era común en el Antiguo Testamento. Se sabía que Dios e Israel estaban 'cerca' uno del otro, ya que Dios había prometido ser su Dios y hacerlos su pueblo. Por lo tanto, Moisés podía decir: '¿Qué nación tiene dioses tan cerca de ella como lo está de nosotros el Señor nuestro Dios cada vez que lo invocamos?'[10] Su unicidad en este respecto se repite en el Salmo 148.14, donde se los llama 'su pueblo cercano'. Por contraste, las naciones gentiles estaban 'lejos'; eran pueblos que tenían que ser llamados de muy lejos.[11] Pero Dios había prometido que un día diría: '¡Paz a los que están lejos, y paz a los que están cerca!', una promesa que fue cumplida en Jesucristo y citada aquí por Pablo en referencia a él.[12] Y esta 'cercanía a Dios', que todos los cristianos disfrutan a través de Cristo, es un privilegio que demasiado a menudo damos por sentado. Nuestro Dios no se mantiene a la distancia ni se afirma en su dignidad como algún potentado oriental, ni insiste en algún ritual o protocolo complicado. Por el contrario, a través de Jesucristo y por el Espíritu Santo tenemos **acceso** inmediato a él como nuestro Padre (v. 18). Necesitamos exhortarnos unos a otros a fin de disfrutar de este privilegio.[13]

El versículo 13 es más que una declaración de que nosotros, que estábamos 'lejos' hemos sido 'acercados'; contiene además dos importantes referencias a Cristo. Porque establece que nuestra nueva cercanía a Dios es tanto **en Cristo Jesús** como **mediante la sangre de Cristo**. Si vamos a ser fieles a la enseñanza del apóstol es esencial que consideremos ambas expresiones y no enfaticemos una a expensas de la otra. 'La sangre de Cristo' (como en 1.7) significa su muerte sacrificial por nuestros pecados, mediante la cual nos ha reconciliado con Dios y con los seres humanos, mientras que 'en Cristo Jesús' significa nuestra unión personal con Cristo, a través de la cual esa reconciliación que él logró se recibe y se disfruta. Por lo tanto, las dos expresiones dan fe de las dos etapas por las cuales los que están 'lejos' son 'acercados'. La primera etapa es el hecho histórico de la cruz, y la segunda es la conversión cristiana o la experiencia actual de la unión con Cristo. Pablo explicará en los próximos versículos lo que Cristo hizo por medio de la cruz. Mientras tanto, es conveniente que observemos con cuidado la frase **en Cristo Jesús** con la cual introduce su exposición sobre la obra reconciliadora de Cristo. No es una reconciliación universal que Cristo ha logrado o que Pablo proclamó: es más bien una cercanía a Dios y a los otros, experimentada con agradecimiento por aquellos que están cerca de Cristo, es decir 'en' él, en una unión personal y vital. Esto significa, como lo expresa John Mackay cuando comenta estos versículos, que el principio integrador de Dios para unir a los seres humanos no es intelectual (dogma) como en el catolicismo romano, ni político (conquista) como en el islamismo o el marxismo, sino espiritual (la redención por Cristo, incluyendo la unión entre judíos y gentiles, entre el ser humano y Dios y, en última instancia, entre el cielo y la tierra). Estos son tres 'imperialismos' diferentes: el primero de la mente, el segundo de la fuerza y el tercero del reino de Dios.

El apóstol continúa comentando la obra de Cristo, tanto lo que hizo como la manera en que lo hizo. Lo que hizo es claro: **Porque [él] Cristo es nuestra paz: de los dos pueblos ha hecho uno solo, derribando mediante su sacrificio el muro de enemistad que nos separaba** (v. 14). 'Él' (*autos*) es fuertemente enfático. Es él, Cristo Jesús, quien derramó su sangre en la cruz y se ofrece a su pueblo hoy para estar unido a ellos, es él quien —por lo que hizo una vez y lo que ofrece ahora— **es nuestra paz**, es decir que es el pacificador entre nosotros y con Dios. El **ambos** con el que se refiere a los que **ha hecho uno solo** parece significar claramente judíos y gentiles, si bien la reconciliación fue más amplia que eso porque, como vimos antes, **el muro de enemistad** que él ha derribado simboliza la alienación gentil tanto de Dios como de Israel.

Este anuncio que hace Pablo sobre el derribamiento de la pared por medio de Jesucristo es notable. Porque literal e históricamente hablando, la pared no fue derribada hasta que las legiones romanas entraron en Jerusalén en el año 70 d.C. Así que la muralla aún estaba en pie, rodeando el templo y excluyendo a los gentiles, mientras Pablo escribía esta carta. Pero, aunque materialmente allí, espiritualmente ya había sido destruida alrededor del año 30 d.C., cuando Jesús murió en la cruz. Como lo dice Armitage Robinson: 'Aún estaba, pero ya era anticuada, obsoleta, fuera de época, por lo menos en cuanto a su significado espiritual. El signo estaba, pero lo que significaba se había roto.'[14]

Ahora nos volvemos a la pregunta: ¿cómo lo hizo? ¿Qué hizo Cristo cuando murió en la cruz para quitar la enemistad divisoria entre judíos y gentiles, entre el hombre y Dios? La respuesta está en los versículos 15 y 16. Están cargados de teología y es preciso desentrañarla. Quizás la mejor manera de clarificar el pensamiento del apóstol sea aislando los tres verbos principales que utiliza sucesivamente, es decir, aboliendo … **para crear en sí mismo …** y … **reconciliar …** Es decir que abolió la ley de los mandamientos a fin de crear una sola y nueva humanidad y reconciliar ambas partes de ella con Dios.

a. La abolición de la ley de los mandamientos | 2.15

La primera afirmación que hace Pablo es que Cristo derribó el muro, es decir la hostilidad, **pues anuló la ley con sus mandamientos y requisitos**. A primera vista, esta frase resulta sorprendente, por no decir insólita. ¿Cómo puede declarar el apóstol que Cristo abolió la ley cuando Cristo mismo, en el Sermón del Monte, declaró específicamente lo opuesto, que él no había venido a abrogar la ley sino a cumplirla?[15] Veremos que la discrepancia es sólo verbal; en esencia, Pablo y Cristo se estaban refiriendo a la ley en dos sentidos diferentes.

En el Sermón del Monte el contexto muestra que Jesús se estaba refiriendo a la ley *moral*. Estaba enseñando la diferencia entre la justicia farisaica y la justicia cristiana, y señalando que la justicia cristiana requiere una obediencia radical y profunda a la ley. La referencia primaria de Pablo, en este caso, parece ser a la ley *ceremonial* y a lo que la versión DHH llama 'mandatos y reglamentos', es decir a la circuncisión (la principal distinción física entre los judíos y gentiles, versículo 11), a los sacrificios materiales, a las reglamentaciones sobre alimentos y a las reglas acerca de 'limpieza' e 'inmundicia' ritual que gobernaban las relaciones sociales. El pasaje paralelo en Colosenses alude a la circuncisión y también menciona 'comida o bebida', y reglamentos en cuanto 'a días de fiesta, luna nueva o días de reposo' (2.11; 16–21). Así que parece probable que estos fueran 'los mandamientos y requisitos' que Pablo tuviera en mente. Constituían una seria barrera entre judíos y gentiles, pero Jesús había dejado de lado todo este ceremonial. Y lo había hecho 'en su carne' (RVR, seguramente una referencia a su muerte física) porque en la cruz él había cumplido todos los arquetipos y símbolos del sistema ceremonial del Antiguo Testamento.

Parece probable, sin embargo, que Pablo está haciendo también otra referencia, aunque secundaria. Se refiere a la ley moral, no a la ceremonial. Jesús, por cierto, no abolió la ley moral como modelo de conducta (aún tiene fuerza y es normativa para quienes la siguen); pero sí la abolió como camino de salvación. Siempre que la ley se considere como camino de salvación, será divisoria. Porque no podemos obedecerla aunque tratemos de hacerlo. Por lo tanto, nos separa de Dios y de nuestros semejantes. Pero Jesús obedeció perfectamente la ley durante su vida, y en su muerte llevó sobre sí las consecuencias de nuestra desobediencia. Llevó sobre sí la maldición de la ley (el juicio que amenaza a aquellos que la desobedecen) a fin de liberarnos de ella.[16] O, como dice el pasaje paralelo de Colosenses, Dios es capaz de perdonarnos todos nuestros delitos porque ha anulado 'la deuda que teníamos pendiente por los requisitos de la ley. Él anuló esa deuda que nos era adversa, clavándola en la cruz' (2.12–14). La aceptación de Dios es ahora por medio de la fe en Cristo crucificado, y nada más, tanto para judíos como para gentiles. La ley era una barrera entre nosotros, pero la fe nos une, ya que todos nosotros hemos llegado a Dios a través de Cristo, de la misma manera. Éste había sido uno de los principales énfasis de Pablo en Gálatas, es decir, que todos somos colocados al mismo nivel al pie de la cruz de Cristo.

Para resumir, Jesús abolió tanto las reglas de la ley ceremonial como la condenación de la ley moral. Ambas fueron dejadas de lado en la cruz.

b. La creación de una sola humanidad nueva | 2.15b

Es imposible pasar por alto la manera en que Pablo va de lo negativo a lo positivo, de la abolición de algo viejo (la división de la ley) a la creación de algo nuevo (una única humanidad, indivisible). En los dos sentidos en que la hemos considerado, la ley había abierto una profunda brecha en la humanidad. Los judíos y los gentiles estaban alienados unos de otros y en enemistad unos con otros. Pero una vez que la ley divisoria fue dejada de lado, no había nada que mantuviera separadas las dos partes de la humanidad. En lugar de ello Cristo las reunió por un acto creador soberano. Literalmente, 'para crear en sí mismo de los dos un solo y nuevo hombre, haciendo la paz'. 'El nuevo hombre aquí', escribe F. F. Bruce, "al igual que el 'varón perfecto' de Efesios 4.13, alude la comunidad cristiana vista como un todo."[17] Pablo se refiere, de hecho, no a un 'hombre nuevo' sino a una 'nueva raza humana', unida por Jesucristo 'en sí mismo'. Porque aunque potencialmente la nueva humanidad fuera creada cuando Jesús abolió la ley divisoria en la cruz, en realidad se hace visible y crece solamente por unión personal con él.

Esta nueva unidad por medio de y en Cristo, no sólo abarca la división judeo-gentil. En otros pasajes Pablo dice que también termina con las distinciones sociales y de sexo. 'En esta nueva naturaleza no hay griego ni judío, circunciso ni incircunciso, culto ni inculto, esclavo ni libre, sino que Cristo es todo y está en todos.' Y otra vez: 'Ya no hay judío ni griego, esclavo ni libre, hombre ni mujer, sino que todos ustedes son uno solo en Cristo Jesús'[18] No quiere decir que los datos de diferenciación humana han desaparecido. Los varones siguen siendo varones y las mujeres, mujeres; los judíos siguen siendo tales y los gentiles también. Pero se ha abolido la desigualdad frente a Dios. Hay una nueva unidad en Cristo.

c. La reconciliación de judíos y gentiles con Dios | 2.16

Después de la abolición de la ley divisoria y de la creación de una sola humanidad, vino la reconciliación con Dios de las dos partes de la antigua humanidad. Dice el v.16: **para reconciliar con Dios a ambos en un solo cuerpo mediante la cruz, por la que dio muerte a la enemistad.** La 'enemistad' aquí es claramente entre Dios y el hombre, así como en el versículo 14 era principalmente entre judíos y gentiles. Y así como la hostilidad era mutua en el caso de judíos y gentiles, también necesitamos reconocer cierto grado de reciprocidad en la hostilidad entre el hombre y Dios. No es sólo que nuestra actitud hacia él ha sido de rebeldía, sino que también su 'ira' pesa sobre nosotros a causa de nuestros pecados (v. 3). Y sólo **mediante la cruz** se han terminado ambas hostilidades, porque cuando Cristo llevó nuestro pecado y juicio sobre la cruz, Dios dejó de lado su propia ira, y nosotros, viendo su gran amor, también dejamos de lado la nuestra. Por lo tanto Cristo (literalmente) 'mató' la enemistad. 'Cristo fue muerto', comenta Armitage Robinson, 'pero su muerte también mató.'[19] Y una vez que la hostilidad (en ambas direcciones) fue definitivamente anulada, el resultado fue la reconciliación.

Esto es, pues, lo que Cristo logró en la cruz. Primero, abolió la ley (sus reglamentaciones ceremoniales y la condenación moral) como instrumento divisorio que separaba a los hombres de Dios y a los judíos de los gentiles. En segundo lugar, creó una nueva y sola humanidad de estas dos profundas divisiones primitivas, haciendo paz entre ellas. En tercer lugar, reconcilió a esta nueva humanidad con Dios, al matar a través de la cruz toda enemistad. Cristo crucificado hizo posible que llegara a la existencia nada menos que una raza humana nueva y unida, unida en sí misma y unida con su Creador.

Esto no significa que toda la raza humana esté ahora unida y reconciliada. Sabemos, por la observación y la experiencia, que no es así; tampoco Pablo lo afirma. Hay otro paso más en la obra de Cristo que él continúa mencionando. Es que Cristo **vino y proclamó paz** (v. 17). Ya se nos ha dicho que Cristo **es nuestra paz** (v. 14) y que creó una humanidad nueva, **al hacer la paz** (v. 15). Pero ahora, él **proclamó paz**, dando a publicidad lo que había logrado a través de la cruz.[20] Primero lo hizo y luego lo anunció. Y debido a que su logro fue en la cruz y, por lógica el anuncio debe venir a continuación de lo que ha sido logrado, esta predicación no puede referirse a su ministerio público sino más bien a sus apariciones posteriores a la resurrección; en ellas, la primera palabra que dijo a los apóstoles fue '¡La paz sea con ustedes!'[21]

También se refiere a la proclamación al mundo del evangelio de la paz por medio de los apóstoles y de las siguientes generaciones de cristianos.[22] Jesucristo aún está predicando la paz en el mundo de hoy, a través de los labios de sus seguidores. Porque es realmente un hecho maravilloso que cada vez que proclamamos la paz, es Cristo quien lo hace a través de nosotros.

Más aun, estas buenas nuevas fueron dirigidas desde el principio a los que estaban 'lejos' y a los que estaban 'cerca', es decir, tanto a gentiles como a judíos: **paz a ustedes que estaban lejos y paz a los que estaban cerca.** Y de cada comunidad hubo muchos que abrazaron las buenas nuevas y se encontraron, por lo tanto, unidos a Dios y entre sí. **Pues por medio de él tenemos acceso al Padre por un mismo Espíritu** (v. 18).

Aunque la 'reconciliación' es un hecho, el tener 'acceso' alude a la relación continua a la que aquella nos lleva. 'Ya que hemos sido justificados mediante la fe, tenemos paz con Dios por medio de nuestro Señor Jesucristo. También por medio de él, y mediante la fe, tenemos acceso ...'[23] *Prosagōgē* (acceso) nos recuerda la escena en una corte oriental, donde a los súbditos se les concede una audiencia con el rey o emperador. Permanece algo del matiz de esta palabra, pero cambia el énfasis, porque nuestro acceso no es a un rey sino a un Padre, ante el cual tenemos 'seguridad y acceso con confianza' (3.12 RVR). Y en el gozo de este acceso inmediato a Dios, encontramos que no tenemos dificultades prácticas con el misterio de la Trinidad eterna. Porque nuestro acceso es **por medio de él** (el Hijo que hizo la paz y la predicó), **al Padre, por** (o *en*) **un mismo Espíritu**, el Espíritu que regenera, sella y mora en su pueblo, que da testimonio a nuestros espíritus de que somos hijos de Dios, que nos ayuda en nuestra debilidad y nos enseña a orar, y que nos une cuando oramos. Porque son *ambos*, judíos y gentiles, quienes como miembros de la nueva sociedad de Dios ahora se acercan al Padre.

Por lo tanto, el logro más alto y más completo de Cristo, el pacificador, es el acceso trinitario del pueblo de Dios, en el que a través de él y por un mismo Espíritu llegamos confiadamente a nuestro Padre.

3. El retrato de la nueva sociedad de Dios o lo que hemos llegado a ser | 2.19–22

Por lo tanto … estas son las palabras con que Pablo comienza su resumen. Ya ha explicado paso por paso lo que Cristo ha hecho para 'acercar' a Dios y a su pueblo, aquellos del mundo gentil que estaban 'lejos'. Cristo abolió la ley de los mandamientos, creó una sola humanidad nueva en lugar de las dos, reconcilió a ambas con Dios, y predicó la paz a los que estaban lejos y a los que estaban cerca. **Por lo tanto** ¿cuál es el resultado del logro de Cristo y de su predicación de paz? Es este: **Ustedes** (gentiles) **ya no son** (lo que eran) **extraños ni extranjeros**, 'fuera de su tierra' (DHH), visitantes sin derechos legales. Por el contrario, su condición ha cambiado dramáticamente. Ahora 'pertenecen' de una manera que nunca lo habían hecho antes. Antes eran refugiados; ahora, finalmente, tienen un hogar.

A fin de indicar las riquezas de este cambio y sus nuevos privilegios en Cristo, Pablo recurre a tres modelos de la iglesia que están desarrollados en muchos otros pasajes de las Escrituras. Presenta a la nueva comunidad judeo-gentil como el reino de Dios, la familia de Dios y el templo de Dios.

a. El reino de Dios | 2.19

De acuerdo con el versículo 12 los gentiles carecían de estado y eran extranjeros sin derechos, 'alejados de la ciudadanía (*politeia*) de Israel'. Pero ahora, les dice, son **conciudadanos (*sumpolitai*) de los santos**, que aquí parece significar el pueblo judío, los 'santos' o 'nación santa'. Apenas unos pocos años antes Pablo había usado la palabra *politeia* para referirse a la ciudadanía de Roma en la conversación con el tribuno en Jerusalén.[24] Ahora escribe de otra ciudadanía. Aunque no desarrolla la metáfora, parece estar aludiendo a la ciudadanía del reino de Dios. Este reino no es ni una jurisdicción territorial ni siquiera una estructura espiritual. El reino de Dios es Dios mismo gobernando a su pueblo y derramando sobre ellos todos los privilegios y responsabilidades que ese gobierno comprende. A esta nueva comunidad internacional regida por Dios, que había reemplazado la teocracia nacional del Antiguo Testamento, pertenecían por igual judíos y gentiles. Pablo escribe mientras el imperio romano está en el cenit de su esplendor; aún no han aparecido señales de su futura declinación, menos aún de su caída. Sin embargo, el apóstol ve este otro reino, ni judío ni romano, sino internacional e interracial, como algo más espléndido y más duradero que cualquier otro imperio terrenal.[25] Y se regocija en su ciudadanía de ese reino más que en su ciudadanía romana. Los ciudadanos del reino de Dios son libres y están seguros. Las palabras **ya no son extraños ni extranjeros, sino conciudadanos** subrayan el contraste entre la vida desarraigada fuera de Cristo y la estabilidad de ser parte de la nueva sociedad de Dios. 'Ya no dependemos de un pasaporte, sino que … realmente tenemos nuestros certificados de nacimiento … realmente pertenecemos.'[26]

b. La familia de Dios | 2.19b

La metáfora cambia y se hace más íntima: **miembros de la familia de Dios**. Un reino es una cosa, una familia es otra. Y en Cristo, judíos y gentiles se descubren a sí mismos siendo más que conciudadanos bajo su gobierno: son todos hijos de una sola familia. Pablo ha escrito en el versículo anterior acerca del nuevo acceso privilegiado 'al Padre', que judíos y gentiles disfrutan en Cristo (v. 18); al comienzo de la carta ha comentado las bendiciones de ser 'adoptados' en su familia (1.5). Pronto tendrá algo más que decir acerca de la paternidad arquetípica de Dios (3.14–15) y acerca del 'Dios y Padre de todos' (4.6). Pero aquí su énfasis parece estar menos en la paternidad de Dios y más en la hermandad, a la cual, por encima de las barreras raciales, llegan los hijos del Padre. 'Hermanos' (expresión que incluye hermanos y hermanas) es la palabra más común para designar a los cristianos en el Nuevo Testamento. Expresa una relación estrecha de afecto, cuidado y ayuda. *Philadelphia,* 'amor fraternal' siempre debería ser la característica especial de la nueva sociedad de Dios.

c. El templo de Dios | 2.20–22

Pablo llega ahora a un tercer cuadro. Esencialmente, la iglesia es una comunidad de gente. Sin embargo, puede compararse en ciertos aspectos con un edificio, y especialmente con un templo. El templo de Jerusalén (primero el de Salomón, luego el de Zorobabel y finalmente el de Herodes) había sido durante miles de años el centro de la identidad de Israel como pueblo de Dios. Ahora había un pueblo nuevo; ¿habría también un templo nuevo, como lo había predicho Jesús? El pueblo nuevo no era una nación nueva sino una humanidad nueva, internacional y mundial. Por lo tanto, no sería apropiado un centro geográficamente localizado. ¿Cuál podría ser entonces su templo, su lugar de unión? Aquí, en los versículos 20–22 Pablo elabora su visión del nuevo templo con mayor detalle que en cualquier otro lugar; requiere, pues, un estudio cuidadoso. A medida que desarrolla su imagen, se refiere al fundamento y a la piedra del ángulo del edificio, a la estructura como un todo y a sus piedras individuales, a su cohesión y crecimiento, a su función actual y (al menos implícitamente) a su destino futuro.

Primero, el fundamento. Nada es más importante para cualquier edificio que un fundamento sólido y estable. Y la conocida parábola de Jesús sobre los dos constructores de casas, con la que concluyó su Sermón del Monte, enseñó la necesidad de una roca. ¿Sobre qué roca está edificada la iglesia? Pablo responde: **sobre el fundamento de los apóstoles y los profetas, siendo Cristo Jesús mismo la piedra angular** (v. 20).

Ya que tanto apóstoles como profetas tenían un rol de enseñanza, parece claro que lo que constituye el fundamento de la iglesia no es ni las personas ni sus cargos, sino la instrucción. Más aun, debemos pensar en ellos como maestros inspirados, órganos de revelación divina, portadores de autoridad divina. La palabra 'apóstoles' aquí no puede ser un término genérico para misioneros o fundadores de iglesias u obispos u otros líderes eclesiásticos; a lo que hace referencia es al grupo pequeño y especial que Jesús eligió, llamado y autorizado para enseñar en su nombre, y que fueron testigos oculares de su resurrección. Ese grupo estaba formado por los Doce, más Pablo y Santiago, y quizás uno o dos más. Lo que ellos enseñaban esperaban que la iglesia lo creyera y también lo preservara; esperaban que aquellos que gobernaban la iglesia obedecieran esa instrucción. La palabra 'profetas' también indica maestros inspirados a quienes la palabra de Dios les había llegado y quienes transmitían dicha palabra fielmente. La combinación 'apóstoles y profetas' podría reunir el Antiguo Testamento (profetas) y el Nuevo Testamento (apóstoles) como base de la enseñanza de la iglesia. Pero el orden inverso de las palabras (no 'profetas y apóstoles' sino 'apóstoles y profetas') sugiere que probablemente se quiere indicar aquí a los profetas del Nuevo Testamento. Si es así, su unión con los apóstoles como el fundamento de la iglesia es significativa. La referencia debe ser a un pequeño grupo de maestros inspirados, asociados con los apóstoles, quienes junto con ellos daban testimonio de Cristo y cuya enseñanza derivaba de la revelación (3.5) y era de carácter fundacional.

En términos prácticos significa que la iglesia está construida sobre los escritos del Nuevo Testamento. Ellos son los documentos de fundación de la iglesia. Y así como un fundamento no puede ser falsificado una vez que se ha colocado y se ha construido la estructura sobre él, tampoco el fundamento neotestamentario de la iglesia puede ser violado ni cambiado por agregados, sustracciones o modificaciones de maestros que en la actualidad se designan a sí mismos como apóstoles o profetas. La iglesia se mantiene o cae según su dependencia leal a las verdades fundamentales que Dios reveló a sus apóstoles y profetas y que ahora están preservadas en el Nuevo Testamento.

La piedra angular también es de importancia crucial para un edificio. Es en sí misma parte del fundamento e indispensable para él. Ayuda a mantener el edificio en pie y también lo ubica y mantiene en línea. El templo de Jerusalén tenía piedras de ángulo macizas. Armitage Robinson menciona un bloque de piedra antiguo excavado en la pared sur del templo que medía alrededor de 12 metros de largo.[27] **La piedra angular** del nuevo templo es **Cristo Jesús mismo**. En otras partes, también aparece como piedra fundamental.[28] Pero aquí Pablo tiene en mente especialmente la función de Jesucristo de mantener unido el templo que comienza a crecer. Porque él es **la piedra angular. En él todo el edificio, bien armado, se va levantando …** (v. 21). La unidad y el crecimiento de la iglesia van unidos, y Jesucristo es el secreto de ambos. Ya que el concepto 'en Cristo' habla de una unión orgánica, las metáforas más naturales para ilustrarlo son metáforas orgánicas, como las ramas 'en' la vid y los miembros 'en' el cuerpo. Aquí el concepto se transfiere al trabajo de construcción. Así como un edificio depende, tanto para su cohesión como para su desarrollo, de estar asentado firmemente sobre la piedra del ángulo, así también Cristo, la piedra del ángulo, es indispensable para la unidad y el crecimiento de la iglesia. A menos que esté constante y firmemente relacionada con Cristo, la unidad de la iglesia se desintegrará y su crecimiento se detendrá o se desviará.

Ahora Pablo va de la estructura completa del templo a sus piedras individuales. En ambos casos es indispensable la unión con Cristo: **la piedra angular.** En él todo el edificio, bien armado, se va levantando …' **En él también ustedes son edificados juntamente …** (v. 22). El apóstol Pedro, que también desarrolla la imagen de la iglesia como un edificio, describe a los miembros individuales 'como piedras vivas, con las cuales se está edificando una casa espiritual'.[29] Aquí, dice Pablo, las piedras adicionales que se edifican en la estructura son *ustedes,* con lo cual quiere significar sus lectores gentiles. El templo de Jerusalén era un edificio exclusivamente judío, según hemos visto, al cual los gentiles tenían prohibido el acceso. Pero ahora los gentiles no solamente son admitidos sino que son ellos mismos parte constitutiva del templo de Dios. Y debido a que una de las funciones de la piedra angular era mantener dos paredes unidas, puede ser que Pablo esté usando esta imagen para presentar a Cristo como la clave de la solidaridad judeo-gentil.

¿Cuál es la finalidad del nuevo templo? En principio, tenía el mismo propósito que el otro, es decir ser la morada de Dios (v. 22). Por supuesto que los israelitas espirituales sabían que Dios no habitaba en templos hechos por hombres y que el universo completo era incapaz de contener su ser infinito.[30] Sin embargo, él prometió manifestar su gloria (la *shekinah*) en el santuario anterior del templo, a fin de simbolizar la verdad de que moraba entre su pueblo. Pero el nuevo templo no es un edificio material ni un altar nacional, ni tiene un sitio localizado. Es un edificio espiritual (la familia de Dios) y una comunidad internacional (que reúne tanto a gentiles como a judíos), y está diseminada por todo el mundo (donde quiera que se encuentren los hijos de Dios). Allí mora Dios. Él no está atado a edificios sagrados sino a gente santa, su propia sociedad nueva. Se ha dado a ellos en un pacto solemne. Vive en ellos, individualmente y como comunidad.[31] ¿Qué es lo que ha reemplazado entonces la gloria *shekinah* en el templo, como símbolo de la presencia de Dios y medio de su manifestación? Pablo responde aquí a esa pregunta. La iglesia es tanto **un templo santo en el Señor** (v. 21, refiriéndose, como siempre en el Nuevo Testamento cuando no se lo menciona de otra manera, al 'Señor Jesús') como **morada de Dios por su Espíritu** (v. 22). Una vez más la Santa Trinidad reclama nuestra atención. Porque Dios mora en su pueblo, como en su templo, 'en el Señor' y 'por su Espíritu', o a través de su Hijo y en el Espíritu.

Mientras Pablo estaba dictando esta carta, allí estaba en Éfeso el magnífico templo de Artemisa, hecho de mármol ('grande es Artemisa de los efesios') y una de las siete maravillas del mundo antiguo, y en cuyo altar interior había una estatua de la diosa. Al mismo tiempo, en Jerusalén estaba el templo judío construido por Herodes el Grande, que levantaba barricadas contra los gentiles, y en ese momento también contra Dios. Había albergado la gloria del *shekinah* en su santuario interior durante siglos, pero no recibió su gloria tal como fue revelada en el Mesías. Dos templos, uno pagano y el otro judío, cada uno designado por sus devotos como residencia divina, pero ambos vacíos del Dios viviente. Porque ahora hay un templo nuevo, **morada de Dios por su Espíritu**. Es su nueva sociedad, su pueblo redimido disperso por todo el mundo habitado. Ellos son su hogar en la tierra. Serán también su hogar en el cielo. Porque el edificio no está completo aún. 'Se va levantando para llegar a ser un templo santo en el Señor'. Sólo después de la creación de un cielo nuevo y una tierra nueva declarará la voz desde el trono con concluyente énfasis: '¡Aquí, entre los seres humanos, está la morada de Dios!'[32]

Conclusión

Es maravilloso volver atrás y recorrer la secuencia de la enseñanza del apóstol. Pinta en una gran tela con pinceladas audaces. Les recuerda a sus lectores gentiles que antes estaban alienados de Dios y de su pueblo. Pero Cristo murió para reconciliarlos con ambos. Así que ya no son los antiguos alienados, sino el reino sobre el cual Dios gobierna, la familia a la cual ama y el templo en el que mora. Más simplemente aun: estaban alienados, han sido reconciliados y Cristo los ha traído a casa.

Sería difícil exagerar la grandiosidad de esta visión. La nueva sociedad que Dios ha hecho es nada menos que una creación nueva, una raza humana nueva, cuya característica ya no es la alienación sino la reconciliación, ya no la división y la hostilidad, sino la paz y la unidad. Esta nueva sociedad es la que Dios gobierna y ama, y en la cual vive.

Esta es la visión. Pero cuando nos volvemos del ideal retratado en las Escrituras a las realidades concretas experimentadas en la iglesia de hoy, vemos una historia muy diferente y trágica. Porque en la misma iglesia a menudo hay alienación, desunión y desacuerdo. Y los cristianos erigen muros nuevos en lugar de los viejos que Cristo demolió: barreras de color, o racismo, nacionalismo o tribalismo, o animosidades personales engendradas por orgullo, prejuicio, celos y la falta de espíritu de perdón, o un sistema social de castas o de clases, o un clericalismo que separa al clero del laicado como si fueran seres humanos distintos, o un espíritu denominacional que transforma a las iglesias en sectas y contradice la unidad y universalidad de la iglesia de Cristo.

Estas situaciones son doblemente ofensivas. En primer lugar, son una ofensa hacia Jesucristo. ¿Cómo nos atrevemos a levantar paredes de separación en la única y nueva comunidad en la que él las ha destruido? Por supuesto que están las barreras de idioma y cultura en el mundo exterior, y por supuesto que los nuevos convertidos se sienten más cómodos entre los que son como ellos, entre los que hablan, se visten, comen, beben y se comportan del mismo modo. Pero perpetuar deliberadamente estas barreras en la iglesia, y aun tolerarlas sin tomar parte activa para vencerlas, a fin de demostrar la unidad suprema de la nueva sociedad de Dios, es ponernos en contra de la obra reconciliadora de Cristo y aun tratar de deshacerla.

Lo que ofende a Cristo ofende también, aunque de un modo diferente, al mundo. Pone tropiezos para que el mundo pueda creer en Jesús. Dios intenta que su pueblo sea un modelo visible del evangelio, para demostrar ante los ojos de la gente las buenas nuevas de reconciliación. Pero ¿para qué sirven las campañas de evangelización si no producen iglesias que vivan el evangelio? Resulta sencillamente imposible, si uno tiene una pizca de integridad cristiana, continuar proclamando que Jesús, por su cruz, abolió las antiguas divisiones y creó una nueva humanidad de amor, y al mismo tiempo contradecir nuestro mensaje porque aceptamos la existencia de barreras raciales, sociales y otras, dentro de la comunidad de la iglesia. No digo que una iglesia debe ser perfecta antes de poder predicar el evangelio, pero digo que no puede predicarlo mientras tolere sus imperfecciones.

Necesitamos tomar conciencia de las fallas de la iglesia, sentir que ellas son una ofensa a Cristo y al mundo, llorar por la distancia entre lo que la iglesia dice y sus caminos, arrepentirnos de nuestra facilidad para excusar y aprobar nuestros fracasos, y proponernos hacer algo al respecto. Me pregunto si hay otra cosa que sea más urgente hoy, por el honor de Cristo y por la extensión del evangelio, que la iglesia sea lo que debe ser; y que se la vea así, como lo que ya es por el propósito de Dios y la obra de Cristo: una única humanidad nueva, un modelo de comunidad humana, una familia de hermanos y hermanas reconciliados que aman a su Padre y se aman unos a otros, la morada visible de Dios por su Espíritu. Sólo entonces el mundo creerá que Cristo es el Pacificador. Sólo entonces Dios recibirá la gloria debida a su nombre.

5
El privilegio único de Pablo
Efesios 3.1–13

[3.1] Por esta razón yo, Pablo, prisionero de Cristo Jesús por el bien de ustedes los gentiles, me arrodillo en oración. [2] Sin duda se han enterado del plan de la gracia de Dios que él me encomendó para ustedes, [3] es decir, el misterio que me dio a conocer por revelación, como ya les escribí brevemente. [4] Al leer esto, podrán darse cuenta de que comprendo el misterio de Cristo. [5] Ese misterio, que en otras generaciones no se les dio a conocer a los seres humanos, ahora se les ha revelado por el Espíritu a los santos apóstoles y profetas de Dios; [6] es decir, que los gentiles son, junto con Israel, beneficiarios de la misma herencia, miembros de un mismo cuerpo y participantes igualmente de la promesa en Cristo Jesús mediante el evangelio.

[7] De este evangelio llegué a ser servidor como regalo que Dios, por su gracia, me dio conforme a su poder eficaz. [8] Aunque soy el más insignificante de todos los santos, recibí esta gracia de predicar a las naciones las incalculables riquezas de Cristo, [9] y de hacer entender a todos la realización del plan de Dios, el misterio que desde los tiempos eternos se mantuvo oculto en Dios, creador de todas las cosas. [10] El fin de todo esto es que la sabiduría de Dios, en toda su diversidad, se dé a conocer ahora, por medio de la iglesia, a los poderes y autoridades en las regiones celestiales, [11] conforme a su eterno propósito realizado en Cristo Jesús nuestro Señor. [12] En él, mediante la fe, disfrutamos de libertad y confianza para acercarnos a Dios. [13] Así que les pido

> que no se desanimen a causa de lo que sufro por ustedes,
> ya que estos sufrimientos míos son para ustedes un
> honor.

A esta altura de su argumentación Pablo se presenta a sí mismo y explica su función personal de características singulares en el propósito de Dios para los gentiles. No es por nada que ha llegado a conocérselo como 'el apóstol de los gentiles'.

En la segunda mitad de Efesios 2, como vimos en el capítulo anterior, trazó un contraste vívido entre la alienación doble que soportaban los gentiles antes de Cristo (de Dios y de Israel) y su reconciliación doble a través de Cristo. Porque por su muerte, Cristo derribó las barreras entre judíos y gentiles, y entre Dios y el hombre, y ahora está creando, en relación con él, una sociedad humana única, nueva y multicultural, que es a la vez la familia que Dios ama y el templo en el que habita. Los lectores gentiles de Pablo deben haber leído con gozosa sorpresa esta exposición del evangelio de paz.

Ahora, abruptamente, distrae su atención de ellos mismos para situarla sobre él. Al hacerlo, se titula a sí mismo **yo, Pablo, prisionero de Cristo Jesús por el bien de ustedes los gentiles.** Humanamente hablando, no era prisionero de Cristo, sino de Nerón. Había apelado al emperador y, por lo tanto, debía ser juzgado por él.[1] Pero Pablo nunca pensaba o hablaba en términos puramente humanos. Creía en la soberanía de Dios por sobre los actos humanos. Por lo tanto se llama a sí mismo (literalmente) un **prisionero de Cristo Jesús**[2] o un 'preso por la causa del Señor';[3] estaba convencido de que la totalidad de su vida, incluyendo su penosa prisión, estaba bajo el señorío de Jesús. También pudo haber pensado de sí mismo como **prisionero de Cristo** del mismo modo que se consideraba 'esclavo de Cristo', en cuyo caso su descripción expresaba una 'combinación de cautiverio interno y externo'.[4]

Luego añade una segunda frase descriptiva, para indicar la naturaleza y el propósito de su encarcelamiento. Era el prisionero de Cristo Jesús **por el bien de ustedes los gentiles.** Esto era un hecho. Había sido la fanática oposición judía hacia su misión a los gentiles lo que lo había llevado a ser arrestado en Jerusalén, puesto preso allí y en Cesarea, sometido a juicios sucesivos, y posteriormente a su apelación a César, que fue lo que finalmente lo llevó a Roma. Lucas, su amigo, doctor y compañero de travesías, estaba con él en aquella época y registró fielmente los detalles en el libro de Hechos. Explica que lo que llevó a los judíos a levantar a la multitud en contra de Pablo fue su reputación de enseñar 'a toda la gente contra nuestro pueblo, nuestra ley y este lugar (es decir, el templo)'. ¿Cómo podía haber adquirido tal reputación? Sin duda por enseñar exactamente lo que enseñó en Efesios 2: que por anular los elementos divisorios de la ley, Jesús estaba creando una nueva humanidad y construyendo un templo nuevo. Así que fue arrestado. Y cuando el tribuno le permitió hacer su defensa pública frente al pueblo judío, lo escucharon en silencio hasta que llegó al punto de su historia cuando Jesús le dijo: 'Vete, yo te enviaré lejos, a los gentiles.' Y ante esto exclamaron: '¡Bórralo de la tierra!'[5]

Así que lo que provocó la oposición judía en contra de Pablo fue su apoyo firme e incondicional a la causa gentil. No sólo predicaba su visión de una humanidad nueva y sin divisiones y escribía acerca de ella: sufría en ese momento por las mismas verdades que estaba exponiendo.

Parece probable que el apóstol hubiera tenido intenciones de continuar orando por sus lectores gentiles. Comenzó: **Por esta razón yo, Pablo ...** Pero se interrumpió y no comenzó su oración hasta el versículo 14. En el intervalo, elaboró su descripción a fin de enfatizar los privilegios únicos que Dios le había dado en el desarrollo de su propósito para los gentiles.

En estos versículos utiliza dos veces la misma expresión, una combinación idéntica de términos griegos, traducidos como **la gracia de Dios que él me encomendó** (v. 2 y 7). Se refiere a los dos privilegios que Dios le había dado como un favor inmerecido.

El primero era una cierta revelación, a partir de la cual había llegado a conocer algo. Versículos 2–3: **se han enterado ...de la gracia de Dios que él me encomendó para ustedes, es decir, el misterio que me dio a conocer por revelación.** El segundo era una cierta comisión, a partir de la cual él tenía una responsabilidad de hacerle conocer algo a los otros. Versículo 7: ... **Llegué a ser servidor como regalo que Dios, por su gracia, me dio conforme a su poder eficaz.**

Resulta claro que estos dos dones de gracia divina, la revelación y la comisión, el 'misterio' revelado y el 'ministerio' que le había sido confiado, estaban estrechamente relacionados uno con otro. Porque una vez que había recibido su revelación especial de Dios, sabía que estaba bajo la obligación de hacer conocer a otros lo que le habían hecho conocer a él.

1. La revelación divina a Pablo o el misterio que se le ha dado a conocer | 3.1–6

Pablo utiliza tres veces la palabra 'misterio': **El misterio que me dio a conocer por revelación** (v. 3) … **podrán darse cuenta de que comprendo el misterio de Cristo** (v. 4) … **hacer entender a todos la realización del … misterio** (v. 9). Es una palabra clave para nuestra comprensión del apóstol Pablo. Necesitamos entender que las palabras castellana y griega no tienen el mismo significado. En castellano un 'misterio' es algo oscuro, secreto, enigmático. Lo 'misterioso' es inexplicable, hasta incomprensible. La palabra griega *mystērion*, sin embargo, es diferente. Aunque es un 'secreto', no está celosamente guardado sino a la vista. Originalmente, la palabra griega se refería a una verdad en la que alguien había sido iniciado. Llegó a usarse para referirse a las enseñanzas secretas de las religiones paganas misteriosas, enseñanzas que estaban restringidas para los iniciados. Pero en el cristianismo no hay 'misterios' esotéricos reservados para una elite espiritual. Por el contrario, los 'misterios' cristianos son verdades que, aunque están más allá del descubrimiento humano, han sido reveladas por Dios, y por lo tanto pertenecen abiertamente a toda la iglesia. Más sencillamente, *mystērion* es una verdad escondida del conocimiento o la comprensión humana, pero descubierta por la revelación de Dios.

Si ese es el significado general de 'misterio' en el Nuevo Testamento, ¿cuál es el singular secreto que fue destapado o la verdad que fue revelada, que **no se les dio a conocer a los seres humanos** pero **ahora se les ha revelado por el Espíritu a los santos apóstoles y profetas de Dios** (v. 5) y en forma especial a él (dado que Pablo añade: **el misterio que me dio a conocer por revelación**, v. 3)? En el versículo 4 y en Colosenses 4.3 lo llama **el misterio de Cristo**. Es indiscutible que se trata de una verdad especialmente revelada de la cual 'Cristo es a la vez fuente y sustancia'.[6] Pablo declara su naturaleza exacta con fuerza y claridad en el versículo 6. Es que los gentiles son **beneficiarios de la misma herencia, miembros de un mismo cuerpo** y por lo tanto, el misterio concierne a Cristo y a su único pueblo judeo-gentil. A fin de definirlo con más precisión, Pablo reúne (y en un caso inventa) tres expresiones paralelas y compuestas. Cada una tiene el mismo prefijo *syn*, 'junto con' e indica que los cristianos gentiles ahora tienen compañerismo con los cristianos judíos. ¿Qué es esto? Los gentiles son literalmente 'coherederos' (*synklēronoma*), 'corporales' (*syssōma*) y 'copartícipes' (*symmetocha*) de la promesa. Pero estas tres palabras griegas poco usuales necesitan ser aclaradas. Lo que Pablo está declarando es que juntos los cristianos judíos y gentiles son ahora coherederos de la misma bendición, miembros del mismo cuerpo y copartícipes de la misma promesa. Este privilegio compartido es tanto **en Cristo Jesús** (porque lo disfrutan por igual todos los creyentes, sean judíos o gentiles, si están en unión con Cristo) como **mediante el evangelio** (porque la proclamación del evangelio incluye esta unidad y por lo tanto la pone al alcance de aquellos que creen).

Para resumir, podemos decir que **el misterio de Cristo** es la unión completa de judíos y gentiles unos con otros a través de la unión de ambos con Cristo. Era esta unión doble, con Cristo y de uno con el otro, la sustancia del 'misterio'. Dios se lo había revelado especialmente a Pablo, según lo expresa brevemente (v. 3) en el capítulo anterior. Pero también les fue dado a conocer **por el Espíritu a los santos apóstoles y profetas de Dios** (v. 5), y a través de ellos 'a sus santos' (Colosenses 1.26).[7] Ahora era, por lo tanto, la posesión común de la iglesia toda.

Era una revelación nueva. Porque **en otras generaciones no se les dio a conocer** (v. 5) sino que **desde los tiempos eternos se mantuvo oculto** (v. 9). Estas afirmaciones han dejado perplejos a los lectores de la Biblia, porque el Antiguo Testamento ya revelaba que Dios tenía un propósito para los gentiles. Prometía, por ejemplo, que todas las familias de la tierra serían bendecidas por medio de la descendencia de Abraham; que el Mesías recibiría a las naciones como su herencia; que Israel sería dada como luz a las naciones; y que un día las naciones harían una peregrinación a Jerusalén y aun 'correrían' hacia ella.[8] Jesús también habló de la inclusión de los gentiles y comisionó a sus seguidores para que fueran y los hicieran sus discípulos. Pero lo que no revelaron ni el Antiguo Testamento ni Jesús, fue la naturaleza radical del plan de Dios: que la teocracia (la nación judía bajo el gobierno de Dios) llegaría a su fin y sería reemplazada por una nueva comunidad internacional, la iglesia; que esta iglesia sería 'el cuerpo de Cristo', unida orgánicamente a él; y que judíos y gentiles serían incorporados a Cristo y a su iglesia en términos de igualdad sin distinciones. Esta unión completa de judíos, gentiles y Cristo, era lo radicalmente nuevo; y Dios se lo reveló a Pablo, venciendo su arraigado prejuicio judío.[9]

2. La comisión divina a Pablo o el ministerio que le fue confiado | 3.7–13

Al final del versículo 6 Pablo expresamente equiparó 'el misterio' con 'el evangelio'. Al menos escribe que es 'mediante el evangelio' que los cristianos judíos y gentiles se unen en Cristo. Esto puede ser así porque el evangelio anuncia el misterio, de manera que la gente llegue a escucharlo, a creerlo y experimentarlo.

Esta equiparación de 'misterio' y 'evangelio' es significativa, porque el misterio era esencialmente la verdad revelada *a* Pablo, mientras que el evangelio era esencialmente la verdad proclamada *por* Pablo. Él mismo relaciona las cosas, porque estaba convencido de que las buenas nuevas le habían sido reveladas sólo para que las comunicara. Lo dice claramente: **De este evangelio llegué a ser servidor como regalo que Dios, por su gracia, me dio** (v. 7). Por lo tanto, si el primer don de la gracia de Dios para él fue 'el misterio' que le había sido revelado (vv. 2–3), el segundo era el ministerio que le había sido confiado y mediante el cual compartiría ese misterio con otros. Lo había recibido por gracia de Dios y lo ejercería **conforme a su poder eficaz**.

Pablo considera esta comisión o ministerio como un privilegio enorme. Porque lo que él llama **esta gracia**, que nosotros podemos llamar 'este don privilegiado de Dios', le había sido dada a él a pesar del hecho de que era **el más insignificante de todos los santos** (v. 8) o 'el peor miembro de su pueblo santo'.[10] Es una expresión muy llamativa. Toma el superlativo (*elachistos*, 'el último' o 'el más pequeño') y hace algo que lingüísticamente es imposible, pero posible teológicamente: lo transforma en un comparativo (*elachistoteros,* 'menor' o 'menos que el más pequeño'). Quizás estaba jugando en forma deliberada con el significado de su nombre. Porque su apodo romano 'Paulus' es en latín 'pequeño' y la tradición dice que era un hombre pequeño de estatura. 'Yo *soy* pequeño', pudo haber dicho, 'pequeño de nombre, pequeño de estatura, y moral y espiritualmente más pequeño que el más pequeño de todos los cristianos'. Al decir esto no está incurriendo en hipocresía ni humillándose con autodesprecio. Realmente está convencido de ello. Es profundamente consciente, tanto de su propia falta de valor porque ha sido 'un blasfemo, un perseguidor y un insolente' a Jesucristo,[11] como de la abundante piedad de Cristo hacia él. Una buena indicación de que su modestia no era ni fingida ni malsana es que ella no le impedía tomar responsabilidades como apóstol. Por el contrario, en este mismo pasaje utiliza dos veces conscientemente el 'ego' apostólico; 'yo' (3.1; 4.1). Por lo tanto, combinaba humildad personal con autoridad apostólica. Es más, mientras 'se minimizaba a sí mismo, magnificaba su oficio'.[12]

A continuación elabora en tres partes el ministerio privilegiado de extender el evangelio, que le había sido confiado por la gracia de Dios:

a. Haciendo conocer las riquezas de Cristo a las naciones | 3.8

Debido a que el misterio que le había sido revelado incluía el plan de Dios de incorporar a los gentiles en Cristo, era lógico que el ministerio que le había sido confiado fuera dirigido primero y más que nada hacia ellos. Había sido comisionado a **predicar a las naciones**. 'Anunciar' aquí es *euangelizō*, anunciar buenas nuevas, porque sabía muy bien que este evangelio era un mensaje de extraordinarias buenas nuevas para los gentiles. Consistía en **las incalculables riquezas de Cristo**, las riquezas que él posee y derrama sobre aquellos que se acercan a él. Podemos juzgar estas riquezas en la exposición de Pablo de Efesios 1 y 2. Son riquezas accesibles gratuitamente debido a la cruz. Incluyen la resurrección y la victoria sobre el pecado, la entronización victoriosa con Cristo en los lugares celestiales, la reconciliación con Dios, la incorporación junto con los cristianos judíos en esta sociedad nueva, el fin de la hostilidad y el comienzo de la paz, el acceso al Padre a través de Cristo y por medio del Espíritu, la membresía de su reino y su familia, el ser parte integrante de su morada entre los seres humanos, y todo esto sólo como un primer asomo de mayores riquezas por venir, es decir las riquezas de la herencia que Dios dará a todo su pueblo en el día final.

No sorprende que Pablo califique las riquezas de Cristo como **incalculables**. La palabra *anexichniastos* significa literalmente 'no pueden ser rastreadas'. En la versión griega de Job 5.9 y 9.10, está aplicada a las maravillas de la creación y providencia de Dios, que están más allá de nuestra comprensión, y Pablo mismo ya la había utilizado en Romanos 11.33 refiriéndose a los misterios profundos del plan divino de salvación. Las riquezas de Cristo son similares. Al igual que la tierra, son demasiado vastas para explorarlas; como el mar, son demasiado profundas para sondearlas. Los traductores y comentaristas compiten unos con otros en sus intentos de encontrar un equivalente dinámico en castellano. Las riquezas de Cristo, dicen, son 'incalculables', 'inescrutables', 'insondables', 'incontables'. Quizás el término 'infinito' sea el más simple, porque lo cierto es que nunca llegaremos a agotar la riqueza que Cristo tiene y nos da.

En estos versículos, indirectamente, el apóstol ha indicado dos de los incentivos más fuertes para evangelizar. Comenzó enfatizando que la revelación y la comisión que le habían sido dadas estaban indisolublemente unidas, porque lo que le habían dado a conocer él debía sin falta hacerlo conocer a otros. Toda verdad revelada se posee en custodia. Se da para ser compartida, no monopolizada. Si los hombres no pueden guardar para sí mismos sus descubrimientos científicos ¿cuánto menos podemos guardar para nosotros las revelaciones divinas? Pablo luego continúa enfatizando el valioso contenido del mensaje. Estaba convencido, como debemos estarlo nosotros, de que Cristo nunca empobrece a aquellos que ponen en él su confianza, sino que los enriquece de una manera inconmensurable. Aquí estaba, pues, la obligación doble que Pablo sentía: primero la de compartir la verdad de Dios y, segundo, la de compartir las riquezas de Cristo. Así que lo que se necesita para recuperar el celo evangelístico en la iglesia, es poseer la misma convicción apostólica acerca del evangelio. Una vez que estamos convencidos de que el evangelio es a la vez verdad de Dios y riqueza para la humanidad, nadie será capaz de silenciarnos.

b. Haciendo conocer el misterio a todos los hombres | 3.9

La segunda parte del ministerio privilegiado de Pablo está expresada en estos términos: 'aclarar a todos cuál sea el plan del misterio escondido desde los siglos en Dios, el creador de todas las cosas'. El versículo 9 no repite simplemente el versículo 8. Hay tres diferencias significativas.

Primero, la predicación del evangelio no se define ahora como *euangelizō* ('anunciar las buenas nuevas') sino como *phōtizō* ('aclarar'). Pablo ya utiliza el verbo en su oración en 1.18. Así que la idea se desplaza del contenido del mensaje (buenas nuevas) a la condición de aquellos a quienes es proclamado (en la oscuridad de la ignorancia). Jesús mismo caracterizó la comisión de Pablo en estos términos, ya que lo enviaba a los gentiles 'para que les abras los ojos y se conviertan de las tinieblas a la luz'.[13] Pablo nunca olvidó esto. Su propia conversión en el camino de Damasco era el resultado de la luz brillante que venía del cielo, no sólo externamente sino también internamente. Como lo dijo más tarde: 'Porque Dios, que ordenó que la luz resplandeciera en las tinieblas, hizo brillar su luz en nuestro corazón.'[14] *Phōtismos* es la palabra que utiliza allí para describir la 'iluminación' que implicó su conversión. También nosotros debemos recordar siempre en nuestra evangelización que 'el príncipe de las tinieblas' tiene a los hombres y a las mujeres en la oscuridad, y que sólo por iluminación divina serán abiertos sus ojos para ver. Nuestra responsabilidad es ser fieles en la extensión del evangelio, ya que este es el medio que Dios ha ordenado para traer a los que están en tinieblas.

Una segunda diferencia entre los versículos 8 y 9 está en la descripción que Pablo hace de su mensaje. En el versículo 8 lo presenta como **las incalculables riquezas de Cristo**, en el versículo 9 como **la realización del plan de Dios, el misterio.** No son sólo expresiones divergentes para una misma cosa; indican nuevamente un cambio en el énfasis. Uno puede decir que las 'incalculables riquezas' de Cristo es el más amplio de los dos conceptos porque reúne el remedio de Cristo para las dos alienaciones gentiles (separación de Dios y de Israel) y, por lo tanto, abarca la totalidad de la salvación. El 'misterio' se concentra sólo sobre una de las dos reconciliaciones. Es cierto que el misterio es 'el misterio de Cristo', está centrado en Cristo. Pero lo que declara acerca de Cristo es que por medio de él, y en él, los judíos y los gentiles son incorporados en términos igualitarios en la misma y única comunidad. Déjenme señalar más claramente la diferencia en estos términos: de acuerdo con el versículo 8 el mensaje de Pablo es Cristo; de acuerdo con el versículo 9, es la iglesia.

La tercera diferencia entre los versículos 8 y 9 es que Pablo, en el primer versículo, dirige su ministerio a 'las naciones' y en el segundo 'a todos'. Esto era necesario porque el misterio concernía tanto a judíos como a gentiles. Era un mensaje de reconciliación mutua y de pertenencia a la nueva sociedad de Dios, que era también la nueva humanidad que él estaba creando. Quizás esta sea la razón por la que, en el versículo 9, Pablo describe a Dios como el **creador de todas las cosas**. Aquel que creó el universo, ahora ha comenzado una nueva creación y algún día la terminará. En efecto: el **misterio** incluye la gran promesa de que Dios finalmente unirá todas las cosas en y por debajo de Cristo.[15] Así que en el versículo 9 Pablo reúne en su mente creación y redención. El Dios que creó todas las cosas en el comienzo, recreará al final todas las cosas.

c. Haciendo conocer la sabiduría de Dios a los poderes cósmicos | 3.10

La perspectiva del apóstol se amplía aun más. Nos dice que, aunque el evangelio está dirigido en primer lugar y de manera directa a los seres humanos, indirectamente trae un mensaje para los ángeles, **a los poderes y autoridades en las regiones celestiales**. ¿Qué quiere decir?

El primer resultado que se espera de la predicación de 'las incalculables riquezas de Cristo' y del 'misterio' es el nacimiento y crecimiento de la iglesia: que los gentiles y los judíos abracen el evangelio, se conviertan, y pasen a ser miembros unidos de la familia de Dios y del cuerpo de Cristo. Más aun, esto ya había sucedido cuando Pablo estaba escribiendo. No estaba teorizando. 'El misterio' no era una abstracción. Estaba tomando forma concreta delante de los ojos de la gente. Y en este fenómeno nuevo, esta nueva humanidad multirracial, estaba desplegándose la sabiduría de Dios. Por cierto, la existencia de la iglesia como una comunidad de gente salvada y reconciliada es al mismo tiempo una demostración pública del poder de Dios, de su gracia y de su sabiduría: en primer lugar del grandioso poder de resurrección de Dios,[16] después de la incomparable riqueza de su gracia y bondad,[17] y ahora en tercer lugar, de **la sabiduría de Dios, en toda su diversidad**. La expresión 'en toda su diversidad' (*polupoikilos*, 'multiforme' en RVR) significa 'muy coloreado' y se utilizaba para describir flores, coronas, vestimentas bordadas y alfombras tejidas. La palabra más simple *poikilos* se utiliza en la LXX para la 'túnica de diversos colores' (RVR) o 'túnica muy elegante' (DHH) que Jacob le dio a José, su hijo más joven (Génesis 37.3, 23, 32). La iglesia, una comunidad multirracial y multicultural, es como un hermoso tapiz. Sus miembros vienen de un amplio espectro de coloridos y procedencias. Ninguna otra comunidad humana se le parece. Su diversidad y armonía son únicas. Es la nueva sociedad de Dios. Y la hermandad colorida de la iglesia es un reflejo de la multicolorida (o 'multiesplendorosa' para utilizar la palabra de Francis Thompson) sabiduría de Dios.

Por lo tanto, a medida que el evangelio se extiende por el mundo, esta nueva y variada comunidad cristiana va desarrollándose. Es como si se estuviera poniendo en escena un gran drama. La historia es el teatro, el mundo es el escenario y los miembros de la iglesia de todas partes son los actores. Dios ha escrito la obra, y él la dirige y la produce. Acto por acto, escena por escena, la historia continúa desplegándose. Pero ¿quiénes son los espectadores? Son las inteligencias cósmicas, **los poderes y autoridades en las regiones celestiales.** Debemos imaginarlos como espectadores del drama de la salvación. Por lo tanto, "la historia de la iglesia cristiana es como una 'escuela de postgrado' para los ángeles".[18]

Nuestro conocimiento de estos seres espirituales es limitado y debemos tener cuidado de no ir más allá de lo que la Escritura enseña, ni caer en especulaciones inútiles. Algo claro, sin embargo, es que no son omniscientes. El apóstol Pedro nos dice que no entendieron completamente la enseñanza de los profetas del Antiguo Testamento ni de los apóstoles del Nuevo Testamento, en cuanto a las buenas nuevas de salvación en Cristo, porque estas son cosas que aun los mismos ángeles anhelan contemplar.[19] De la misma manera podemos deducir aquí del versículo 10 que Dios no les ha revelado directamente su plan para la iglesia, sino que se propuso hacerlo conocer **por medio de la iglesia**, a medida que surge y crece. Es a través de la creación antigua (universo) que Dios le revela su gloria a los seres humanos; es por medio de la nueva creación (la iglesia) que revela su sabiduría a los ángeles. Parece legítimo decir que aunque no podemos verlos, ellos nos ven. Miran fascinados la manera en que gentiles y judíos se incorporan en la nueva sociedad como iguales. Más aun, de la formación de la iglesia aprenden no sólo **la sabiduría de Dios, en toda su diversidad** (v. 10) sino también su **eterno propósito** (v. 11). Este propósito es algo **realizado en Cristo Jesús nuestro Señor**; se cumplió en la historia, a través de su muerte y resurrección, el don de su Espíritu, la predicación del evangelio y el surgimiento de la iglesia.

Porque **en él** [Cristo], **mediante la fe,** todos nosotros, judíos o gentiles, **disfrutamos de libertad y confianza para acercarnos a Dios** (v. 12). Este acceso universal de todos los cristianos a Dios a través de Cristo, es lo que los reformadores del siglo dieciséis llamaron 'el sacerdocio de todos los creyentes'; es el privilegio básico de todos los que están en Cristo, es decir, de 'la iglesia', la comunidad universal judeo-gentil, de la que Pablo ha estado escribiendo.

No puedo dejar estos versículos, especialmente el 10, sin mencionar al menos una interpretación un tanto diferente que está ganando popularidad. Se apoya sobre una interpretación de 'los poderes y autoridades' no como inteligencias cósmicas (es decir ángeles y demonios) sino como estructuras político-económicas de la sociedad humana. Reservaré una exposición completa y una crítica de este punto de vista para cuando lleguemos al tema de la lucha contra los 'poderes y autoridades' en 6.12, pero no puedo ignorarla por completo aquí. Su importancia puede resumirse en el comentario de G. B. Caird acerca del versículo 10: 'Difícilmente sea una exageración decir que cualquier interpretación de Efesios se sostiene o cae por este versículo.' Caird cree que el propósito de Dios es utilizar a la iglesia no sólo para *informar* a 'los poderes' sino también para *redimirlos,* ya que 'también estructuras tales como las de poder y autoridad, por ejemplo las del estado secular, pueden ser puestas en armonía con el amor de Dios'.[20] Markus Barth elabora este concepto de la influencia 'cósmica' de la iglesia: 'Fuerzas políticas, sociales, culturales y religiosas, también todas las demás instituciones, tradiciones, mayorías y minorías, están expuestas a su testimonio.' Se trata tanto de dictaduras como de democracias, organizaciones que promueven el racismo, como las que respaldan los derechos humanos, etc., etc.: 'Estos y otros poderes, han recibido una oportunidad única de parte de Dios: la de ver desarrollarse desde el comienzo un cielo nuevo y una tierra nueva.'[21] Barth se refiere al papel de la iglesia según se indica en el versículo 10. Naturalmente me siento muy inhibido por estar en desacuerdo con eruditos de este calibre, pero, habiendo considerado cuidadosamente la cuestión, me siento confiado en declarar que no creo que Pablo estuviera refiriéndose a las estructuras sociales de la tierra cuando escribió sobre los poderes y autoridades celestiales ni que, cualquiera fuese su identidad, estuviera indicando que su conocimiento sobre la multiforme sabiduría de Dios debe entenderse como una actividad redentora (en lugar de informativa). Por ahora no diré más acerca de esto.

Si volvemos a mirar la exposición de Pablo sobre el privilegio singular que le había sido concedido por la gracia de Dios de ser apóstol a los gentiles, resulta instructivo ver los distintos medios que utilizó, y las etapas que siguió para su comunicación. Primero, Dios le hizo conocer el misterio de su plan a Pablo mismo (y a los otros apóstoles y profetas, v. 5) por medio de la revelación. Segundo, comisionó a Pablo (y a otros) para predicar el evangelio a todos en todo el mundo. Tercero, su multiforme sabiduría y propósito eterno se hicieron visibles a los poderes y autoridades a través de la iglesia, a medida que la veían crecer. Este es el circuito de comunicación divina: las buenas nuevas fueron transmitidas de Dios a Pablo, de Pablo y los otros a toda la humanidad, y de la iglesia terrestre nuevamente a los cielos, a los poderes cósmicos. En cada etapa cambia el medio. Dios transmite su plan a Pablo por revelación directa, el mensaje se extiende por la proclamación verbal del evangelio, y finalmente es por medio de un modelo visual (la comunidad cristiana multicultural) que llega a los invisibles espectadores angélicos. Nada honra tanto al evangelio ni es mejor indicio de su importancia superlativa, que este programa de comunicación universal.

Conclusión

La lección más importante que nos enseña esta primera mitad de Efesios 3 es la centralidad bíblica de la iglesia. Algunos construyen un cristianismo que consiste por completo en una relación individual con Jesucristo, que no tiene virtualmente nada que ver con la iglesia. Otros aceptan de mala gana la necesidad de ser miembros de una iglesia, pero añaden que han perdido esperanzas en la institución eclesiástica. Es entendible, y por cierto inevitable, que critiquemos muchas de las estructuras y tradiciones heredadas en la iglesia. La iglesia, en cada lugar y en cada época, necesita reformarse y renovarse. Pero debemos tener cuidado de no menospreciar a la iglesia de Dios o estar ciegos frente a la obra de Dios en la historia. Podemos decir con seguridad que Dios no abandonó a su iglesia, no importa cuánto le desagrade su comportamiento. Aún la está edificando y refinando. Y si Dios no la abandonó ¿cómo podremos hacerlo nosotros? Tiene un lugar central en su plan. ¿Qué nos enseña entonces este pasaje acerca de la centralidad bíblica de la iglesia?

a. La iglesia es central en la historia

El versículo 11, como vimos, alude al **eterno propósito** de Dios, que también se llama 'plan' o 'el plan de Dios, el misterio', en el versículo 9. Lo que se nos dice es que este plan o propósito de Dios, **desde los tiempos eternos se mantuvo oculto** (v. 9), y **en otras generaciones no se les dio a conocer a los seres humanos** (v. 5), pero ahora fue 'realizado en Cristo Jesús nuestro Señor', primero a través de su obra histórica de salvación y luego por medio de su proclamación posterior en el mundo. ¿Qué es este propósito eterno que ahora está obrando en la historia, este plan divino que, por lo tanto, pertenece tanto a la historia como a la eternidad? Concierne a la iglesia, la creación de una humanidad nueva y reconciliada, unida a Jesucristo. Este es el 'misterio' escondido por los siglos, pero revelado ahora.

¿Es esta nuestra visión de la historia? Todos hemos estudiado historia en la escuela y puede que la hayamos encontrado (como me pasó a mí) terriblemente aburrida. Quizás tuvimos que memorizar listas de fechas o de reyes y reinas que gobernaban diversos países. Pero ¿a qué apunta la historia? ¿Tenía razón Henry Ford cuando en 1919, durante el pleito con el *Chicago Tribune* a raíz de un escrito, dijo: 'La historia es una tontería'? ¿Es la historia solamente la sucesión fortuita de eventos, donde cada efecto tiene su causa, y cada causa su efecto, pero donde, sin embargo, no se desarrolla un esquema o modelo general sino que se muestra como el desarrollo sin significado de la historia humana? ¿Tenía razón Marx en su comprensión dialéctica del proceso histórico? ¿O presenta la historia alguna otra clave?

El cristiano afirma, en contraste con todos los otros puntos de vista, que la historia es la historia de Dios. Porque él está trabajando: se mueve a través de un plan concebido en la eternidad, por medio de su progresivo desarrollo y su manifestación histórica, hacia un clímax dentro de la historia, y luego más allá, hacia otra eternidad futura. La Biblia tiene esta concepción lineal del tiempo. Y nos dice que el centro del plan de Dios para la historia y para la eternidad es Jesucristo, junto con su pueblo redimido y reconciliado. Para comprender esto, puede ayudarnos contrastar la perspectiva de los historiadores profanos con la de la Biblia.

La historia secular concentra su atención sobre reyes, reinas y presidentes, o políticos y generales, es decir personajes importantes. La Biblia, en lugar de ello, se concentra en un grupo que llama 'los santos', que a menudo son gente pequeña, insignificante, sin importancia, y que, al mismo tiempo, constituyen el pueblo de Dios, y por esa razón son 'conocidos [para Dios] pero tenidos por desconocidos [para el mundo]'.[22]

La historia secular se concentra en las guerras, batallas y tratados de paz, seguidos por más guerras, batallas y tratados de paz. La Biblia, por el contrario, se concentra en la guerra entre el bien y el mal, la victoria decisiva ganada por Jesucristo sobre los poderes de las tinieblas, el tratado de paz ratificado por su sangre, y la proclamación soberana de una amnistía para todos los rebeldes que se arrepienten y creen en él.

La historia secular se concentra sobre el mapa cambiante del mundo, a medida que una nación vence a otra y anexa sus territorios, y sobre la caída y surgimiento de los imperios. La Biblia, en cambio, se concentra en la comunidad multinacional llamada 'la iglesia', que no tiene fronteras territoriales, que reclama nada menos que todo el mundo para Cristo, y cuyo imperio no tendrá fin.

No hay duda de que hemos pintado en forma demasiado tajante el contraste entre la visión bíblica y la visión no bíblica de la historia. Porque las Escrituras no ignoran los grandes imperios de Babilonia, Egipto, Grecia y Roma; y una historia secular fidedigna no puede ignorar el hecho de la iglesia. Sin embargo, es una cuestión de perspectivas y prioridades. El Dios viviente es el Dios de todas las naciones del mundo; pero dentro de la comunidad humana universal existe una 'comunidad del pacto', su propia sociedad nueva, el comienzo de su nueva creación. Es sólo frente a este pueblo que él se ha comprometido con la promesa eterna: 'Yo seré su Dios, y ellos serán mi pueblo'.[23]

b. La iglesia es central para el evangelio

El evangelio que algunos proclamamos es demasiado individualista. 'Cristo murió por mí', decimos, y luego cantamos acerca del cielo como aquello que 'está reservado para mí'. Ambas expresiones son ciertas. En cuanto a la primera, el mismo Pablo escribió: 'El Hijo de Dios, quien me amó y dio su vida por mí'.[24] En cuanto al llamado 'canto de gloria', el evangelio promete la 'gloria' del cielo para el cristiano.

Pero esto está muy lejos de ser el evangelio completo. Porque resulta evidente, a partir de Efesios 3, que la totalidad del evangelio incluye tanto a Cristo como al 'misterio' de Cristo. Las buenas nuevas de las riquezas insondables de Cristo que Pablo predicó, son que él murió y resucitó, no sólo para salvar a los pecadores como yo (aunque lo hizo) sino también para crear una nueva humanidad; no sólo para redimirnos del pecado sino también para adoptarnos en la familia de Dios; no sólo para reconciliarnos con Dios sino también unos con otros. Por lo tanto, la iglesia es una parte integral del evangelio. Nos ofrece la buena noticia acerca de una sociedad nueva tanto como de una vida nueva.

c. La iglesia es central para la vida cristiana

Resulta interesante que Pablo concluya esta sección de la misma forma en que la comienza (v. 1), es decir, con una referencia a sus propios sufrimientos por causa de los gentiles. Les dirige la siguiente exhortación: **Así que les pido que no se desanimen a causa de lo que sufro por ustedes, ya que estos sufrimientos míos son para ustedes un honor** (v. 13). 'Los 'sufrimientos', y el 'honor' o la gloria, están permanentemente unidos en el Nuevo Testamento. Jesús dijo que entraría en su gloria a través del sufrimiento, y que sus seguidores tendrían que pasar por la misma senda. Sin embargo aquí Pablo escribe algo diferente, y es que *sus* sufrimientos (los de Pablo) les traerían honor a *ellos* (sus lectores gentiles). Está sufriendo la prisión por causa de ellos, como si fuera su héroe, manteniéndose firme para que sean incluidos en la nueva sociedad de Dios. Tan convencido está del origen divino de su visión que está preparado a pagar cualquier precio para verla transformada en realidad. Esta es la medida de la entrega de Pablo por la iglesia.

Por supuesto que puede argumentarse que Pablo era excepcional. Después de todo él era el apóstol de los gentiles. Había recibido una revelación especial y una comisión especial. Así que era de esperar que sufriera por la iglesia. Sin embargo, el principio es aplicable a todos los cristianos. Si la iglesia es central para el propósito de Dios, como se ve tanto en la Biblia como en la historia, por cierto que también debe ser central para nuestra vida. ¿Cómo podemos tomar a la ligera lo que Dios toma con tanta seriedad? ¿Cómo nos atrevemos a desplazar hacia la circunferencia lo que Dios ha colocado en el centro?

No, por el contrario, debemos buscar ser miembros responsables de la iglesia, activos en alguna manifestación local de la iglesia universal. No podemos aceptar ideales mediocres que están lejos de los ideales del Nuevo Testamento para la nueva sociedad de Dios, ya se trate de servicios de adoración mecánicos o carentes de significado, o un compañerismo frío o dañado por rivalidades que hacen que la cena del Señor sea una farsa, o un aislamiento de la sociedad que transforma a la iglesia en un gueto indiferente al mundo exterior y a sus sufrimientos. Si en lugar de ello (como hizo Pablo) mantenemos la visión de la nueva sociedad de Dios como su familia, su lugar de morada y su instrumento en el mundo, entonces estaremos constantemente procurando que la adoración de nuestra iglesia sea más auténtica, su compañerismo más amoroso y su misión más compasiva. En otras palabras, estaremos listos (como Pablo), para orar, trabajar y si es necesario sufrir, a fin de transformar la visión en una realidad.

6
Confianza en el poder de Dios
Efesios 3.14–21

3.14 Por esta razón me arrodillo delante del Padre, **15** de quien recibe nombre toda familia en el cielo y en la tierra. **16** Le pido que, por medio del Espíritu y con el poder que procede de sus gloriosas riquezas, los fortalezca a ustedes en lo íntimo de su ser, **17** para que por fe Cristo habite en sus corazones. Y pido que, arraigados y cimentados en amor, **18** puedan comprender, junto con todos los santos, cuán ancho y largo, alto y profundo es el amor de Cristo; **19** en fin, que conozcan ese amor que sobrepasa nuestro conocimiento, para que sean llenos de la plenitud de Dios.

20 Al que puede hacer muchísimo más que todo lo que podamos imaginarnos o pedir, por el poder que obra eficazmente en nosotros, **21** ¡a él sea la gloria en la iglesia y en Cristo Jesús por todas las generaciones, por los siglos de los siglos! Amén.

Una de las mejores maneras de descubrir las principales ansiedades y ambiciones de un cristiano es estudiar el contenido de sus oraciones y la intensidad con que ora. Todos oramos acerca de lo que nos preocupa y, evidentemente, no estamos preocupados por aquellas cosas que no incluimos en nuestras oraciones. La oración expresa deseo. Por ejemplo, cuando Pablo oró por la salvación de sus contemporáneos israelitas, escribió acerca del 'deseo de mi corazón, y mi oración a Dios por los israelitas'.[1] Como lo dice el viejo himno: 'La oración es el deseo sincero del alma, musitado o silencioso.'

Sin duda esto es real en lo que hace a esta segunda plegaria de Pablo en Efesios, en la que vuelca su alma ante Dios. Ha estado explicando la obra pacificadora de Cristo que resultó en la creación de una nueva sociedad y su propio compromiso personal a raíz de la revelación especial y de la comisión recibida. Ahora pasa de la exposición a la intercesión. Ora para que el maravilloso plan que Dios ha estado elaborando, pueda cumplirse aun más completamente en la experiencia de sus lectores. La oración y la predicación siempre deben ir juntas. Así como Jesús regó con oración las buenas semillas de instrucción que había sembrado en el aposento alto,[2] también Pablo continúa su enseñanza con una oración sincera, y por haberla registrado, nos permite escucharla. Como dice el obispo Handley Moule: '¿Quién no ha leído y releído los conmovedores versículos del tercer capítulo de Efesios con el sentimiento de estar mirando a través de una cortina en el Lugar Santísimo de la vida cristiana?'[3]

1. La introducción a su oración | 3.14–16a

El apóstol comienza **Por esta razón …** resumiendo su línea de pensamiento donde la había dejado en el versículo 1. ¿Qué 'razón' tiene Pablo en mente? ¿Qué lo mueve a orar? Seguramente tanto la obra reconciliadora de Cristo como su propia comprensión de ella, gracias a la revelación especial. Estas son las convicciones que subyacen en su oración. Por ser así, emerge de aquí un principio importante de la oración. La base de la oración de Pablo era su conocimiento del propósito de Dios. Gracias a lo que Dios había hecho en Cristo y le había revelado a Pablo, él tenía la garantía necesaria para orar. Porque el preludio indispensable para toda petición es la revelación de la voluntad de Dios. No tenemos autoridad para orar por nada que Dios no haya revelado como su voluntad. Es por ello que la lectura de la Biblia y la oración deben ir siempre unidas. Porque en la Escritura Dios ha revelado su voluntad y en la oración le pedimos que la haga.[4]

Pablo continúa diciendo **me arrodillo**. Entre los judíos, la postura normal para orar era de pie. En la parábola de Jesús sobre el fariseo y el publicano ambos hombres oraron de pie (Lucas 18.11, 13). Así que arrodillarse no era lo habitual. Indicaba un grado excepcional de devoción, como cuando Esdras confesó penitente los pecados de Israel. Jesús apoyó su rostro contra el suelo en el jardín de Getsemaní, y Esteban enfrentó de rodillas la odisea del martirio.[5] Las Escrituras no establecen ninguna regla acerca de la postura que debemos adoptar al orar. Es posible orar arrodillado, de pie, sentado, caminando y aun acostado, aunque quizás nos sintamos inclinados a concordar con William Hendriksen cuando dice que 'la postura desgarbada del cuerpo al orar es abominación al Señor'.[6]

Me arrodillo delante del Padre. El apóstol ya ha llamado a Dios el 'Padre de nuestro Señor Jesucristo' y, por lo tanto, por estar en Cristo puede decir 'nuestro Padre', de quien fluyen todas las bendiciones.[7] También ha declarado que judíos y gentiles son miembros de la familia del Padre, que tienen igual acceso al Padre por medio de la oración.[8] Luego continúa declarando que de este Padre, ante el cual se arrodilla en humildad reverente, **recibe nombre toda familia en el cielo y en la tierra.** Al menos esta es la traducción de NVI, RVR y BJ, y la frase griega *pasa patria* puede muy bien interpretarse como 'toda familia'. Sin embargo, hay algo sustancialmente inapropiado en esta referencia a una variedad de familias, ya que el tema dominante de estos capítulos es que, por medio de Cristo, el 'Dios y Padre de todos' (4.6) tiene una sola familia o tronco familiar al cual pertenecen por igual los creyentes judíos y gentiles. Parecería mejor, por lo tanto, traducir, como lo hacen algunas versiones inglesas, 'toda la familia', 'toda su familia' o 'la familia completa de creyentes'. Luego el agregado de las palabras **en el cielo y en la tierra** indicaría que la iglesia militante en la tierra y la iglesia triunfante en el cielo, aunque separadas por la muerte, forman ambas la gran familia de Dios.

Al mismo tiempo, hay un juego deliberado de palabras en la oración griega, ya que 'padre' es *patēr* y 'familia' es *patria*. Consecuentemente, algunos traductores han tratado de conservar la resonancia verbal, acuñando la frase 'el Padre de quien toda la paternidad … toma su nombre' (como en algunas versiones inglesas). Los comentaristas señalan que la palabra *patria* no significa normalmente 'paternidad' sino 'familia'. Sin embargo, es una familia que desciende del mismo padre, y por lo tanto está implícito el concepto de paternidad y la idea abstracta de paternidad parece la principal aquí.[9] Podría ser entonces que Pablo esté diciendo no sólo que toda la familia cristiana recibe el nombre del Padre, sino que la misma noción de paternidad deriva de la paternidad de Dios. En este caso, la verdadera relación entre la paternidad humana y la divina no es de analogía ('Dios es un padre como los padres humanos') ni de proyección (la teoría de Freud de que hemos inventado a Dios porque necesitábamos la figura de un padre celestial) sino de derivación (la paternidad de Dios como la realidad arquetípica, 'la fuente u origen de toda paternidad concebible').[10]

A este Padre, Pablo le pide que dé a sus lectores ciertos dones **con el poder que procede de sus gloriosas riquezas**. Tanto 'riquezas' como 'gloriosas' son palabras características de esta carta y aquí, lo mismo que en 1.18, están combinadas. Pablo no duda que Dios tiene recursos inacabables a su disposición, ni que a partir de ellos será capaz de contestar su oración.

2. La esencia de su oración | 3.16b–19

Me gusta imaginar la oración del apóstol como una escalera por la cual se eleva más y más alto en su aspiración hacia sus lectores. Su escalera de oración tiene cuatro escalones, cuyas palabras claves son 'fuerza', 'amor', 'conocimiento' (comprensión) y 'plenitud'. Pablo pide, primero, que Dios **los fortalezca** por medio de Cristo a través de su Espíritu; en segundo lugar, que puedan arraigarse y cimentarse en **amor**; en tercer lugar, que **puedan comprender** el amor de Cristo en todas sus dimensiones, aunque está más allá de todo conocimiento; y en cuarto lugar, que **sean llenos** hasta la plenitud de Dios.

a. Fortalecidos con poder

La oración comienza diciendo: **Le pido que, por medio del Espíritu y con el poder que procede de sus gloriosas riquezas, los fortalezca a ustedes en lo íntimo de su ser, para que por fe Cristo habite en sus corazones** (vv. 16–17a). Estas dos peticiones están claramente unidas. Ambas se refieren a la parte más íntima del cristiano; 'lo íntimo de su ser' o 'su hombre interior' (RVR) por un lado y su 'corazón' por el otro. Luego, aunque una petición especifica la fuerza del Espíritu y la otra la morada de Cristo en el corazón del cristiano, seguramente ambas se refieren a la misma experiencia. Porque Pablo nunca separa la segunda y la tercera persona de la Trinidad. Tener a Cristo habitando en nosotros y tener al Espíritu en nosotros es la misma cosa. Más aun, es precisamente por medio del Espíritu que Cristo habita en nuestro corazón,[11] y es su fuerza la que recibimos cuando reside allí. Esa experiencia de 'Cristo en ustedes' era parte del 'misterio', y por lo tanto, del privilegio de los creyentes gentiles.[12]

Algunos quedan sorprendidos por esta primera petición, al recordar que Pablo está orando por los cristianos. 'Seguramente,' dicen, 'Cristo habita por su Espíritu en cada creyente.' ¿Por qué, entonces, lo pide Pablo? ¿No estaba Cristo allí? A estas preguntas comenzamos respondiendo que sin duda cada cristiano es morada de Cristo y templo del Espíritu Santo.[13] Sin embargo, como dice correctamente Charles Hodge: 'La morada de Cristo es una cuestión de grados.'[14] Y también es así la fortaleza interior del Espíritu Santo. Lo que Pablo pide para sus lectores es que sean 'fortificados, sostenidos, vigorizados,'[15] para que puedan recibir 'la enorme fortaleza interna del Espíritu Santo' (BAD) y puedan tomarse aun más firmemente 'por fe' de esta fuerza divina, de este divino residente.

Que este es el significado que Pablo quiere darle, está ampliamente confirmado por su elección de la palabra 'habitar', referida a Cristo en nosotros. Hay dos verbos griegos similares, *paroikeō* y *katoikeō*. El primero es el más débil. Significa 'habitar (un lugar) como extraño' (AG), vivir de hecho como un *paroikos*, la misma palabra que Pablo utilizó en 2.19 para un extranjero que vive lejos de su hogar. *Katoikeō*, por otro lado, significa radicarse en algún lugar. Se refiere a una estadía permanente, en oposición a una temporaria, y se utiliza metafóricamente tanto para designar la plenitud de la divinidad que habita en Cristo[16] como para la morada de Cristo en el corazón del creyente (en el v. 17). El obispo Handley Moule extrae algunas implicaciones: 'La palabra elegida (*katoiken*) … es una palabra creada especialmente para denotar residencia fija en lugar de estadía de paso; la habitación de un dueño en su propia casa, en oposición a aquel que está de paso y se irá mañana.' Luego dice que es 'la residencia en el corazón del que es su Maestro y Señor, quien debe gobernar donde habita, que entra no sólo para alentar y aliviar, sino antes que nada para reinar'.[17] Por lo tanto, Pablo ora al Padre para que Cristo por su Espíritu pueda establecerse en sus corazones, y allí desde su trono pueda a la vez controlarlos y fortalecerlos. Por cuarta vez en la carta nos llama la atención la estructura naturalmente trinitaria del pensamiento de apóstol.[18]

b. Arraigados y cimentados en amor

Si pudiéramos preguntarle a Pablo cuál era su propósito al pedir que Cristo controlara y fortaleciera a sus lectores, creo que hubiera respondido que su deseo era que fueran fortalecidos para amar. Porque en la nueva y reconciliada humanidad que Cristo está creando, el amor es la virtud preeminente. La nueva humanidad es la familia de Dios, cuyos miembros son hermanos y hermanas, que aman a su Padre y se aman entre sí. O deberían hacerlo. Necesitan el poder de la fuerza del Espíritu y ser habitados por Cristo para poder amarse unos a otros, especialmente superando la profunda división racial y cultural que los separaba con anterioridad.

Para expresar cuánto anhela que el amor sea fundamental en su vida Pablo reúne dos metáforas (una botánica, la otra arquitectónica), ambas para enfatizar la profundidad en vez de la superficialidad: estos cristianos han de estar **arraigados y cimentados** (v. 17), 'con raíces profundas y fundamentos firmes' como dicen algunas versiones en inglés. Pablo, por lo tanto, los asemeja primero a un árbol bien arraigado y luego a una casa bien construida. En ambos casos, la causa invisible de su estabilidad será la misma: el amor. El amor debe ser la tierra en la cual arraigar la vida; el amor debe ser el fundamento sobre el que la vida debe edificarse. Puede decirse que ese amor debe tener tanto una naturaleza 'radical' como 'fundamental' en su experiencia, ya que estas palabras se refieren a nuestras raíces y a nuestro fundamento.

c. Conociendo el amor de Cristo

Observamos ahora que el apóstol pasa de nuestro amor (en el que debemos estar arraigados y cimentados) al amor de Cristo (que él pide que podamos conocer). Es cierto que él reconoce que necesitamos fuerza o poder para ambos: fuerza para amar y poder para comprender el amor de Cristo. Estos dos no pueden estar separados, y es en parte al amar que aprendemos el significado de su amor.

Pablo ora para que **puedan comprender** el amor de Cristo en sus dimensiones totales: **ancho y largo, alto y profundo** (v. 18) Los comentaristas modernos nos previenen de no ser literales al interpretar esto, ya que es probable que el apóstol se haya permitido ser un poco retórico o poético. Sin embargo, me parece legítimo decir que el amor de Cristo es lo suficientemente 'ancho' como para abrazar a toda la humanidad (especialmente a judíos y gentiles, el tema de estos capítulos), lo suficientemente 'largo' como para prolongarse toda la eternidad, lo suficientemente 'profundo' como para alcanzar al pecador más degradado, y lo suficientemente 'alto' como para exaltarlo hasta el cielo. O como lo expresa Leslie Mitton, quien encuentra un paralelo con Romanos 8.37–39: 'Sea que vayamos hacia un lado o hacia el otro, hacia las alturas o hacia las profundidades, nada podrá separarnos del amor de Cristo.'[19] Los comentaristas más antiguos fueron aun más allá. Vieron estas dimensiones ilustradas por la cruz. Porque su tronco vertical estaba enterrado en la tierra y señalaba hacia el cielo, mientras que su brazo horizontal sostenía el peso de los brazos de Jesús, abiertos como para invitar y dar la bienvenida a todo el mundo. Armitage Robinson llama a esta imagen 'una bonita fantasía'.[20] Quizás esté en lo cierto y sea fantasiosa; sin embargo, lo que dice acerca del amor de Cristo es verdadero.

Podremos comprender estas dimensiones del amor de Cristo, añade Pablo, estando **con todos los santos** (v. 18). Sin duda el cristiano aislado puede saber algo del amor de Jesús. Pero su comprensión estará limitada por su experiencia limitada. Necesita a todo el pueblo de Dios para entender el amor completo de Dios, a 'todos los santos' juntos, judíos y gentiles, hombres y mujeres, jóvenes y viejos, negros y blancos, con todos sus trasfondos y experiencias variadas.

Sin embargo, aunque en cierta medida podamos 'comprender' sus dimensiones mentalmente, nuestra experiencia no alcanza a 'conocerlo'. Es demasiado ancho, largo, profundo y alto, aun para que todos los santos juntos lo entiendan. **Sobrepasa nuestro conocimiento** (v. 19). Pablo ya ha usado el concepto al referirse al poder de Dios,[21] y a la gracia de Dios;[22] ahora lo utiliza para referirse a su amor. El amor de Cristo es tan inescrutable como son insondables sus riquezas (v. 8). Sin duda, pasaremos la eternidad explorando las inacabables riquezas de su gracia y amor.

d. Llenos de toda la plenitud de Dios

'Plenitud' es una palabra característica de Efesios, lo mismo que de Colosenses. En Colosenses Pablo nos dice no sólo que la plenitud de Dios habita en Cristo, sino también que nosotros mismos hemos alcanzado la plenitud en Cristo.[23] Al mismo tiempo, en Efesios se aclara que aun debemos crecer. Como individuos debemos continuar siendo llenados por el Espíritu,[24] y la iglesia, aunque ya es la plenitud de Cristo,[25] debe seguir creciendo en él hasta alcanzar su plenitud.[26] 'Crecer en plenitud' es por lo tanto el tema de la cuarta y última petición de Pablo por sus lectores en Éfeso. Ora para que puedan ser **llenos**

de la plenitud de Dios (v. 19) No resulta claro cómo debe ser entendida la expresión 'de Dios': si es objetiva, entonces la plenitud de Dios es la abundancia de la gracia que él nos brinda. Si, en cambio, es subjetiva, es la plenitud que llena a Dios mismo, en otras palabras su perfección. Aunque el pensamiento parezca sorprendente, esto último parece ser lo más probable, porque la preposición griega es *eis,* que indica que debemos estar llenos no tanto 'con' como 'hasta' la plenitud de Dios. La plenitud de Dios, o su perfección, se transforma en el nivel hasta el cual pedimos ser llenados. En principio, la aspiración es la misma que está implicada en el mandamiento de ser santos porque Dios es santo, y ser perfectos como nuestro Padre celestial es perfecto.[27]

Una oración de tal índole sin duda anticipa nuestro estado final de perfección en los cielos cuando entremos juntos en la plenitud del propósito que Dios tiene para nosotros, y completemos nuestra capacidad; es decir, seamos llenos hasta la plenitud de Dios que, como seres humanos, seamos capaces de recibir sin dejar de ser humanos. Otra manera de expresar esta perspectiva es que llegaremos a ser como Cristo, que es el propósito y la promesa de Dios,[28] porque Cristo mismo es la plenitud de Dios. Y otra manera de decirlo es que lograremos la plenitud del amor del que Pablo ya habló anteriormente en su oración. Entonces se cumplirá la oración de Jesús: 'Que el amor con que me has amado esté en ellos, y yo mismo esté en ellos.'[29]

Al decir que la última petición de Pablo apunta a la perfección celestial no estamos en libertad de evadirnos de su desafío contemporáneo. Porque Dios espera que estemos creciendo diariamente hacia la plenitud final, a medida que somos transformados por el Espíritu Santo a la imagen de Cristo como de un nivel de gloria a otro.[30]

Al recordar ahora la escalera que hemos ascendido con Pablo, no podemos dejar de sentirnos conmovidos por su audacia. Él ora para que sus lectores reciban la fuerza del Espíritu y conozcan el señorío de Cristo, para que arraiguen su vida en amor, para que alcancen el conocimiento del amor de Cristo en todas sus dimensiones y hasta la plenitud de Dios mismo. Son peticiones audaces. Los que trepan por esta escalera quedan sin aliento, quizás con un poco de vértigo. Pero Pablo no nos deja en suspenso.

3. La conclusión de su oración | 3.20–21

Advertimos ahora que las cuatro peticiones del apóstol están ubicadas entre otras dos referencias a Dios. En los versículos 14–16, Dios es el Padre de toda la familia y posee las riquezas infinitas en gloria; en los versículos 20 y 21 él es quien obra poderosamente en nosotros. Este Dios puede contestar las oraciones.

La capacidad de Dios para contestar las oraciones está declarada con fuerza por el apóstol, en una expresión compuesta de siete partes. (1) Puede 'hacer' u obrar (*poiēsai*) porque no está dormido, ni inactivo, ni muerto. (2) Puede hacer lo que le 'pedimos' porque escucha y nos contesta. (3) Puede hacer lo que le pedimos y aun 'podamos imaginarnos', porque lee nuestros pensamientos y algunas veces pensamos cosas que no nos atrevemos a pedir y, por lo tanto, no las pedimos. (4) Puede hacer 'todo' lo que pedimos o imaginamos, porque él lo sabe todo y tiene capacidad para hacerlo todo. (5) Puede hacer 'más que' (*hyper,* 'más allá') eso que pedimos o pensamos, porque sus expectativas son más elevadas que las nuestras. (6) Puede hacer 'muchísimo más' (*perissōs*) que lo que pedimos o pensamos, porque no nos da su gracia calculando la medida. (7) Puede hacer mucho más aun o 'mucho más abundantemente' (RVR) que lo que pedimos o pensamos, porque es un Dios de gran abundancia. Este adverbio *hyperekperissou* es uno de los superlativos acuñados por Pablo.[31] Algunos equivalentes propuestos en castellano son 'incomparablemente mejor' (BJ), o 'copiosamente' (VNC); pero quizás el mejor sea 'muchísimo más' (NVI). Quiere decir simplemente que no hay límites a lo que Dios puede hacer.[32]

La habilidad infinita de Dios de ir más allá de nuestras oraciones, pensamientos y anhelos es **por el poder que obra eficazmente en nosotros** (v. 20), individualmente (Cristo habitando en nuestros corazones por la fe) y como pueblo (pues somos la morada de Dios por su Espíritu). Es el poder de la resurrección, el poder que levantó a Cristo de la muerte, lo entronizó en los lugares celestiales, y luego nos exaltó y entronizó a nosotros con él allí. Este es el poder que está obrando en los cristianos y en la iglesia.

La oración de Pablo se relaciona con el cumplimiento de su visión de la nueva sociedad de amor. Pide que sus miembros sean fortalecidos para amar y conocer el amor de Cristo aunque esto excede a todo conocimiento. Pero luego pasa del amor de Dios que excede todo conocimiento al poder de Dios que excede todo lo imaginable; del amor ilimitado, al poder ilimitado. Porque está convencido, como debemos estarlo nosotros, que sólo el poder divino puede generar amor divino en la nueva humanidad.

Sería inapropiado añadir algo más, excepto la doxología. 'A él sea la gloria', exclama Pablo a este Dios de resurrección y poder, el único que puede hacer que los sueños se hagan realidad. El poder viene de él; la gloria debe ser para él. '¡A él sea la gloria en la iglesia y en Cristo Jesús', en el cuerpo y la cabeza, en la novia y en el novio, en la comunidad de paz y en el pacificador, 'por todas las generaciones (en la historia), por los siglos de los siglos (en la eternidad)! Amén'.

III
Nuevos valores
Efesios 4.1–5.21

7
Unidad y diversidad en la iglesia
Efesios 4.1–16

^{4.1} Por eso yo, que estoy preso por la causa del Señor, les ruego que vivan de una manera digna del llamamiento que han recibido, ²siempre humildes y amables, pacientes, tolerantes unos con otros en amor. ³Esfuércense por mantener la unidad del Espíritu mediante el vínculo de la paz. ⁴Hay un solo cuerpo y un solo Espíritu, así como también fueron llamados a una sola esperanza; ⁵un solo Señor, una sola fe, un solo bautismo; ⁶un solo Dios y Padre de todos, que está sobre todos y por medio de todos y en todos.

⁷Pero a cada uno de nosotros se nos ha dado gracia en la medida en que Cristo ha repartido los dones. ⁸Por esto dice:

'Cuando ascendió a lo alto, se llevó consigo
a los cautivos y dio dones a los hombres.'

⁹(¿Qué quiere decir eso de que 'ascendió', sino que también descendió a las partes bajas, o sea, a la tierra? ¹⁰El que descendió es el mismo que ascendió por encima de todos los cielos, para llenarlo todo.) ¹¹Él mismo constituyó a unos, apóstoles; a otros, profetas; a otros, evangelistas; y a otros, pastores y maestros, ¹²a fin de capacitar al pueblo de Dios para la obra de servicio, para edificar el cuerpo de Cristo. ¹³De este modo, todos llegaremos a la unidad de la fe y del conocimiento del Hijo de Dios, a una humanidad perfecta que se conforme a la plena estatura de Cristo.

> ¹⁴ Así ya no seremos niños, zarandeados por las olas y llevados de aquí para allá por todo viento de enseñanza y por la astucia y los artificios de quienes emplean artimañas engañosas. ¹⁵ Más bien, al vivir la verdad con amor, creceremos hasta ser en todo como aquel que es la cabeza, es decir, Cristo. ¹⁶ Por su acción todo el cuerpo crece y se edifica en amor, sostenido y ajustado por todos los ligamentos, según la actividad propia de cada miembro.

Durante tres capítulos, Pablo ha estado desarrollando para sus lectores el propósito eterno de Dios obrando en la historia. A través de Jesucristo, que murió por los pecadores y fue levantado de la muerte, Dios está creando algo enteramente nuevo, no solamente una vida nueva para individuos de una sociedad nueva. Pablo ve una humanidad alienada en proceso de reconciliación, una humanidad fracturada que se está uniendo, una humanidad nueva en proceso de creación. Es una visión magnífica.

Ahora el apóstol pasa de la sociedad nueva a los nuevos valores que se esperan de ella. Así que deja la exposición, para entrar en la exhortación; deja lo que Dios ha hecho (en el indicativo) para entrar en lo que nosotros debemos ser y hacer (en el imperativo); pasa de la doctrina a la tarea; de la teología que expande la mente a sus implicaciones terrenales y concretas en la vida de todos los días.[1]

Yo, que estoy preso por la causa del Señor, les ruego …, comienza. El que ha sido su maestro y ha orado por ellos (1.15–23 y 3.14–19) ahora les dirige un llamado solemne. La instrucción, la intercesión y la exhortación constituyen un trío formidable de armas para cualquier maestro cristiano. Por otro lado, Pablo no era un maestro común. Utiliza conscientemente el pronombre personal enfático, el *egō* de la autoridad apostólica autoconsciente, como en 3.1. Y otra vez se describe a sí mismo como **preso por la causa del Señor**, utilizando una construcción gramatical ligeramente diferente pero con la misma doble intención, es decir que es tanto prisionero de Cristo como prisionero por Cristo, esclavizado por las cadenas del amor y bajo custodia por lealtad a su evangelio. Por lo tanto, el trasfondo de su exhortación es la autoridad de uno de los apóstoles de Cristo y la convicción apasionada de un hombre bajo arresto domiciliario, ante la visión de una iglesia unida. **Les ruego**, escribe, **que vivan de una manera digna del llamamiento que han recibido.**

Lo que ha de ser esta vida sólo puede determinarse según la naturaleza del llamado divino del que ha de ser digna. ¿Qué significa esto? La nueva sociedad que Dios está llamando a la existencia tiene dos características principales. Primero, es 'un' pueblo, compuesto por igual por judíos y gentiles, la familia única de Dios. Segundo, es un pueblo 'santo', distinto del mundo secular, apartado (como Israel en los días del Antiguo Testamento) para pertenecer a Dios. Por consiguiente, como el pueblo de Dios ha sido llamado a ser un pueblo, debe manifestar su unidad, y porque son llamados a ser un pueblo santo, debe manifestar su pureza. La unidad y la pureza son dos características fundamentales de una vida digna del llamado de Dios a la iglesia. El apóstol trata el tema de la unidad de la iglesia en los versículos 1–16, y el de la pureza desde el 4.17 al 5.21.

Durante el siglo xx se habló y escribió mucho acerca de la unidad de la iglesia. La preocupación moderna sobre el tema puede ser rastreada al influyente escrito 'Apelación a todo el pueblo cristiano', publicado en 1920 por la Conferencia Lambeth de obispos anglicanos bajo la dirección de Randall Davidson, arzobispo de Canterbury. Después de esta declaración el movimiento de unificación adquirió ímpetu; dos pilares fundamentales fueron la inauguración de la iglesia India del Sur en 1947, y el surgimiento del Concilio Mundial de Iglesias en 1948. Desde entonces han aparecido muchas iglesias unidas, mientras que otros intentos de unión se han ido a pique; puede decirse que hoy el movimiento está en decadencia. Por lo tanto, es muy importante mirar con ojos nuevos el texto de Efesios 4.1–16, ya que este es uno de los dos pasajes clásicos del Nuevo Testamento sobre el tema de la unidad cristiana (el otro es Juan 17). Debería brindarse tanto un estímulo fuerte para preocuparnos por la unidad cristiana, como un correctivo saludable para un número de nociones equivocadas acerca de ella.

Pablo elabora cuatro verdades acerca de la clase de unidad que Dios intenta que disfrute su nueva comunidad. Pueden expresarse con las cuatro proposiciones siguientes:

1. Depende de la caridad (*amor*) de nuestro carácter
   y conducta (v. 2)

2. Surge de la *unidad* de nuestro Dios (vv. 3–6)

3. Está enriquecida por la *diversidad* de nuestros dones
   (vv. 7–12)

4. Demanda la *madurez* de nuestro crecimiento (vv. 13–16)

Observaremos que el amor, la unidad, la diversidad y la madurez son los conceptos claves de esta sección.

1. La unidad cristiana depende del amor de nuestra conducta | 4.2

Pablo retrata inmediatamente la vida digna de nuestro llamamiento como caracterizada por cinco cualidades: humildad, mansedumbre, paciencia, tolerancia mutua y amor. El apóstol ha pedido a Dios que podamos estar 'arraigados y cimentados en amor' (3.17); ahora dirige su llamado a nosotros para que vivamos una vida de amor. Aquí comienza él y aquí es también donde nosotros debemos comenzar. Son muchos los que comienzan con estructuras (aunque las estructuras de cierta clase son indispensables), pero el apóstol comienza con cualidades morales. Por cierto, en lo que hace a la unidad cristiana, si tenemos que elegir, debemos decir que lo moral es de mayor importancia que lo estructural.

Ser **humildes** era algo despreciable en el mundo antiguo. Los griegos nunca utilizaban la palabra humildad (*tapeinotēs*) en un contexto de aprobación, y mucho menos de admiración. Por el contrario, significaban con ella una actitud ruin, servil, 'la abyecta sumisión del esclavo'.[2] Hasta la venida de Jesucristo no se conoció la humildad verdadera. Porque él se humilló a sí mismo, y solamente él, entre los maestros religiosos y éticos del mundo, puso delante de nosotros como modelo a un niño pequeño.

Más aun, la palabra que Pablo utiliza aquí es *tapeinophrosyne*, que significaba 'humildad de mente', el reconocimiento humilde del valor y peso de otra persona, la mente humilde que estaba presente en Cristo y que lo llevó a vaciarse a sí mismo y transformarse en un siervo.[3]

La humildad es esencial para la unidad. Detrás de toda discordia anida el orgullo, mientras que el único gran secreto de la concordia es la humildad. No resulta difícil comprobarlo: la gente que nos gusta en forma inmediata e instintiva, y con la cual nos resulta fácil llevarnos bien, es aquella que nos brinda el respeto que consideramos merecer, mientras que la gente que nos desagrada en forma inmediata e instintiva es aquella que nos trata como basura. En otras palabras, la vanidad personal resulta un factor clave en todas nuestras relaciones. Sin embargo, si en lugar de maniobrar buscando el respeto de los demás (que es orgullo) los respetamos y reconocemos su valor intrínseco otorgado por Dios (que es humildad), estaremos promoviendo la armonía dentro de la nueva sociedad de Dios.

La **amabilidad** (*praötes*) fue cálidamente aplaudida por Aristóteles. Debido a que odiaba los extremos y amaba 'el dorado medio', él vio en *praötes* la cualidad de la moderación, 'el equilibrio entre estar demasiado enojado y no enojarse nunca'.[4] La palabra también se utilizaba para los animales domesticados. De modo que 'amabilidad' no es sinónimo de 'debilidad'. Por el contrario, es la gentileza del fuerte, cuya fuerza está bajo control. Es la característica de una personalidad fuerte, que es a la vez dueño de sí mismo y siervo de los demás. La mansedumbre es 'la ausencia de la disposición a hacer valer derechos personales, ya sea ante la presencia de Dios o la de los hombres'.[5] Es especialmente apropiada en los pastores, que deben también utilizar su autoridad sólo con espíritu de bondad.[6]

'Humildad' y 'amabilidad' forman una pareja natural. Porque 'el hombre manso piensa tan poco en sus derechos personales como el hombre humilde en sus méritos personales'.[7] Se encontraban en equilibrio perfecto en el carácter del Señor Jesús, quien se describió a sí mismo como 'apacible y humilde de corazón'.[8]

Las cualidades tercera y cuarta forman un par natural, porque ser **pacientes** (*makrothymia*) es soportar por mucho tiempo a la gente provocativa, tal como Dios se mostró en Cristo hacia nosotros,[9] mientras que ser **tolerantes unos con otros** habla de soportarse mutuamente, sin lo cual ningún grupo de seres humanos puede vivir en paz. El **amor** es la cualidad final que incluye a las cuatro precedentes, y es la corona y suma de todas las virtudes. Amar es buscar constructivamente el bienestar de los demás y el bien de la comunidad, por eso se alaba su carácter cohesivo en Colosenses 3.14.

Aquí tenemos, por lo tanto, cinco piedras fundamentales de la unidad cristiana. Allí donde estén ausentes, ninguna unidad externa podrá mantenerse. Pero cuando ha sido colocada esta base firme, entonces hay esperanza de construir una unidad visible. Podemos estar seguros de que a Dios no le agradará ninguna unidad que no sea hija del amor.

2. La unidad cristiana surge de la unidad de nuestro Dios | 4.3–6

Algunos piensan que los versículos 3–6 son parte de un himno cristiano o credo para catecúmenos; aun el lector casual advierte la repetición que hace Pablo de la palabra 'un'; en efecto, aparece siete veces. Una lectura más cuidadosa permite descubrir que tres de estas siete unidades aluden a las tres personas de la Trinidad (**un solo Espíritu**, v. 4; **un solo Señor**, v. 5, es decir el Señor Jesús; y **un solo Dios y Padre de todos**, v. 6), mientras que los cuatro restantes aluden a nuestra experiencia cristiana en relación con las tres personas de la Trinidad. Esta verdad puede expresarse en tres afirmaciones simples.

Primero, hay **un solo cuerpo** porque hay **un solo Espíritu** (v. 4). El cuerpo único de la iglesia, el cuerpo de Cristo (1.23), que reúne a creyentes judíos y gentiles; y su unidad o cohesión se debe al único Espíritu Santo que mora en ella y la anima. Como Pablo escribe a los corintios: 'Todos fuimos bautizados por un solo Espíritu para constituir un solo cuerpo —ya seamos judíos o gentiles, esclavos o libres—, y a todos se nos dio a beber de un mismo Espíritu.'[10] Por lo tanto, es nuestra posesión común del Espíritu Santo la que nos integra en un solo cuerpo.

Segundo, hay **una sola esperanza** que pertenece a nuestra vocación cristiana (v. 4), **una sola fe, y un solo bautismo** (v. 5), porque hay **un solo Señor**. Porque el Señor Jesucristo es el único objeto de la fe, la esperanza y el bautismo de todo el pueblo cristiano. Es Jesucristo en quien hemos creído, Jesucristo en quien hemos sido bautizados,[11] y Jesucristo aquel cuya venida anhelamos con esperanza.

Tercero, hay una familia cristiana que nos reúne a *todos* nosotros (v. 6) porque hay **un solo Dios y Padre ... que está sobre todos y por medio de todos y en todos**. Unos pocos manuscritos dicen 'en todos ustedes', aclarando que el 'todos' de quienes Dios es Padre significa 'todos los cristianos', 'toda la gente' sin discriminación, o 'todas las cosas' (el universo). Armitage Robinson llama a esta adición de la palabra 'vosotros', 'un tímido pulido'.[12] Quizás lo sea, y ciertamente la mayor parte de los manuscritos lo omite. Sin embargo, es un pulido correcto. Porque el 'todos' sobre quienes, por quienes y en quienes Dios es Padre, son su familia y sus hijos redimidos.[13]

Estamos ahora en condiciones de repetir las tres afirmaciones, esta vez al revés, en el orden en el cual las personas de la Trinidad se mencionan normalmente. Primero, un único Padre que crea una única familia. Segundo, un único Señor Jesús que crea una única fe, esperanza y bautismo. Tercero, un único Espíritu que crea un único cuerpo.

Es verdad que podemos ir más lejos aun: debemos afirmar que sólo puede haber una sola familia cristiana, una sola fe cristiana, esperanza y bautismo, y solo un cuerpo cristiano, porque sólo hay un Dios: Padre, Hijo y Espíritu Santo. No se pueden multiplicar iglesias de la misma manera que no se pueden multiplicar dioses. ¿Hay un solo Dios? Entonces sólo tiene una iglesia. ¿Es inviolable la unidad de Dios? Entonces también lo es la unidad de la iglesia. La unidad de la iglesia es tan indestructible como la unidad de Dios mismo. No es posible seccionar la iglesia como no es posible seccionar la divinidad.

Al presentar la cuestión tan escueta y dogmáticamente (como lo hizo el apóstol Pablo), no es difícil imaginar lo que el lector está pensando. Diría algo así: 'Está muy bien aclarar que no podemos seccionar a la iglesia, pero ¡la verdad es que hemos tenido mucho éxito en hacer eso mismo que se dice que no podemos hacer!' ¿Cómo puede entonces reconciliarse el evidente fenómeno de la desunión de la iglesia con la insistencia bíblica sobre la indestructibilidad de su unidad?

A esta altura es necesario delimitar las cosas, no sólo entre la iglesia 'invisible' y la 'visible'. Esa distinción es cierta, pero el concepto de la iglesia invisible (cuyos miembros sólo conoce Dios) ha sido mal utilizado por algunos como excusa para estar fuera de la membresía responsable de la iglesia visible. Así que la distinción necesita ser afinada. Es entre la unidad de la iglesia como realidad invisible ante Dios (quien se dice a sí mismo 'Tengo una sola iglesia'), y la desunión de la iglesia como apariencia visible que contradice la realidad invisible (que nos hace decir: 'Hay cientos de iglesias separadas y competitivas'). Somos uno, porque Dios así lo dice, y en las convenciones y congresos interdenominacionales percibimos la sensación de la unidad subyacente en Cristo. Sin embargo, por fuera y visiblemente, pertenecemos a diferentes iglesias y diferentes tradiciones, algunas de las cuales ni siquiera están en comunión una con otras, mientras otras se han alejado del cristianismo bíblico.

El apóstol mismo reconoce esta combinación paradójica de unidad y desunión. Porque en este mismo pasaje, en el que se afirma tan enfáticamente la unidad indestructible de la iglesia, también se reconoce la posibilidad de desunión. Consideremos el versículo 3, que hemos omitido y en el que se nos dice: **Esfuércense por mantener la unidad del Espíritu mediante el vínculo de la paz.** Esta es una exhortación muy extraña. Primero Pablo describe a la unidad de la iglesia como 'unidad del Espíritu' (es decir, una unidad que crea el Espíritu Santo) y luego argumenta que esta unidad es tan indestructible como Dios mismo. Sin embargo, en el mismo contexto, nos dice que debemos mantenerla. ¿Qué quiere decir? ¿Cuál es el sentido de pretender mantener algo indestructible o exhortarnos a *nosotros* a mantenerla, cuando es una **unidad del Espíritu** que él ha creado y que es, por lo tanto, responsable de preservar?

La única respuesta posible a estas preguntas es que 'mantener' la unidad de la iglesia significa mantenerla visiblemente. He aquí una exhortación apostólica para que preservemos la unidad en relaciones reales y concretas de amor ('mediante el vínculo de la paz', es decir, por la paz que nos vincula). Dios ha creado esta unidad y ningún hombre ni demonio puede destruirla. Debemos demostrar al mundo que la unidad que decimos que existe indestructiblemente no es esa broma pesada que aparenta ser sino una realidad verdadera y gloriosa.

Quizás la analogía de una familia humana nos ayudará a entender más claramente nuestra responsabilidad. Imaginaremos a una pareja, señor Juan Pérez y señora, y sus tres hijos: Tomás, Ricardo y Enrique. Son una familia, no hay duda acerca de ello. El casamiento y la paternidad compartida los ha unido. Pero con el paso del tiempo la familia Pérez se desintegra. El padre y la madre discuten, mantienen una mala relación durante varios años y finalmente se divorcian. Los tres hijos también discuten, primero con sus padres y después entre ellos, y se distancian. Tomás se va a vivir a Canadá, Ricardo a España y Enrique a la Argentina. Nunca se ven, no se escriben ni se hablan por teléfono. Pierden contacto entre sí. Y más aún. Están tan decididos a repudiarse unos a otros que hasta cambian sus nombres. Sería difícil imaginar una familia que haya experimentado una desintegración más desastrosa que esta. Todas las relaciones han sido cortadas.

Ahora, suponiendo que fuésemos primos de la familia Pérez, ¿cómo reaccionaríamos? ¿Nos encogeríamos de hombros, sonreiríamos en forma complaciente y murmuraríamos: 'Bueno, no importa, todavía son una familia'? Estaríamos en lo cierto. A los ojos de Dios estimo que aun son una familia indestructible. El señor y la señora Pérez aún son esposo y esposa, y aún son padres de sus tres hijos, quienes siguen siendo hermanos entre sí. Nada puede alterar la unidad de una familia que ha surgido por circunstancias de casamiento y nacimiento. Pero ¿estaríamos conformes con esta situación? ¿Trataríamos de buscar excusas o de minimizar la tragedia de su desunión apelando a la indestructibilidad de sus lazos familiares? No. Esto no traería satisfacción a nuestra mente, a nuestro corazón, ni a nuestra conciencia. ¿Qué haríamos entonces? Con seguridad trataríamos de ser pacificadores. Los exhortaríamos a 'mantener la unidad de la familia por medio del vínculo de paz', es decir, a demostrar su unidad familiar mediante el arrepentimiento y la reconciliación.

De la misma manera, el hecho de la unión indestructible de la iglesia no es excusa para estar conformes con la tragedia de la desunión actual. Por el contrario, el apóstol nos dice: **Esfuércense por mantener la unidad del Espíritu mediante el vínculo de la paz** (v. 3). El verbo griego que se traduce 'esfuércense' (*spoudazontes*) es enfático. Significa que debemos estar 'poniendo empeño' (BJ) y, por ser un participio presente, es un llamado a una actividad continua y diligente. Markus Barth expresa vívidamente el sentido: 'Es casi imposible trasmitir exactamente la urgencia que contiene el verbo griego subyacente. No sólo refleja urgencia y pasión, sino el esfuerzo pleno del hombre, incluyendo su voluntad, sentimiento, razón, fuerza física y actitud total. El modo imperativo del participio que encontramos en el texto griego excluye la pasividad, el quietismo, la actitud del mero espectador o la actitud diligente pero deliberadamente lenta. Más bien expresa: ¡La iniciativa es suya! ¡Hágalo ahora! ¡Cumpla! ¡*Usted* debe hacerlo! ¡Lo digo de verdad! Tal es el tono del versículo 3.'[14]

¿Dónde, me pregunto, podremos encontrar entre los cristianos evangélicos esta disposición a la unidad de hoy? ¿No es este un mandamiento apostólico que somos en gran medida culpables de ignorar?

Tomemos en primer lugar la iglesia local, ya que probablemente Pablo se refiere en primer lugar a ella. Algunas comunidades cristianas están manchadas por rivalidades entre individuos o grupos que han existido por años. ¿Cómo podemos tolerar esas cosas? Necesitamos ser 'solícitos' para el amor, la unidad y la paz, y actuar más decididamente por ella.

Pero Efesios, como hemos visto, pudo haber sido una carta circular dirigida a varias iglesias. Quizás en la misma ciudad de Éfeso ya había tantos cristianos que debían reunirse en varias iglesias caseras distintas. Sabemos, por ejemplo, que Aquila y Priscila tenían una iglesia en su hogar cuando vivían en Roma (Romanos 16.35) y probablemente también la tuvieron cuando se mudaron a Éfeso (Hechos 18.26). Así que Pablo pudo haber tenido en mente la necesidad de unidad tanto *entre* como *dentro* de las iglesias. Y en ambos sentidos se aplica su preocupación en nuestros días. Este no es el lugar apropiado para considerar los términos técnicos que se utilizan para las diferentes clases de relaciones entre las iglesias, tales como 'comunión abierta', 'intercomunión', 'comunión completa' y 'unión orgánica'. Hay lugar para las diferencias de convicción entre nosotros en cuanto a la forma o formas precisas en las que Dios quiere que se exprese la unidad cristiana. Pero todos debemos ser solícitos en buscar alguna expresión visible de unidad cristiana, siempre y cuando no sacrifiquemos verdades fundamentales para conseguirla. La unidad cristiana surge de tener un Padre, un Salvador y un Espíritu que mora en nosotros. Así que no podemos fomentar una unidad que agrade a Dios si negamos la doctrina de la Trinidad, o si no hemos llegado a conocer personalmente a Dios a través de la obra reconciliadora de su Hijo Jesucristo y por medio del poder del Espíritu Santo. La auténtica 'unidad' cristiana en verdad, vida y amor es mucho más importante que los esquemas de 'unión' de carácter estructural, aunque idealmente esto último debiera ser una expresión visible de la primera.

3. La unidad cristiana está enriquecida por la diversidad de nuestros dones | 4.7–12

Llama la atención el contraste entre los versículos 6 y 7. El versículo 6 habla de Dios como el Padre de todos, que está sobre todos, por medio de todos y en todos. El versículo 7, sin embargo, comienza: **Pero a cada uno de nosotros se nos ha dado gracia …** Así que Pablo pasa del 'todos nosotros' al 'cada uno de nosotros' y de la unidad a la diversidad de la iglesia.

Está, por cierto, calificando deliberadamente lo que ya ha escrito acerca de la unidad de la iglesia. Aunque hay sólo un cuerpo, una fe y una familia, esta unidad no debe ser malentendida como una uniformidad carente de vida o de colorido. No debemos imaginar a cada cristiano como una réplica exacta del otro, como si hubiesen sido producidos en masa en una fábrica celestial. Por el contrario, lejos de ser aburridamente monótona, la unidad de la iglesia es atractiva por su diversidad. Esto no sólo sucede por nuestras culturas, temperamentos y personalidades diferentes (aunque esto es real, no es aquí el tema de Pablo) sino por los dones diferentes que Cristo distribuye para enriquecimiento de nuestra vida común.

El versículo 7 se refiere a la **gracia** de Cristo al derramar diferentes dones. Aunque Pablo no utiliza aquí el término *charismata* para 'dones' (como lo hace en Romanos 12.6 y 1 Corintios 12.4), sin embargo se refiere claramente a lo mismo. Porque 'gracia' es *charis* y 'dones' son *charismata*. Más aun, es muy importante entender la diferencia entre ellas. 'Gracia salvadora', la gracia que salva a los pecadores, se da a los que creen;[15] pero lo que puede llamarse 'gracia del servicio', la gracia que equipa a los hijos de Dios para servir, es dada en grados diferentes **en la medida en que Cristo ha repartido los dones** (v. 7). La unidad de la iglesia se debe a la *charis*, la gracia de Dios que nos ha reconciliado con él; pero la diversidad de la iglesia se debe a las *charismata*, los dones de Dios distribuidos entre los miembros de la iglesia.

Por supuesto es de esta palabra, *charismata,* que se deriva el adjetivo 'carismático'. El así llamado 'movimiento carismático', aunque discutido por algunas de sus enseñanzas, sin duda ha sido utilizado por Dios para traer renovación espiritual a muchas iglesias e individuos cristianos. Sin embargo, debemos dejar sentada una protesta bíblica en contra de la designación de 'movimiento carismático', sea que sus adherentes lo hayan elegido o se lo hayan adjudicado. 'Carismático' no es un término que pueda ser aplicado correctamente a ningún grupo o movimiento dentro de la iglesia, ya que de acuerdo con el Nuevo Testamento, la iglesia entera es una comunidad carismática. Es el cuerpo de Cristo y cada uno de sus miembros individuales tiene un don (*carisma*) para ejercer o una función que llevar a cabo.

¿Qué es entonces lo que nos enseña este párrafo acerca de las *charismata* o dones espirituales? Nos habla acerca de su dador, y también acerca de su carácter y propósito.

a. El dador de los dones espirituales es el Cristo ascendido | 4.7–10

De acuerdo con el versículo 7 cada don es un don de Cristo, y esta verdad se ve reforzada en el versículo siguiente por medio de una cita del Salmo 68.18: 'Cuando ascendió a lo alto, se llevó consigo a los cautivos y dio dones a los hombres'.

El Salmo 68 es un llamado a Dios para que venga a rescatar a su pueblo y a reivindicarlo como en los días antiguos. Porque él fue triunfante delante de su pueblo después del Éxodo (v. 7), de tal manera que el Monte Sinaí tembló (v. 8) y los reyes fueron dispersados (vv. 11–14). Luego, deseando que el Monte Sión fuese su morada (v. 16), vino de Sinaí a su lugar santo (v. 17) y ascendió al monte alto llevando a los cautivos en su trayecto. Es una imagen muy vívida. Como si la transferencia del arca a Sión se asemejara a la marcha triunfal de Yahvéh hacia su capital.

Pablo aplica esta ilustración a la ascensión de Cristo, no en forma arbitraria, por haber detectado una vaga analogía entre las dos, sino justificadamente porque vio en la exaltación de Jesús el cumplimiento posterior de esta descripción del triunfo de Dios. Cristo ascendió como conquistador a la diestra del Padre y sus cautivos fueron los principados y potestades, a quienes había vencido, destronado y desarmado.[16]

Sin embargo, al aplicar la cita del Salmo 68.18 a Cristo hay un problema textual. Porque el Salmo dice: 'Ascendiste a las alturas, te llevaste contigo a los cautivos; *tomaste tributo*', mientras que la cita de Pablo dice que Cristo **dio dones a los hombres**. Algunos comentaristas no dudan en afirmar que Pablo cambió las palabras para sostener su idea. Por ejemplo, J. H. Houlden escribe: 'No hay necesidad de suponer que la alteración no sea deliberada.'[17] Otros piensan que fue 'una equivocación sin intención'.[18] Debido al conocido cuidado que el apóstol tenía con las Escrituras, ambas explicaciones parecen a primera vista inadecuadas.

Debemos sin duda comenzar la explicación observando si las dos citas son sólo formalmente contradictorias. Las palabras no pueden ser interpretadas por sí mismas, sino en su contexto. Así que necesitamos recordar que después de cada conquista del mundo antiguo había invariablemente tanto una recepción de tributo como una distribución del botín. Lo que los conquistadores obtenían de sus cautivos se lo daban a su propio pueblo. Los despojos se dividían, el botín se compartía.[19] Parece posible que el texto hebreo pueda implicar esto, ya que el verbo podría traducirse 'trajo' en lugar de 'tomó', y no carece de significado que dos versiones o traducciones antiguas, una aramea y la otra siríaca, lo traducen como 'dio'. Así que evidentemente esta ya era una interpretación tradicional.

Otro punto interesante merece destacarse. La costumbre litúrgica de las sinagogas asociaba el Salmo 68 con Pentecostés, la fiesta judía que conmemoraba la entrega de la ley. El uso que Pablo hace de él en referencia al Pentecostés cristiano constituye una analogía notable. Así como Moisés recibió la ley y se la dio a Israel, también Cristo recibió el Espíritu y se lo dio a su pueblo, para escribir la ley de Dios en sus corazones y, por medio de pastores (v. 11) enseñarles la verdad. Todo este argumento de que 'recibir' y 'dar' se pertenecen indisolublemente está perfectamente ilustrado en Hechos 2.33, donde Pedro, en el día de Pentecostés, dijo: 'Exaltado por el poder de Dios, y habiendo recibido del Padre el Espíritu Santo prometido, ha derramado esto que ustedes ahora ven y oyen.' Cristo sólo podía dar el don que había recibido.

Después de la cita del Salmo 68.18 Pablo añade, como aclaración, que el hecho de que Cristo subió, **¿qué quiere decir … sino que también descendió a las partes bajas, o sea, a la tierra?** (v. 9). Debido al contexto inmediato, que se refiere a los dones de Cristo a su iglesia después de su ascensión, G. B. Caird hace la novedosa observación de que su 'descenso' fue su 'regreso en Pentecostés para dar su Espíritu a la iglesia'.[20] Pero, si bien resulta ingenioso, la interpretación natural de las palabras sugiere que su descenso precedió a su ascenso en lugar de sucederlo. Los primeros padres lo entendieron como una referencia a su descenso al Hades.[21] Lo asociaron con 1 Pedro 3.19 ('fue y predicó a los espíritus encarcelados'), lo que interpretaron como su infierno mortificante. Pero más allá de lo que quiso decir 1 Pedro en este texto, no hay referencia al Hades o al infierno en Efesios 4.9. Calvino (y lo siguen comentaristas reformados como Charles Hodge) dedujeron del 'subió a los cielos' de Juan 3.13 que 'las partes más bajas de la tierra' (RVR) es un genitivo de aposición, es decir una definición que significa simplemente 'la tierra' y que el descenso de Cristo se refiere a su encarnación. La NVI lo toma de esta manera también, porque dice que **descendió a las partes bajas, o sea, la tierra.** Sin embargo, quizás la referencia sea aun más general, es decir, que Cristo descendió a las profundidades de su humillación cuando vino a la tierra. O posiblemente la alusión sea a la cruz y 'a su experiencia de las bajísimas profundidades, las agonías mismas del infierno'[22] que Cristo soportó allí.

Tal interpretación iría bien con Filipenses 2.5–11, donde dice: '… hasta la muerte, ¡y muerte de cruz!' Describe su humillación más profunda, seguida por su exaltación suprema, que fue 'muy por encima de todo gobierno y autoridad, poder y dominio, y de cualquier otro nombre que se invoque' de acuerdo con 1.21 y aquí, **por encima de todos los cielos, para llenarlo todo** (v. 10) o 'para llenar todo el universo' (TLA). Por lo tanto, lo que está en la mente de Pablo no es tanto el descenso y el ascenso en términos espaciales, sino la humillación y la exaltación, esta última trayéndole a Cristo la autoridad y el poder universal, como resultado del cual derramó sobre la iglesia que dirige tanto el Espíritu para que more allí, como los dones del Espíritu para edificarla y hacerla madurar.

A la luz de este énfasis en Cristo, ascendido, exaltado, llenando el universo, dirigiendo la iglesia, derramando dones, sería claramente un error pensar que *charismata* sea exclusivamente 'dones del Espíritu' y asociarlos demasiado estrechamente con el Espíritu Santo o con experiencias del Espíritu Santo. Porque aquí son los dones de Cristo, mientras que en Romanos 12 son los dones de Dios el Padre. Siempre es peligroso separar las tres personas de la Trinidad: Padre, Hijo y Espíritu Santo. Juntos están comprometidos en todos los aspectos para el bien de la iglesia.

b. El carácter de los dones espirituales es extremadamente variado

Pablo dice específicamente en 1 Corintios 12.4: 'Ahora bien, hay diversos dones.' Es importante recordar esto, porque muchos tienen hoy una visión muy restringida de lo que es *charismata*. Por ejemplo, algunos hablan y escriben acerca de 'los nueve dones del Espíritu' presumiblemente haciendo un paralelo prolijo pero artificial con los nueve frutos del Espíritu.[23] Otros parecen estar preocupados, aun obsesionados, con sólo tres de los dones más espectaculares ('lenguas', 'profecía' y 'sanidad'). Sin embargo, las cinco listas que se dan en el Nuevo Testamento mencionan entre todas por lo menos veinte dones diferentes, algunos de los cuales son bastante prosaicos o pocos sensacionales (como 'mostrar compasión', Romanos 12.8). Más aun, cada lista es diferente de las otras, y da su selección de dones de un modo aparentemente desordenado. Esto sugiere no sólo que ninguna de las listas está completa, sino que ni siquiera las cinco juntas representan un catálogo exhaustivo. Sin duda hay muchos otros que no figuran en la lista.

En nuestro pasaje, Pablo elige mencionar cinco: Cristo (*autos*, 'él', es enfático, v. 11) **constituyó a unos, apóstoles; a otros, profetas; a otros, evangelistas; y a otros, pastores y maestros.** La palabra **apóstol** tiene tres significados principales en el Nuevo Testamento. Sólo una vez parece aplicarse a todo cristiano individual, cuando Jesús dijo: 'Ningún siervo es más que su amo, y ningún mensajero (*apóstolos*) es más que el que lo envió.'[24] Así que cada cristiano es a la vez un siervo y un apóstol. El verbo *apostello* significa 'enviar', y todos los cristianos son enviados al mundo como embajadores y testigos de Cristo, para compartir la misión apostólica de la iglesia como pueblo.[25] Sin embargo, este no puede ser el significado aquí, porque en este sentido todos los cristianos son apóstoles, mientras que Pablo escribe que Cristo 'constituyó a unos' para ser apóstoles.

En segundo lugar estaban los 'apóstoles de las iglesias', mensajeros que enviaba una iglesia sea como misioneros o con alguna otra tarea.[26] Y en tercer lugar estaban los 'apóstoles de Cristo', un grupo muy pequeño y distintivo, que estaba formado por los Doce (incluyendo a Matías que reemplazó a Judas), Pablo, Santiago el hermano del Señor y posiblemente uno o dos más. Habían sido elegidos y autorizados personalmente por Jesús, y tenían que haber sido testigos presenciales de su resurrección.[27] Debe ser en este sentido que Pablo está utilizando la palabra 'apóstoles' aquí, porque los pone al principio de la lista, como lo hace también en 1 Corintios 12.28 ('en primer lugar, apóstoles') y es así como ha usado la palabra en su carta, refiriéndose a sí mismo (1.1) y a sus compañeros apóstoles, como fundamento de la iglesia y órganos de revelación (2.20; 3.26).

Por lo tanto, no cabe duda de que *en este sentido* no hay apóstoles hoy. En 1975 John Noble escribió y publicó un librito titulado *Primeros apóstoles, últimos apóstoles*. Su preocupación era 'motivar a mis hermanos cristianos para buscar apóstoles que moldeen la vida de la iglesia en nuestros días'. Estos 'levantarán y formarán un ejército bajo el mando de Dios que realizará su propósito en estos últimos tiempos'. Su interpretación de la historia es que cuando los apóstoles originales murieron 'dejaron un vacío de autoridad que fue ocupado por otros, erróneamente', es decir los obispos. Critica tanto al catolicismo como al protestantismo, al primero por 'investir a un hombre de autoridad absoluta' y al segundo por 'dar a cada individuo el derecho de gobernar en la iglesia'. Por cierto que podemos estar de acuerdo con él en que a través de la larga y cambiante historia de la iglesia ha habido muchos abusos de autoridad, pero omite en su exposición algunas verdades vitalmente importantes: (1) que los apóstoles originales, en tanto testigos presenciales de la resurrección histórica de Jesús, no pueden, por la naturaleza del caso, tener sucesor alguno, y (2) que su autoridad está preservada hoy en el Nuevo Testamento, que es, esencialmente, la 'sucesión apostólica'. Una vez que hemos insistido, sin embargo, en que hoy no hay apóstoles de Cristo con una autoridad comparable a aquella de los apóstoles Pablo, Pedro y Juan, es posible argumentar que hay personas con ministerios apostólicos de distinta clase, incluyendo el de jurisdicción episcopal, trabajo misionero pionero, formación de iglesias, liderazgo itinerante, etc.

¿Y qué acerca de los **profetas**? Otra vez es necesario hacer una distinción. En el sentido primario en que la Biblia utiliza la palabra, un profeta era una persona que 'estaba en el consejo del Señor', que escuchaba y hasta 'veía' su palabra, y quien, en consecuencia, declaraba lo que 'procede de la boca del Señor' y hablaba su palabra 'con fidelidad'.[28] En otras palabras, un profeta era un vocero o portavoz de Dios, un vehículo de su revelación directa. *En este sentido* debemos insistir nuevamente en que hoy no hay profetas. Nadie puede pretender reclamar una inspiración comparable a aquella de los profetas canónicos, o utilizar su fórmula introductoria 'Así dice el Señor'. Si esto fuera posible, tendríamos que añadir esas palabras a las Escrituras, y toda la iglesia necesitaría escucharlas y obedecerlas. Este parece ser el sentido en que Pablo utiliza aquí la palabra. Pone a los profetas a continuación de los apóstoles (como en 1 Corintios 12.28 'en segundo lugar, profetas') y une a 'los apóstoles y los profetas' como fundamentos de la iglesia y receptores de nueva revelación de parte de Dios (2.20; 3.6). Los profetas, como fundadores de la iglesia, no tienen sucesores, así como no los tienen los apóstoles, porque el fundamento ya ha sido puesto y terminado hace siglos y no podemos agregarle nada en nuestros días.

Pero lo que dijimos acerca de los apóstoles se aplica también a los profetas: habiendo establecido primero el carácter único y singular de los maestros originales de la iglesia tenemos entonces que preguntarnos si hay algún don subsidiario de alguna clase. Parece correcto contestar que 'sí', pero tenemos que confesar que no sabemos con certeza qué es. Algunos lo ven como un don especial de exposición bíblica, un grado poco usual de visión de la Palabra de Dios, de manera que por el ministerio del Espíritu Santo los 'profetas' modernos escuchan y reciben la Palabra de Dios, no como nueva revelación sino como una comprensión nueva de la antigua. Otros lo ven como una comprensión llena de sensibilidad hacia el mundo contemporáneo, una lectura de las señales de los tiempos, junto con una denuncia indignada de los pecados sociales modernos y una aplicación sensible de las Escrituras frente a ellos. Aquellos que sostienen este concepto fijan su atención en los oráculos socio-políticos de los profetas del Antiguo Testamento. Un tercer punto de vista se centra sobre el efecto que el ministerio de los profetas del Nuevo Testamento tenía sobre sus oyentes, ya que provocaban convicción de pecado en los incrédulos y hablaban a los creyentes para 'edificarlos, animarlos y consolarlos'.[29] En estos tres puntos de vista, el don 'profético' se detecta con relación al manejo de la Palabra de Dios, porque no se puede pensar acerca de los profetas de Dios aisladamente de la Palabra de Dios. Se lo entiende como un don de discernimiento, sea en el texto bíblico o en la situación contemporánea, o en ambos, es decir, una combinación poderosa de exposición acertada y aplicación pertinente.

Hay otro punto de vista, sin embargo, popularizado por cristianos 'pentecostales' y 'carismáticos', que dice que Dios está levantando nuevamente profetas y profetisas en nuestros días, que hablan en su nombre y por inspiración directa de Dios. Debo confesar mis graves dudas acerca de esta posición. Aquellos que la sostienen pocas veces parecen reconocer la singularidad de los apóstoles y profetas originales, o superfluidad de sucesores una vez que las Escrituras del Nuevo Testamento llegaron a manos de la iglesia. Por otro lado, ha habido muchos reclamos similares a lo largo de la historia de la iglesia, que no alientan la confianza en este fenómeno moderno. En aquellas iglesias en las que se acepta la posibilidad de tal don, sin embargo, es importante insistir en que las así llamadas 'declaraciones proféticas' nunca podrían tener más que un valor local y limitado (a los individuos de una congregación particular, pero no a toda la iglesia); siempre deberían ser cuidadosamente probadas a la luz de las Escrituras, y en relación con el carácter reconocido del que las dice; y que la exposición regular, sistemática y profunda de la Biblia es mucho más importante para la edificación del pueblo de Dios.

Después de los apóstoles y profetas, Pablo menciona a los **evangelistas**. Este sustantivo aparece sólo tres veces en el Nuevo Testamento (aquí, en Hechos 21.8 referido a Felipe, y en 2 Timoteo 4.5 acerca de Timoteo mismo), aunque por supuesto el verbo 'evangelizar' se utiliza frecuentemente para describir la extensión del evangelio. Ya que todos los cristianos están obligados, frente a la oportunidad apropiada, a testificar de Cristo y sus buenas nuevas, el don de 'evangelista' otorgado sólo a algunos debe ser algo diferente. Se puede referir al don de la predicación evangelística, o al don de explicar con sencillez el evangelio haciéndolo pertinente a los que no creen, o al de ayudar a la gente vacilante a dar el paso de compromiso con Cristo, o al de dar un eficaz testimonio personal. Probablemente, el don de evangelista puede tomar estas formas variadas y aun otras. Debe relacionarse de alguna manera con un ministerio evangelístico, ya sea de evangelización masiva, evangelización personal, literatura para la evangelización, evangelización fílmica, radial, televisiva, musical o en la utilización de cualquier otro medio de comunicación. Hay gran necesidad de evangelistas que tengan dones, que sean pioneros en nuevas formas de ejercitar y desarrollar su don, a fin de penetrar en los vastos segmentos de la sociedad aún no alcanzados para Cristo.

Debido a que el artículo definido no se repite en la expresión **pastores y maestros**, puede ser que estos dos nombres se refieran al mismo ministerio. Calvino no lo pensaba así, porque sugirió que la administración de la disciplina, los sacramentos, la amonestación y la exhortación pertenecen exclusivamente a los pastores. Sin embargo, resulta claro que los **pastores** (es decir, cuidadores del rebaño) llamados a 'velar' sobre el rebaño de Dios, lo hacen especialmente 'alimentándolo', es decir, enseñando.[30] Quizás podríamos decir que, aunque cada pastor debe ser un maestro, con dones para ministrar la Palabra de Dios a la gente (sea a una congregación, a grupos o a individuos) sin embargo, no todo maestro cristiano es también un pastor (ya que puede estar enseñando en una escuela o colegio, en lugar de hacerlo en la iglesia local).

Al repasar lo que hemos visto hasta aquí, observamos que los cinco dones se relacionan de alguna manera con el ministerio de la enseñanza. Aunque en su sentido original no haya hoy apóstoles o profetas, hay evangelistas para predicar el evangelio, pastores para guiar al rebaño y maestros para exponer la Palabra. Es verdad que se los necesita con urgencia. Nada es más necesario para la edificación de la iglesia de Dios en todas las épocas, que una amplia provisión de maestros con dones divinos. Pero me pregunto si esta necesidad ha sido alguna vez tan grande como lo es en nuestros días. En algunas áreas del Tercer Mundo están ocurriendo notables 'movimientos'. Grandes números de personas, en algunos casos tribus o aldeas enteras, están aceptando a Cristo, y el porcentaje de crecimiento de la iglesia supera la tasa de crecimiento de la población. Este factor sorprendente trae consigo peligros y problemas. Los nuevos convertidos y bautizados son bebés espirituales. Como tales, están propensos al pecado y al error, y casi indefensos frente a falsas enseñanzas. Lo que más necesitan es enseñanza de la Palabra de Dios. En algunas situaciones, aunque parece increíble, los misioneros están clamando para que cesen las conversiones. 'Por el amor del cielo', piden a Dios, 'no nos des más, porque no sabemos qué hacer con los miles que ya tenemos'. Algunas veces pido a mis amigos carismáticos, algunos de los cuales me parecen preocupados con los dones menos importantes, que recuerden la orden de Pablo 'ambicionen los mejores dones',[31] y considerar si no serían los dones de enseñanza. Es la enseñanza la que edifica la iglesia. Lo que más necesitamos son maestros.

Otra importante cuestión se desprende de este versículo (11). No se mencionan aquí a obispos, presbíteros ni diáconos (a quienes se hace referencia, por ejemplo en Filipenses 1.1 y en 1 Timoteo 3.1, 12) y menos aun la organización en tres órdenes ('obispos, presbíteros o ancianos y diáconos') que se desarrolló en el siglo segundo y que hoy es ampliamente conocida en la cristiandad. ¿Cómo podemos explicar su omisión aquí? ¿Es acaso un paso anterior a la situación más desarrollada que se refleja en las epístolas pastorales? O como alternativa ¿deberíamos distinguir entre un ministerio 'institucional' señalado por la iglesia ('obispos, ancianos y diáconos') y un ministerio 'carismático' señalado por Cristo ('apóstoles, profetas, evangelistas, pastores y maestros'). No, ninguna de estas explicaciones puede resultarnos satisfactoria. Separar lo 'institucional' de lo 'carismático', o del 'orden' ministerial de los 'dones' ministeriales, es una distinción no sólo falsa sino también desastrosa.

Que existe en las intenciones de Dios un ministerio institucional o un orden ministerial resulta claro de las epístolas pastorales (que tenga tres integrantes o dos no importa para nuestros propósitos aquí). Timoteo debía seleccionar y ordenar ancianos y diáconos para todas las iglesias. ¿Pero cómo debía seleccionarlos? ¿Cuáles debían ser sus cualidades? Por un lado debía asegurarse de la integridad de su carácter moral, por otro de su ortodoxia doctrinal y también de sus dones (por ejemplo, 'capaz de enseñar', *didaktikos*).[32] Sería impensable que la iglesia pidiera seleccionar, entrenar y ordenar a personas que carecieran de los dones apropiados provistos por Dios. La ordenación al ministerio pastoral de cualquier iglesia debería significar, por lo menos, (1) el reconocimiento público de que Dios ha llamado y dado dones a la persona en cuestión, y (2) la autorización pública de esta persona para obedecer el llamado y ejercitar el don, acompañado de oración para recibir la gracia capacitadora del Espíritu Santo. Así que no debemos separar lo que Dios ha unido. Por un lado, la iglesia debería reconocer los dones que Dios ha dado a las personas, y debería autorizarlos públicamente y alentar su ejercicio en el ministerio. Por otro lado, el Nuevo Testamento nunca contempla la grotesca situación en la cual la iglesia comisiona y autoriza a las personas a ejercer un ministerio para el cual carecen tanto del llamado divino como del equipamiento divino. No, el don y el oficio, la capacitación divina y la comisión eclesiástica, van unidas. Me parece que Pablo lo indica así al enumerar 'pastores y maestros' entre los dones de Cristo a su iglesia, debido a que el trabajo de los presbíteros ordenados es precisamente, pastorear y enseñar al rebaño de Cristo. 'Por lo tanto son dementes,' escribe Calvino, hablando con toda franqueza, 'aquellos que, dejando de lado estos medios (de edificar la iglesia), esperan ser perfectos en Cristo, como es el caso de los fanáticos que pretenden tener revelaciones secretas del Espíritu, y de los orgullosos, que se contentan a sí mismos con la lectura privada de las Escrituras e imaginan que no necesitan el ministerio de la iglesia.'[33]

c. El propósito de los dones espirituales es el servicio

En el versículo 12 Pablo establece claramente por qué Cristo dio estos dones a la iglesia. La VNC dice: 'para la perfección consumada de los santos, para la obra del ministerio, para la edificación del cuerpo de Cristo.' Se advierte que, según esta traducción, Cristo tiene propósitos diferentes en mente. Creo que Armitage Robinson fue el primer comentarista que insistió en que esto era un error. 'La segunda de estas cláusulas,' escribió, 'debe tomarse como subordinada de la primera, y no … como coordinada con ella.'[34] En otras palabras, la primera coma ('la coma fatal'[35]) que está puesta 'sin autoridad lingüística, pero con indudable prejuicio eclesiológico'[36] debe borrarse. Si la dejamos, nos enfrentaremos con 'un triste resultado', porque 'entonces el versículo significa que sólo los ministros especiales, y no todos los santos, son llamados a hacer la obra del ministerio y cooperar con la edificación del cuerpo de Cristo. Esta interpretación 'tiene un sabor aristocrático, es decir, clerical y eclesiástico, que distingue a 'los santos' (la masa) de 'los oficiales' de la iglesia (la clase superior)'.[37]

Sin embargo, si se borra la coma, quedan dos propósitos –uno inmediato y el otro mediato– por los cuales Cristo dio dones a su iglesia. Su propósito inmediato era **capacitar al pueblo de Dios para la obra de servicio**, y su propósito mediato, **edificar el cuerpo de Cristo.**

La primera expresión acerca de capacitar al pueblo de Dios es de profundo significado para cualquier concepto verdadero del ministerio cristiano. La palabra **servicio** (*diakonia*; ministerio, RVR) se utiliza aquí no para describir la obra de los pastores sino el trabajo de los así llamados laicos, es decir, todo el pueblo de Dios sin excepción. He aquí una evidencia incontrovertible de que el Nuevo Testamento enfrenta al ministerio no como la prerrogativa de una elite clerical sino como el llamado privilegiado de todo el pueblo de Dios. Gracias a Dios que en nuestra generación esta visión bíblica del 'ministerio de cada miembro' está tomando fuerza en la iglesia.

No significa que no haya un ministerio pastoral de carácter especial para los ministros ordenados, sino que establece cuál es su carácter. El concepto del pastor en el Nuevo Testamento no es el de una persona que guarda celosamente todo el ministerio en sus propias manos y anula toda iniciativa de los laicos, sino el de alguien que ayuda y alienta a todo el pueblo de Dios a descubrir, desarrollar y ejercitar sus dones. Su enseñanza y entrenamiento están dirigidos a este objetivo, a capacitar al pueblo de Dios para ser un pueblo que sirve, ministrando activa pero humildemente de acuerdo con sus dones en un mundo de alienación y de dolor. Por lo tanto, en lugar de monopolizar él mismo todos los ministerios, en realidad multiplica los ministerios.

¿Qué modelo de iglesia debemos, por lo tanto, tener en mente? El modelo tradicional es el de la pirámide, con el pastor posado precariamente en su pináculo, como un pequeño papa en su propia iglesia, mientras que el resto de la congregación está ubicado por debajo en rangos diversos de inferioridad. Es una imagen totalmente antibíblica, porque el Nuevo Testamento no presenta un solo pastor con un rebaño dócil, sino tanto un liderazgo pluralista como un ministerio ejercido por todos los miembros. No es mucho mejor el modelo del ómnibus, donde el pastor maneja todo el tiempo mientras que la congregación representa a los pasajeros dormitando en pacífica seguridad, detrás de él. El modelo bíblico del cuerpo es totalmente diferente tanto de la pirámide como del ómnibus. La iglesia es el cuerpo de Cristo y cada miembro tiene una función distintiva. Aunque la metáfora del cuerpo puede ciertamente acomodar el concepto de una función pastoral (en términos de un ministerio y uno muy importante entre otros), no da lugar para una jerarquía o para esa clase de clericalismo autoritario que concentra todo el ministerio en las manos de un hombre y niega al pueblo de Dios su propio y justificado ministerio.

Pude ver un buen ejemplo del principio del ministerio de cada miembro cuando visité la iglesia de San Pablo en Darien, Connecticut, hace algunos años. Es una iglesia episcopal norteamericana, que ha sido influenciada por el movimiento carismático. En la portada de su boletín dominical leí el nombre del rector de ese momento, el reverendo Everett Fullam, y luego los nombres del rector asociado y del ayudante del rector. Luego venía en el renglón siguiente: 'Ministros: toda la congregación'. Era sorprendente, pero bíblicamente correcto.

Así que el propósito inmediato de Cristo al dar pastores y maestros a su iglesia es que a través de su ministerio de la Palabra puedan equipar a todo su pueblo para sus variados ministerios. Y el propósito mediato es edificar su cuerpo, la iglesia. Porque la manera en que el cuerpo crece es que todos sus miembros utilicen los dones que Dios les ha dado. Estos dones son tan benéficos tanto para aquellos que ejercen fielmente sus ministerios como para aquellos que lo reciben, que la iglesia se transforma firmemente en algo saludable y maduro. Si el siglo dieciséis recuperó 'el sacerdocio de todos los creyentes' (cada cristiano disfrutando, a través de Cristo, un acceso directo a Dios), quizás el siglo veinte sea el de la recuperación del 'ministerio de todos los creyentes' (donde cada cristiano recibe de Cristo un ministerio privilegiado para servir a otros).

Todos los dones espirituales son, por lo tanto, dones de servicio. Este es su propósito. No son dados para un uso egoísta sino para el servicio a otros. Cada lista de *charismata* del Nuevo Testamento lo enfatiza. 'A cada uno se le da una manifestación especial del Espíritu para el bien de los demás.'[38] Se desprende que su grado de importancia (Pablo es bastante claro en que hay algunos 'más altos' o 'mejores' que otros)[39] debe establecerse por el grado en que 'edifican' o construyen a la iglesia. Por esta razón los dones de enseñanza son de importancia fundamental, porque nada edifica tanto la iglesia como la verdad de la Palabra de Dios.

Para recapitular, hemos visto que es el Cristo exaltado quien derrama dones sobre su iglesia; que estos dones son muy diversos en carácter; que los dones de enseñanza son los principales; y que su propósito es equipar al pueblo de Dios para sus diversos ministerios y así edificar al cuerpo de Cristo.

4. La unidad cristiana demanda la madurez de nuestro crecimiento | 4.13–16

El apóstol continúa elaborando lo que quiere decir con la expresión 'edificar el cuerpo de Cristo'. Evidentemente será un proceso largo, que lleva (en tres fases completas) **a la unidad de la fe y del conocimiento del Hijo de Dios, a una humanidad perfecta que se conforme a la plena estatura de Cristo** (v. 13). Esta es la meta hacia la cual *llegará* un día la iglesia.

Porque este verbo 'llegar' significa literalmente 'llegar a encontrar' (*katantaō*) y porque la primera y la tercera frase se refieren explícitamente al Señor Jesús ('Hijo de Dios' y 'Cristo'), Markus Barth interpreta la segunda ('humanidad perfecta') como refiriéndose también a él. Lo traduce como 'el Hombre Perfecto' y pinta a la iglesia como la novia de Cristo que en festiva procesión de alegría va al encuentro con su novio en su llegada triunfal.[40] Es una reconstrucción atractiva, y por cierto está de acuerdo con la imagen del esposo y la esposa de 5.25–27. Por otro lado, resulta algo forzado, ya que aquello a que debemos llegar o debemos encontrar no es simplemente **el Hijo de Dios** sino **la unidad de la fe y del conocimiento del Hijo de Dios**; no simplemente 'Cristo' sino **la plena estatura de Cristo**. En otras palabras, la meta de la iglesia no es Cristo sino su propia madurez en unidad, que viene del conocimiento, la confianza y el crecimiento en Cristo.

Hacemos un alto para notar que la unidad de la iglesia, aunque en un sentido ya ha sido dada y es inviolable, sin embargo en otro sentido necesita ser 'mantenida' (v. 3); es algo a lo cual 'llegar' (v. 13). Ambos verbos son sorprendentes. Si la unidad ya existe como don, ¿de qué manera puede obtenerse como meta? Probablemente necesitamos responder que así como la unidad necesita mantenerse *visiblemente*, también necesita alcanzarse *completamente*. Porque hay grados de unidad, así como hay grados de santidad. Y la unidad a la que debemos llegar un día, es esa unidad completa que hará posible una fe completa y un conocimiento del Hijo de Dios. Esta expresión, efectivamente, deja de lado el argumento de que la unidad puede crecer sin fe o conocimiento cristiano. Por el contrario, precisamente cuando más conocemos y confiamos en el Hijo de Dios, más crecemos en la clase de unidad de unos con otros que él desea.

A esta unidad completa también se la llama **humanidad perfecta** (varón perfecto, RVR). Algunos interpretan esto en el sentido de que cada cristiano crece individualmente hasta la madurez en Cristo, lo cual por cierto es un concepto del Nuevo Testamento. Pero el contexto parece exigir una comprensión corporativa. La iglesia está representada como un solo organismo, el cuerpo de Cristo, y debe crecer hacia la estatura adulta. Por cierto, Pablo se ha referido a ella como la nueva humanidad que Dios estaba creando (2.15). A la unidad y novedad de esta **humanidad** ahora le añade madurez. La 'nueva humanidad' debe alcanzar la medida de una **humanidad perfecta**, que no es nada menos que 'la plena estatura de Cristo', la plenitud que Cristo mismo posee y derrama.

Aunque parece que este crecimiento hacia la madurez es un concepto corporativo que describe a la iglesia como un todo, sin embargo depende claramente de la maduración de sus miembros individuales, como Pablo continúa diciendo: **Así ya no seremos niños, zarandeados** (v. 14). Por supuesto que debemos parecernos a los niños en su humildad e inocencia,[41] pero no en su ignorancia o inestabilidad. Los niños inestables son como botecitos en un mar tormentoso, completamente a merced del viento y de las olas. Pablo pinta un cuadro muy gráfico: **llevados de aquí para allá** (*klydōnizomenoi*, de *klydōn*, agua agitada), que significa 'llevados a la deriva' (BJ); y **zarandeados** (*peripheromenoi*), que significa 'llevados por vientos fuertes'.[42] Aparentemente, Platón utilizó esta última palabra para referirse a trompos. La BJ une los dos cuadros de la tormenta al traducir 'llevados a la deriva y zarandeados por cualquier viento de doctrina'. Así son los cristianos inmaduros. Nunca parecen saber lo que piensan ni llegan a tener convicciones firmes. En lugar de ello, sus convicciones tienden a ser las del último predicador que escucharon o el último libro que leyeron, y son fácil presa de cada nueva moda teológica. No pueden resistir la **astucia y los artificios** (*kybia* significa 'juego de dados', de allí artificios) **de quienes emplean artimañas engañosas.**

En contraste con la inestabilidad doctrinal, que es un signo de inmadurez, deberíamos **vivir la verdad con amor,** y así **creceremos hasta ser en todo como aquel que es la cabeza, es decir, Cristo. Por su acción todo el cuerpo crece y se edifica en amor, sostenido y ajustado por todos los ligamentos, según la actividad propia de cada miembro** (vv. 15–16).

No debemos buscar en estos versículos una instrucción inspirada acerca de la anatomía y la fisiología humanas. La intención del apóstol no es enseñarnos cómo funciona el cuerpo humano, sino cómo crece el cuerpo de Cristo. Es cierto que utiliza algunos términos empleados por los antiguos médicos griegos, como Hipócrates y Galeno. 'Casi podemos imaginarlo consultando al 'querido médico' de cuya presencia nos habla en la epístola compañera (Colosenses 4.14) antes de atreverse a usar el lenguaje técnico de 'los ligamentos que unen el cuerpo humano'.[43] Pero el énfasis lo coloca en el concepto de cabeza 'en' la cual debemos crecer (v. 15) y 'desde' la cual el cuerpo crece 'según la actividad propia de cada miembro'. Markus Barth presenta claramente en su traducción este enfoque de la atención sobre la iniciativa y la obra de la Cabeza, Cristo: 'Él está obrando, arreglando y uniendo a todo el cuerpo. Lo alimenta a través de cada contacto, según las necesidades de cada parte en particular. Capacita al cuerpo para que crezca por sí mismo a fin de que se edifique en amor.'[44]

Si ahora dejamos de lado la metáfora del cuerpo y preguntamos exactamente cómo crece la iglesia hacia la madurez, Pablo tiene su respuesta preparada. Crece por la verdad y el amor. Si dejamos que las fuertes ráfagas de falsa enseñanza nos lancen a uno y otro lado, estaremos condenándonos a nosotros mismos y a la iglesia a una inmadurez perpetua (v. 14). En lugar de eso, lo que necesitamos es 'la verdad', siempre que la vivamos 'con amor' (v. 15). Porque es 'en amor' que la iglesia crece y se edifica a sí misma (v. 16). Lo que Pablo pide es una equilibrada combinación de ambos. El verbo griego traducido por algunas versiones como 'hablando la verdad en amor' (por ejemplo, BA) no hace referencia alguna al lenguaje. Literalmente significa 'plasmar la verdad (*alētheuontes*) en amor' e incluye las nociones de 'mantener', 'vivir' y 'hacer' la verdad. Gracias a Dios, hay en la iglesia contemporánea algunos que están decididos a defender y mantener la verdad revelada de Dios a cualquier precio. Pero algunas veces carecen completamente de amor. Allí donde creen husmear una herejía comienzan a fruncir la nariz, a contraer los músculos y a dejar que el fulgor de la lucha se encienda en sus ojos. Parecen disfrutar sólo con las peleas. Otros cometen el error contrario. Están decididos a exhibir y mantener a cualquier precio el amor fraternal, y para hacerlo están dispuestos a sacrificar aun las verdades centrales de la revelación. Ambas tendencias son desequilibradas y antibíblicas. La verdad es dura si no la suaviza el amor; el amor se debilita si no lo fortalece la verdad. El apóstol nos llama a mantenerlos unidos, lo que no debiera ser difícil para creyentes llenos de Espíritu, ya que el Espíritu Santo mismo es 'el Espíritu de verdad' y su primer fruto es el 'amor'.[45] No hay otra ruta para llegar a una completa y madura unidad cristiana.

Conclusión

Aquí está, pues, la visión de Pablo para la iglesia. La nueva sociedad de Dios debe desplegar amor, unidad, diversidad y madurez creciente. Estas son las características de una vida digna 'del llamamiento que han recibido' de Dios, y que el apóstol nos pide que llevemos (v. 1).

Cuanto más compartamos la perspectiva de Pablo, más profundamente sentiremos el descontento con el *status quo* eclesiástico.

Algunos somos demasiado conservadores, demasiado complacientes, demasiado dispuestos a dejarnos estar y resistir al cambio. Otros son demasiado radicales y quieren acabar totalmente con la institución. En lugar de ellos necesitamos comprender más claramente la clase de nueva sociedad que Dios quiere que sea su iglesia. Entonces no podremos contentarnos con las cosas como están ni con soluciones parciales, sino que oraremos y trabajaremos para la renovación total de la iglesia.

Algunos buscan principalmente estructuras de unión, pero no parecen tener una preocupación similar para que la iglesia llegue a ser una verdadera comunidad que se preocupa, signada por la humildad, la mansedumbre, la paciencia, la tolerancia y el amor. La primera preocupación de Pablo no son las estructuras: comienza y termina con el amor (vv. 2, 16).

Otros ponen gran énfasis en el hecho de la unidad de la iglesia como un concepto teológico claramente articulado en sus mentes, pero parecen no ver nada anormal en la visible desunión que contradice su teología.

Otros se conforman con una monotonía en la vida y la liturgia de la iglesia que resulta pesada, aburrida, descolorida, monótona y sin vida; nunca han llegado a entrever la variedad que Dios desea o la diversidad de ministerios que deberían enriquecer y dar vida a la membresía del cuerpo de Cristo.

Otros tienen una visión estática de la iglesia, y están muy satisfechos si la congregación se las arregla para mantener su tamaño y llevar adelante su programa sin interrupciones; no tienen una visión del crecimiento de la iglesia, ya sea por extensión evangelística o por la maduración cristiana de sus miembros.

Toda esta actitud de complacencia es indigna de la vocación de la iglesia. En contraste con ella el apóstol pone delante de nosotros la imagen de una relación fraternal profunda, un celo por mantener visible la unidad cristiana y recuperarla si se ha perdido, un ministerio activo de todos los miembros, y un crecimiento firme hacia la madurez que se logra por seguir la verdad en amor. Necesitamos tener delante de nosotros este ideal bíblico en forma clara. Sólo así viviremos una vida digna de él.

8
Una nueva vestimenta
Efesios 4.17–5.4

El apóstol continúa describiendo los nuevos valores que se esperan de la nueva sociedad de Dios o la vida digna del llamamiento de Dios. Ya dijo que, por haber sido llamados a ser 'un' pueblo, debemos cultivar la unidad. Ahora continúa argumentando que, por haber sido llamados a ser un pueblo 'santo' debemos cultivar la pureza. La pureza es una característica del pueblo de Dios tan indispensable como la unidad. Pablo abre esta sección acerca de la pureza de la iglesia de la misma manera que abrió la primera sección acerca de la unidad de la iglesia: con una afirmación de su autoridad como apóstol de Cristo.

> [4.1] Yo, que estoy preso por la causa del Señor, les ruego …

> [4.17] les digo esto y les insisto en el Señor …

La frase **en el Señor** significa 'en el nombre del Señor' (DHH). Está declarando solemnemente que les escribe con la autoridad del Señor Jesús. La BA destaca este énfasis: 'Esto digo, pues, y afirmo juntamente con el Señor.'

La esencia de su mensaje es simple: **no vivan más … como los paganos** (v. 17). Por supuesto, está generalizando. No todos los paganos eran (o son) disolutos como aquellos a quienes está a punto de retratar. Sin embargo, así como hay una típica vida cristiana, también hay una típica vida pagana. Cuando cada una de ellas es coherente con sus propios principios, se oponen fundamentalmente una a la otra. Los lectores de Pablo sabían por experiencia lo que estaba diciendo, porque ellos habían sido paganos y aún vivían en un contexto pagano. Pero no debían *vivir más* así, aun si otros alrededor continuaban haciéndolo ('como los otros gentiles', RVR). Antes habían sido paganos y habían vivido como tales; ahora eran cristianos y debían vivir como cristianos. Se habían transformado en personas diferentes y debían comportarse en forma diferente. Su nueva condición como nueva sociedad de Dios contenía valores nuevos, y su nueva vida en Cristo implicaba un nuevo estilo de vida.

La manera en que Pablo maneja el tema es comenzando con la base doctrinal de la nueva vida (4.17–24) para luego pasar a sus consecuencias prácticas, en la conducta de todos los días (4.25–5.24).

1. La base doctrinal | 4.17–24

Era fundamental desde el comienzo mismo que sus lectores captaran el contraste entre lo que habían sido como paganos y lo que eran ahora como cristianos, entre su vida vieja y su vida nueva, y más aun, comprender la base teológica subyacente de este cambio.

> [4.17] Así que les digo esto y les insisto en el Señor: no vivan más con pensamientos frívolos como los paganos.
> [18] A causa de la ignorancia que los domina y por la dureza de su corazón, éstos tienen oscurecido el entendimiento y están alejados de la vida que proviene de Dios.
> [19] Han perdido toda vergüenza, se han entregado a la inmoralidad, y no se sacian de cometer toda clase de actos indecentes.
> [20] No fue ésta la enseñanza que ustedes recibieron acerca de Cristo, [21] si de veras se les habló y enseñó de Jesús según la verdad que está en él. [22] Con respecto a la vida que antes llevaban, se les enseñó que debían quitarse el ropaje de la vieja naturaleza, la cual está corrompida por los deseos engañosos; [23] ser renovados en la actitud de su mente; [24] y ponerse el ropaje de la nueva naturaleza, creada a imagen de Dios, en verdadera justicia y santidad.

Lo que se advierte de inmediato es el énfasis del apóstol en el factor intelectual en la manera de vivir de cada uno. Al describir a los gentiles centra la atención en los **pensamientos frívolos**, añade que tienen **oscurecido el entendimiento** y atribuye su alienación de Dios a **la ignorancia que los domina**. Por lo tanto se refiere a que tienen la mente vacía, el entendimiento oscurecido, e ignorancia interior, como resultado de lo cual perdieron la vergüenza, son inmorales e indecentes. Pero en contraste con ellos, los creyentes, en términos de RVR, han 'aprendido' a Cristo, lo han 'oído', han sido 'enseñados' por él, todo de acuerdo a 'la verdad' que está en Jesús. En contraposición con la oscuridad e ignorancia de los paganos, Pablo ubica la verdad de Cristo que los cristianos habían aprendido. Las Escrituras presentan un testimonio irrebatible del poder que tienen la ignorancia y el error para corromper y del poder que tiene la verdad para liberar, ennoblecer y purificar.

a. La vida pagana | 4.17–19

Pero ¿cuál es el origen de la oscuridad de las mentes paganas, cuando Dios mismo es luz y está continuamente hablando a la humanidad a través de su creación, y tanto el cielo como la tierra declaran su gloria? Se debe a **la dureza de su corazón**, dice Pablo. La palabra que utiliza es *pōrōsis,* y acerca de su derivación e historia Armitage Robinson provee una larga nota adicional.[1] *Pōros* era 'una clase de mármol' o, en los escritos médicos, un 'callo' o una 'formación ósea de las articulaciones'. Por lo tanto, el verbo *pōroun* significa petrificar, endurecerse y, por consiguiente, hacerse insensible, y ('cuando se transfiere de los órganos del sentido a los órganos de la vista') volverse ciego. Para Robinson no significa 'obcecación' sino más bien 'terquedad intelectual, no la dureza de la voluntad'. Examina las ocho instancias en que aparece la palabra en el Nuevo Testamento y luego concluye: "Confusión, o un entorpecimiento de la facultad de la percepción, equivalente a ceguera moral, es siempre el sentido apropiado. Por otro lado, el contexto nunca favorece decisivamente el significado de 'dureza' y este significado parece a veces algo fuera de lugar."[2] Así que opta por 'ceguera', como la traducción 'menos equivocada'.

A pesar de su cuidadoso argumento en este caso, Armitage Robinson no ha logrado influir sobre los comentaristas. Por cierto que Marcos 3.5 ('Jesús se les quedó mirando, enojado y entristecido por la dureza de su corazón') parece describir una terquedad voluntaria. Volviendo a nuestro texto de Efesios, la BJ traduce 'la dureza de su cabeza', la DHH dice 'lo insensible de su corazón' y J. H. Houlden comenta: 'La inmoralidad pagana se ve como voluntaria y culpable … el resultado de su rechazo deliberado de la luz moral al alcance de su pensamiento y conciencia.'[3] Es cierto que en el uso bíblico 'corazón' y 'mente' no pueden separarse, ya que el corazón incluye nuestra capacidad de pensar. Sin embargo, hay una distinción real entre 'ignorancia' y 'dureza' u 'obstinación'.

Si unimos las expresiones de Pablo, notando cuidadosamente sus conexiones lógicas (especialmente *porque* y *por,* ambas para traducir a *dia*) parece estar pintando el terrible camino descendente del mal, que comienza con un obstinado rechazo de la verdad conocida de Dios. Primero viene **la dureza de su corazón,** luego, su **ignorancia,** el entendimiento **oscurecido,** luego y como consecuencia, quedan **alejados de la vida que proviene de Dios,** ya que él se aparta de ellos, hasta que finalmente **han perdido toda vergüenza, se han entregado a la inmoralidad, y no se sacian de cometer toda clase de actos indecentes.** La DHH dice 'cometiendo sin freno toda clase de cosas impuras'. Por lo tanto, la dureza de corazón lleva primero a la oscuridad de la mente, luego a la muerte del alma bajo el juicio de Dios, y finalmente a la vida vacía. Una vez que han perdido toda sensibilidad, las personas pierden el autocontrol. Es exactamente la secuencia que Pablo elabora en la última parte de Romanos 1. Una tabla comparativa puede ayudar a demostrarlo:

Romanos 1.18–32	Efesios 4.17–19
Estado 1: Obstinación	
[18] Toda impiedad e injusticia de los seres humanos, que con su maldad obstruyen la verdad	[18] Por la dureza (*pōrōsis*) de su corazón
[21] A pesar de haber conocido a Dios, no lo glorificaron como a Dios	
[28] Estimaron que no valía la pena tomar en cuenta el conocimiento de Dios	
Estado 2: Oscuridad	
[21] Se extraviaron en sus inútiles razonamientos, y se les oscureció su insensato corazón	[17] Pensamientos frívolos
[22] Se volvieron necios	[18a] La ignorancia que los domina
[28] La depravación mental	[18b] Oscurecido el entendimiento

Estado 3: Muerte o juicio

[24] Por eso Dios los entregó

[26] Por tanto, Dios los entregó

[28] él [Dios] a su vez los entregó

[18] Alejados de la vida que proviene de Dios

Estado 4: Desenfreno

Dios los entregó a

[24] Impureza sexual

[26] Pasiones vergonzosas

[27] Actos indecentes

[28] Lo que no debían hacer

[29-31] Toda clase de maldad

[19] Han perdido toda vergüenza, se han entregado a la inmoralidad (*aselgeia,* que significa indecencia pública de tipo vergonzoso), y no se sacian de cometer toda clase de actos indecentes

b. La vida cristiana | 4.20–24

La NVI no muestra adecuadamente el agudo contraste, el 'pero en cuanto a ustedes' (*humeis de*) o 'pero vosotros' (RVR) del comienzo del versículo 20: **No fue ésta la enseñanza que ustedes recibieron acerca de Cristo.** En contra de la insensibilidad, la oscuridad y el desenfreno paganos, Pablo despliega un proceso completo de educación moral cristiana. Utiliza tres expresiones paralelas que se centran sobre tres verbos, todos en el tiempo aoristo, que significan 'aprender', 'oír' y 'ser enseñados', con una referencia final a 'la verdad que está en él [Jesús]'.

1. la enseñanza que ustedes recibieron acerca de Cristo (v. 20, *emathete*)

2. se les habló (v. 21a, *ēkousate*)

3. se les ... enseñó de Jesús (v. 21b, *edidachthēte*)

Estas expresiones son notables. 'Evocan la imagen de una escuela'[4] y se refieren a la instrucción catequística que Pablo da por sentado o más bien sabe que han tenido. De acuerdo con la primera, Cristo mismo es la sustancia de la enseñanza cristiana. Así como los evangelistas predican a Cristo,[5] sus oyentes 'aprenden' a Cristo y lo reciben, es decir reciben una tradición acerca de él.[6] Pero ¿qué clase de Cristo aprenden? No sólo el Verbo hecho carne, el único Dios hombre que murió, resucitó y reina. Es más que eso. La implicación del contexto es que debemos también predicar su señorío, el reino o gobierno de justicia que él introdujo y las demandas morales de la nueva vida. El Cristo del que habían aprendido los efesios los invitaba a asumir valores y metas totalmente distintas de las de su vida pagana anterior.

En segundo lugar, Cristo, quien es la esencia de la enseñanza ('aprendido así sobre Cristo', RVR) es también el maestro ('lo habéis oído', RVR). Es una pena que la NVI traduzca la frase **se les habló … de Jesús**, porque no hay preposición en el original. Pablo da por sentado que, a través de la voz de sus maestros cristianos, ellos han escuchado realmente la voz de Cristo. Por lo tanto, cuando se da buena enseñanza moral bíblica, puede decirse que Cristo está enseñando acerca de Cristo.

En tercer lugar, han sido enseñados 'en él' (BA). Es decir que Jesucristo, además de ser el maestro y la enseñanza, también era el contexto, hasta la atmósfera en la que se impartía la enseñanza. Cuando Jesucristo es a la vez el sujeto, el objeto y el medio ambiente de la instrucción moral que se imparte, podemos estar confiados de que esta es auténticamente cristiana. Porque *la verdad está en Jesús*. El cambio de título 'Cristo' a su nombre humano 'Jesús' parece deliberado. El Jesús histórico es, en sí mismo, la encarnación de la verdad, como él mismo dijo.[7]

Pero ¿cuál es exactamente esta verdad que está en Jesús? Si la oscuridad pagana lleva a una impureza desenfrenada, ¿cuál es la verdad que libera a los cristianos y los guía a la rectitud? Los próximos versículos (22–24) dan la respuesta. 'Aprender a Cristo' es aprehender la nueva creación que él ha hecho posible, y la vida completamente nueva que resulta de ella. Es nada menos que dejar de lado nuestra vieja humanidad como un ropaje sucio y ponernos un ropaje limpio, la nueva humanidad recreada a imagen de Dios.

¿Cuándo sucede esto? La RVR provoca una idea equivocada al poner los verbos infinitivos como si fueran imperativos, y al presentar las instrucciones escritas de Pablo como mandamientos nuevos para sus lectores: 'Despojaos del viejo hombre … y vestíos del nuevo hombre' (vv. 22, 24). Esto no puede ser así, por dos razones básicas. Primero, en el pasaje paralelo de Colosenses los verbos son participios aoristos, que indican lo que los cristianos colosenses hicieron cuando se convirtieron: 'Ahora que se han quitado el ropaje de la vieja naturaleza … y se han puesto el de la nueva naturaleza.'[8] En segundo lugar, si

Efesios 4.22 y 24 son mandamientos, entonces el mandamiento del versículo 25 se transforma en algo sin sentido: 'Por eso, desechando la mentira …' Este 'por eso', que se apoya en lo que dijo antes, difícilmente pueda basar un mandamiento en otro, como si dijéramos: 'Despojaos del viejo hombre … y vestíos del nuevo hombre … Por eso, desechando la mentira.' El paralelo de Colosenses, por su parte, tiene perfecto sentido, porque construye un mandamiento presente sobre un hecho pasado. Dice: 'Pero ahora abandonen también todo esto: enojo, ira, malicia … ahora que se han quitado el ropaje de la vieja naturaleza … y se han puesto el de la nueva naturaleza' (3.8–10). Es porque ya hemos dejado la vieja naturaleza, en ese acto decisivo de arrepentimiento llamado conversión, que podemos recibir lógicamente el mandamiento de dejar todas las prácticas que pertenecen a esa vida antigua y rechazada. En Efesios 4, lo mismo que en Colosenses 3, debe encontrarse la misma lógica. Los verbos que RVR traduce 'despojaos' y 'vestíos' no son mandamientos nuevos que el apóstol está dirigiendo a sus lectores, sino los antiguos que les dio cuando estaba con ellos, y ahora les recuerda. En efecto, estos mandamientos son la misma 'verdad que está en él', que les había sido enseñada y que habían aprendido. La NVI capta bien el sentido del pasaje al decir: **No fue ésta la enseñanza que ustedes recibieron acerca de Cristo, si de veras se les habló y enseñó de Jesús según la verdad que está en él. Con respecto a la vida que antes llevaban, se les enseñó que debían quitarse el ropaje de la vieja naturaleza … y ponerse el ropaje de la nueva naturaleza …**

¿Qué era lo que se les había enseñado? Que transformarse en cristianos implicaba un cambio radical, es decir una 'conversión' (como se llama habitualmente el lado humano de la experiencia) y 'recreación' (el lado divino). Implica el repudio de nuestro yo anterior, de nuestra humanidad caída, y la instauración de un nuevo yo o de una nueva humanidad recreada. Pablo llama (literalmente) a cada uno de ellos 'hombre': el 'viejo hombre' el cual hay que quitarse, y el 'nuevo hombre', el cual hay que ponerse. Charles Hodge explica esta expresión: "Lo que aquí Pablo llama 'el viejo hombre' en otros textos lo expresa de otra forma, como en Romanos 7.14: 'Yo soy carnal …' o 'la carne', como en Gálatas 5.16–17, RVR. Se lo llama 'hombre' porque somos nosotros mismos."[9] Más aun, nuestro yo anterior y nuestro nuevo yo se contrastan vívidamente uno con el otro: 'Así como se nos llama a dejar de lado nuestra naturaleza corrupta como un ropaje sucio y roto, también se nos pide que nos pongamos nuestra nueva naturaleza como un ropaje de luz. Y como el primero se personifica como un hombre viejo, decrépito, deformado y con tendencia a la corrupción, el segundo se representa como un hombre nuevo, fresco, hermoso y vigoroso, como Dios …' es decir, creado a su imagen.[10]

Los retratos que Pablo pinta de ambos 'hombres' se equilibran. El viejo está *corrompido*, en proceso de degeneración, camino a su ruina o destrucción; el nuevo había sido recién creado **a imagen de Dios**. El viejo estaba dominado por **deseos** y pasiones descontroladas; el nuevo ha sido creado en la **justicia y santidad**. Los deseos del viejo hombre eran **engañosos**, la rectitud del nuevo es **verdadera**. Por lo tanto, vicio y creación, pasión y santidad, engaño y verdad se oponen entre sí, indicando la incompatibilidad total del viejo y el nuevo, lo que éramos en Adán y lo que somos en Cristo.

Entre estos retratos contrastantes de la clase de persona que dejamos atrás y la que tomamos, aparece el versículo 23: **ser renovados en la actitud de su mente**. El verbo es presente infinitivo, a diferencia de los de los versículos 22 y 24, que son aoristos. Indica que, además del rechazo decisivo del viejo y la instauración del nuevo, en la conversión está implícita una continua renovación de nuestra apariencia. Si la degradación pagana se debe a los pensamientos frívolos, entonces la justicia cristiana depende de la renovación constante de nuestra mente.

En toda esta enseñanza se unen bellamente lo divino y lo humano. En el mandamiento de cambiar nuestra antigua humanidad por una nueva, Pablo no está sugiriendo que podemos ser autores de nuestro propio nacimiento. Nunca nadie se ha dado nacimiento a sí mismo. Esa idea resulta ridícula. La nueva humanidad que asumimos es creación de Dios y no nuestra. Sin embargo, cuando Dios nos recrea en Cristo a su propia semejanza, cooperamos completamente con lo que él ha hecho. Nos 'quitamos el ropaje' de nuestra vida antigua, rechazándola con disgusto, y nos 'ponemos el ropaje' de la nueva vida que él ha creado, abrazándola y dándole la bienvenida con alegría. En una palabra, recreación (lo que hace Dios) y arrepentimiento (lo que nosotros hacemos por su gracia) van juntos y no pueden separarse.

Los efesios y otros cristianos asiáticos ya habían recibido toda esta enseñanza. Habían sido profundamente adoctrinados sobre la naturaleza y las consecuencias de la nueva creación y de la nueva vida. Era parte de 'la verdad que está en él [Jesús]' que habían aprendido. No sólo se les había enseñado a **quitarse el ropaje** de lo antiguo y 'ponerse el ropaje' de lo nuevo: ya lo habían hecho. Esa realidad ocurrió en su conversión. Más tarde el simbolismo pudo haber sido incorporado en su bautismo, ya que algunos bautismos primitivos incluían la ceremonia de ponerse una túnica blanca.[11] Ahora Pablo les recuerda lo que habían aprendido y hecho.

Volviendo a mirar estos versículos quizás podamos aprehender más claramente los dos sólidos fundamentos doctrinales que Pablo ha colocado para la santidad cristiana. Son como dos raíces de las que la santidad surge y crece. Primero, hemos experimentado una nueva creación, y segundo, como consecuencia, hemos recibido una mente nueva que debe renovarse constantemente. Más aun, los dos están relacionados orgánicamente. Es nuestra nueva creación la que nos ha provisto una nueva mente; y es nuestra nueva mente la que comprende nuestra nueva creación y sus consecuencias. Debido a que se trata de una nueva creación a la imagen santa de Dios, nos obliga a dejar completamente de lado nuestra vieja humanidad caída y a revestirnos agradecidos de nuestra nueva humanidad.

'Por lo tanto', continúa Pablo, 'dejando …' (v. 25). Es decir que por haber dejado de lado la antigua naturaleza una vez y para siempre, ahora debemos dejar de lado cualquier conducta propia de esa vida pasada. Nuestro comportamiento nuevo debe ser completamente coherente con la clase de persona que hemos llegado a ser. Como ya lo hemos mencionado, la metáfora ('quitarse' y 'ponerse') se desprende de nuestra manera de vestir.

La clase de ropa que usamos depende de la función o papel que estamos cumpliendo. Por ejemplo, cuando vamos a un casamiento nos ponemos una clase de ropa y cuando vamos a un funeral, otra. Por supuesto me doy cuenta que la gente joven de Occidente suele usar pantalones de *jean* en todas partes. Sin embargo, la costumbre de adaptar nuestra vestimenta de acuerdo con la ocasión aún se mantiene como principio general. El trabajo también determina la ropa de mucha gente. Los soldados y los marinos utilizan uniformes diferentes. Algunos ministros religiosos utilizan un ropaje especial, y también lo hacen los prisioneros y convictos. Y cuando cambiamos de función, cambiamos nuestra ropa. Cuando los prisioneros son liberados de la custodia, y se transforman en personas libres otra vez (despojándose de un papel y asumiendo otro), cambian su ropa (dejan de lado el uniforme de prisión y se ponen ropa común). De forma similar, cuando un soldado deja el ejército y pasa a ser un civil, se quita el uniforme para vestirse de civil. De la misma manera, ya que por una nueva creación hemos dejado de lado la humanidad antigua y nos hemos puesto una nueva, también debemos dejar de lado los valores antiguos y adoptar los nuevos. Nuestro nuevo papel significa nueva ropa y nuestra nueva vida un nuevo estilo ético de conducta.

2. Seis ejemplos concretos | 4.25–5.4

Es maravilloso ver con cuánta facilidad Pablo puede descender de la elevada charla teológica acerca de nuestras dos humanidades, acerca del Cristo que hemos aprendido y la nueva creación que hemos experimentado, a lo pequeño y cotidiano del comportamiento cristiano: decir la verdad y controlar nuestro enojo, ser honestos en el trabajo y amables en la conversación, practicar el perdón, el amor y el autocontrol sexual. Todo muy práctico. Antes de pasar a estos seis ejemplos necesitamos observar tres rasgos comunes.

Primero, todos se refieren a nuestras relaciones. La santidad no es una condición mística experimentada en la relación con Dios y aislada de los seres humanos. No podemos ser buenos en el vacío, sino en el mundo real de la gente. Por otro lado, 'todas las cualidades reunidas aquí son aspectos de esa unidad de la iglesia que es la principal preocupación de Pablo. Deliberadamente le da a este tema un lugar de privilegio. De la misma manera, los males que deben ser evitados son todos destructores de la armonía humana.'[12]

En segundo lugar, en cada ejemplo se equilibra una prohibición negativa con un mandamiento positivo correspondiente. No es suficiente despojarnos del viejo ropaje, debemos ponernos ropa nueva. No es suficiente abandonar la mentira, el robo y el mal humor, a menos que también comencemos a decir la verdad, a trabajar fuerte y a ser amables con las personas.

En tercer lugar, en cada caso se nos dice o está implícita una razón para el mandamiento y una razón teológica. Porque en la enseñanza de Jesús y sus apóstoles, en la doctrina y en la ética, en la creencia y en la conducta, siempre están entrelazadas.

a. No mientan, sino digan la verdad | 4.25

> **4.25 Por lo tanto, dejando la mentira, hable cada uno a su prójimo con la verdad, porque todos somos miembros de un mismo cuerpo.**

Estrictamente hablando, la palabra griega no es *falsedad,* en abstracto, como traduce BA sino **la mentira** (*to pseudos*). Es posible, por lo tanto, que Pablo se esté refiriendo aquí, como en Romanos 1.25, a 'la gran mentira de la idolatría'. Puesto que sus lectores han renunciado a la suprema falsedad del paganismo, que es el síntoma principal de los pensamientos frívolos y del entendimiento oscurecido (vv. 17–18), ahora les pide rechazar todas las mentiras menores y hablar la verdad.[13] Por cierto que evitar las mentiras es de poca utilidad si no se persigue activamente la verdad. Los seguidores de Jesús (en quien está la verdad, v. 21), deberían ser conocidos en su comunidad como gente honesta, confiable, cuya palabra no merece duda. La razón que se da no es solamente que la otra persona es nuestro **prójimo**, a quien la Escritura nos manda amar, sino que en la iglesia nuestra relación es aun más estrecha, **porque todos somos miembros de un mismo cuerpo**. Pablo nos remonta a su doctrina de la iglesia como cuerpo de Cristo (vv. 12–16) y sus palabras implican que 'una mentira es una puñalada en lo más vital del cuerpo de Cristo'.[14] Porque la comunión se construye sobre la confianza, y la confianza sobre la verdad. Por lo tanto, **la mentira** socava la comunión, mientras que **la verdad** la fortalece.

b. No pierdan los estribos, sino asegúrense que su enojo es correcto | 4.26–27

> **4.26 'Si se enojan, no pequen.' No dejen que el sol se ponga estando aún enojados, 27 ni den cabida al diablo.**

La frase **si se enojan, no pequen** es un eco del Salmo 4.4. En lugar de expresar una orden, parecería que se trata de una expresión idiomática hebrea, que permite y luego restringe el enojo. 'Cuando se enojen, no pequen' sería una expresión equivalente. El versículo reconoce que hay algo así como un enojo cristiano, aunque son demasiado pocos los cristianos que lo sienten o lo expresan. Sin embargo, con esa actitud negamos a Dios, nos dañamos a nosotros mismos y favorecemos la propagación del mal.

La Escritura enseña claramente que hay dos clases de enojo, el correcto y el incorrecto. En el versículo 31, la 'ira' es una más en la lista de cosas desagradables de las que debemos despojarnos. Es evidente que el enojo incorrecto es malo. Pero en 5.6 se nos habla de la ira de Dios (RVR) que vendrá sobre los desobedientes, y sabemos que la ira de Dios es justa. También lo fue el enojo de Jesús.[15] Por lo tanto, debe haber una ira buena y verdadera que el pueblo de Dios puede aprender de él y de su Señor Jesús.

Yo agregaría que hay una gran necesidad en el mundo contemporáneo de más ira cristiana. Como seres humanos transigimos ante el pecado de una manera que Dios nunca haría. Al enfrentarnos con el mal deberíamos indignarnos, en lugar de ser tolerantes o mostrarnos apáticos. Si Dios odia el pecado, su pueblo también debería odiarlo. Si el mal provoca su ira, también debiera provocar la nuestra. 'Me llenan de indignación los impíos, que han abandonado tu ley.'[16] ¿Qué otra reacción se espera que provoque la maldad en aquellos que aman a Dios?

Llama especialmente la atención que el apóstol introduzca esta referencia a la ira en una carta dedicada a la nueva sociedad del amor, y en un párrafo que habla de las relaciones armoniosas. Lo hace así porque la paz verdadera no es lo mismo que el apaciguamiento. "En un mundo como este," comenta E. K. Simpson, "el verdadero pacificador podría tener que asumir el papel de 'quebrador' de la paz, como su obligación sagrada."[17]

Al mismo tiempo, necesitamos recordar nuestras caídas y nuestra constante inclinación hacia la intemperancia y la vanidad. Consecuentemente, siempre debemos estar en guardia y actuar como censores de nuestra propia ira. Si somos sabios, seremos 'lentos … para enojarnos' y recordaremos que 'la ira humana no produce la vida justa que Dios quiere.'[18] Así que de inmediato, Pablo califica su permisivo **si se enojan** con tres negaciones. Primero, **no pequen**. Debemos estar seguros de que nuestra ira no procede del orgullo herido, del rencor, de la malicia, la animosidad o el espíritu de venganza. En segundo lugar, **no dejen que el sol se ponga estando aún enojados**. Esta instrucción ilustra bien el peligro de interpretar literalmente la Biblia. No debemos tomar las palabras de Pablo tan literalmente, porque entonces 'los hombres de Groenlandia, donde los días pueden durar más de un cuarto de año, tendrían un amplio margen de venganza'.[19] La intención del apóstol es advertirnos que no debemos 'acariciar' la ira. Es peligroso dejar que las brasas se mantengan encendidas. Si nos damos cuenta de que hay algún elemento pecaminoso o egoísta en nuestro enojo (y si nuestra *orgē*, 'ira', degenera en *parorgismos*, 'resentimiento', la palabra utilizada al final del versículo 26), entonces es tiempo de poner fin a nuestro enojo y pedir disculpas o reconciliarnos con la persona afectada. En el Antiguo Testamento el prestamista que tomaba la túnica de una persona pobre como prenda debía devolverla 'antes de la puesta del sol', para que pudiera dormir con ella, y un patrón que tuviera sirvientes pobres y necesitados debía pagarles sus salarios diariamente, 'antes de la puesta del sol'.[20] Hay muchas situaciones similares en las cuales es sabio vivir un día a la vez. 'Nunca vayan enojados a la cama', es una buena regla que en pocos casos se aplica mejor que a las parejas.

La tercera calificación de Pablo es **ni den cabida al diablo** (v. 27), porque sabe cuán fina es la línea entre la ira correcta y la incorrecta, y cuán difícil es para los seres humanos manejar responsablemente su ira. El diablo anda alrededor de la gente enojada, esperando poder aprovechar la situación para su propio beneficio, provocando en ellos el odio o la violencia o abriendo una brecha en la comunión.

c. No roben; más bien trabajen y regalen | 4.28

> [4.28] El que robaba, que no robe más, sino que trabaje honradamente con las manos para tener qué compartir con los necesitados.

'No robes' era el octavo mandamiento de la ley de Moisés. Tuvo y aún tiene una amplia aplicación, no sólo en cuanto al robo de dinero de otros sino también a las evasiones de impuestos y de otros recursos que se roba a los gobiernos; se aplica también a los empleadores que oprimen a sus trabajadores y a los empleados que trabajan mal o a desgano.

Al hacer eco del mandamiento (**el que robaba, que no robe más**) el apóstol va más allá de la prohibición y extrae sus implicaciones positivas. No es suficiente que el que robaba deje de hacerlo. Es necesario **que trabaje honradamente con las manos**, y gane de esa forma su sustento. Luego podrá no sólo mantenerse a sí mismo y a su familia, sino también **compartir con los necesitados**. En lugar de vivir de la comunidad, como hacen los ladrones, comenzará a contribuir con ella. ¡Y nadie más que Cristo puede transformar a un ladrón en un benefactor!

d. No utilices tu boca para mal, sino para bien | 4.29–30

> [4.29]Eviten toda conversación obscena. Por el contrario, que sus palabras contribuyan a la necesaria edificación y sean de bendición para quienes escuchan. [30]No agravien al Espíritu Santo de Dios, con el cual fueron sellados para el día de la redención.

El apóstol pasa del uso de nuestras manos al uso de nuestras bocas. El habla es un don maravilloso de Dios. Es una de nuestras capacidades que refleja nuestra semejanza con Dios. Nuestro Dios habla, y como él, nosotros también lo hacemos. El habla nos distingue de la creación animal. Las vacas pueden mugir, los perros ladrar, los burros rebuznar, los cerdos gruñir, los corderos balar, los leones rugir, los monos chillar y los pájaros cantar, pero sólo los seres humanos podemos hablar.

Así que **eviten toda conversación obscena**. Pablo emplea aquí *sapros* (corrompida, RVR), una palabra que se utiliza para hablar de árboles y frutas en descomposición.[21] Cuando se aplica al habla, sea que se refiera a su deshonestidad, falta de amabilidad o vulgaridad, sugiere algún tipo de daño hacia quien escucha. En lugar de hablar para dañar o destruir, debemos utilizar nuestro don singular del habla para **edificación**, es decir para ayudar a la gente a crecer. Entonces nuestras palabras serán **de bendición para quienes escuchan**.

Jesús enseñó la gran importancia de la palabra hablada. Nuestras palabras revelan lo que está en nuestro corazón, dijo, y tendremos que dar cuenta en el día del juicio de cada palabra ociosa que hayamos pronunciado.[22] Cuando enfatizó el inmenso poder de la lengua humana, tanto para el bien como para el mal, Santiago estaba simplemente haciéndose eco de la enseñanza de su Maestro.[23] Si somos verdaderamente una creación nueva de Dios, debemos desarrollar nuevos niveles de conversación. En lugar de herir a la gente con nuestras palabras, desearemos ayudar, alentar, alegrar, consolar y estimular. Muchas veces yo mismo me he sentido desafiado por la conversación contrastante del hombre sabio y el necio de Proverbios 12.18: 'El charlatán hiere con la lengua como con una espada, pero la lengua del sabio brinda alivio.'

No resulta claro en forma inmediata el porqué Pablo introduce ahora al Espíritu Santo: **No agravien al Espíritu Santo de Dios, con el cual fueron sellados para el día de la redención.** (v. 30). Por supuesto, el apóstol era consciente de que por detrás de las acciones de los seres humanos hay personalidades invisibles que están presentes y activas. Ya nos ha prevenido de no 'dar cabida al diablo' (v. 27); ahora nos pide que no agraviemos al Espíritu Santo. De esto resulta evidente que el Espíritu Santo es completamente personal, porque 'agraviar' (*lypeo*) es causar dolor, pena o aflicción, y sólo las personas pueden sentir estas cosas. Pero ¿qué es lo que puede afligir al Espíritu? Debido a que es el 'Espíritu Santo' siempre se entristece ante la falta de santidad, y debido a que es 'un' Espíritu (2.18; 4.4), también la desunión puede causarle dolor. En realidad, cualquier cosa incompatible con la pureza o la unidad de la iglesia es incompatible con su naturaleza y, por lo tanto, lo hiere. Uno podría agregar también que por ser el 'Espíritu de verdad', a través del cual Dios ha hablado, resulta agraviado por nuestro mal uso del lenguaje, que ha sido el tema de Pablo en el versículo precedente.

También notamos en el versículo 30 la referencia a que hemos sido **sellados** con el Espíritu **para el día de la redención**. Este hecho (como ya lo ha explicado Pablo en 1.13) tuvo lugar al comienzo de nuestra vida cristiana; el mismo Espíritu Santo, morando en nosotros, es el sello con el que Dios nos ha distinguido como propios. Aunque ya hemos sido redimidos en el sentido del perdón (v. 17), en este contexto el día de la redención apunta al final, cuando nuestros cuerpos sean redimidos, porque entonces nuestra redención o liberación será completa. Así que el 'sellado' y la 'redención' se refieren, respectivamente, al comienzo y al fin del proceso de salvación. Y es entre estos dos términos que debemos crecer a semejanza de Cristo y tener cuidado de no agraviar al Espíritu Santo. Porque el Espíritu Santo es sensible. Odia el pecado, la desunión y la mentira, y huye de ellos. Por lo tanto, si no queremos herirlo, nosotros también debemos huir de ellos. Cada cristiano lleno del Espíritu desea agradarle, no hacerlo sufrir.

e. No sean poco amables o amargados, sino amables y amantes | 4.31–5.2

[4.31] Abandonen toda amargura, ira y enojo, gritos y calumnias, y toda forma de malicia. [32]Más bien, sean bondadosos y compasivos unos con otros, y perdónense mutuamente, así como Dios los perdonó a ustedes en Cristo. [5.1]Por tanto, imiten a Dios, como hijos muy amados, [2]y lleven una vida de amor, así como Cristo nos amó y se entregó por nosotros como ofrenda y sacrificio fragante para Dios.

Aquí tenemos una serie completa de seis actitudes y acciones desagradables, que deben ser *abandonadas* enteramente. **Amargura** (*pikria*) es tener un espíritu y un lenguaje agrios. No hay nada más triste en las personas que una visión negativa y cínica de la vida. Citando a Aristóteles, Armitage Robinson lo define como 'un espíritu amargado y resentido que se niega a reconciliarse'.[24] **Ira** (*thymos*) y **enojo** (*orgē*) son obviamente similares. La primera denota un arrebato apasionado y la segunda una hostilidad más instalada y sombría. **Gritos** (*kraugē*) describe a la gente que se alborota, que alza su voz en una pelea y comienza a gritarle a los demás, mientras que **calumnias** (*blasphēmia*) es hablar mal de otros, especialmente por detrás, y por lo tanto difamar y aun destruir su reputación. La sexta palabra es **malicia** (*kakia*) o mala voluntad, esa actitud que desea y probablemente trama el mal en contra de la gente. Como alternativa, puede ser que esta palabra incluya los cinco vicios anteriores, es decir 'rencor almacenado, descontrolada indignación, arrebatos de ira, peleas públicas y burlas calumniadoras'.[25] No hay lugar para estas cosas desagradables en la comunidad cristiana; deben ser totalmente rechazadas.

En su lugar deberíamos dar la bienvenida a la clase de cualidades que caracterizan el comportamiento de Dios y su Cristo. Debemos ser **bondadosos y compasivos unos con otros**. La palabra 'bondadosos' es *chrētos* y por su obvia consonancia con el nombre de Cristo (*Christos*), los cristianos vieron desde el principio que era la palabra apropiada. Aparece en el Sermón del Monte, para nombrar la benignidad de Dios hacia 'los ingratos y los malvados'.[26] **Perdónense mutuamente** (*charizomenoi*) es literalmente 'actuando en gracia' unos con otros. Por lo tanto, debido a la misericordia de Dios y a sus acciones generosas para con nosotros, debemos **imitar** (*mimetai*) **a Dios como hijos muy amados.** Así como un niño imita a sus padres, también debemos imitar a nuestro Padre Dios, como Jesús mismo nos dijo.[27] También debemos seguir a Cristo y llevar **una vida de amor, así como Cristo nos amó y se entregó por nosotros.** El mismo verbo que se utiliza para entregarse a sí mismo (*paradidomi*) se utiliza también para los paganos en 4.19. Se entregan a sí mismos a una vida licenciosa; nosotros, como Cristo, debemos darnos en amor. Esta entrega de nosotros mismos por los otros es agradable a Dios. Así como con Cristo, también con nosotros el amor sacrificial es **ofrenda y sacrificio fragante para Dios.** Es una asombrosa verdad que el amor en sacrificio por los otros se transforma en sacrificio agradable a Dios.

Es notable lo centrada en Dios que es la ética paulina. Al presentar sus instrucciones morales, a Pablo le resulta natural mencionar a las tres personas de la Trinidad. Nos dice que 'imitemos a Dios', que 'aprendamos de Cristo' y que no 'agraviemos al Espíritu Santo'.

f. No hagan bromas acerca del sexo, sino den gracias por él | 5.3–4

> [5.3]Entre ustedes ni siquiera debe mencionarse la inmoralidad sexual, ni ninguna clase de impureza o de avaricia, porque eso no es propio del pueblo santo de Dios.
> [4]Tampoco debe haber palabras indecentes, conversaciones necias ni chistes groseros, todo lo cual está fuera de lugar; haya más bien acción de gracias.

Pablo pasa del 'autosacrificio … a lo diametralmente opuesto: la autoindulgencia',[28] del 'amor' genuino a la perversión de él, llamada 'lujuria'. Las palabras griegas para **inmoralidad sexual** (*porneia*) e **impureza** (*akatharsia*) cubren juntas toda clase de pecado sexual, en otras palabras, toda relación sexual fuera de su contexto: el matrimonio de amor ordenado por Dios. A ello Pablo añade **avaricia**, seguramente porque hace referencia a una forma degradante de ella, es decir la avaricia de utilizar el cuerpo de otro para la propia gratificación egoísta. El décimo mandamiento prohibía específicamente codiciar la mujer del prójimo, y más arriba en su carta Pablo había escrito acerca de la 'inmoralidad' que envuelven las prácticas impuras (4.19).[29] Ninguna forma de inmoralidad sexual, escribe, **entre ustedes ni siquiera debe**

mencionarse. No sólo debemos evitar caer en ellas; tampoco debemos pensar ni hablar acerca de ellas, tan completamente deben ser erradicadas de la comunidad cristiana. Esto era demandar un valor alto, porque en Asia lo común era la inmoralidad sexual. Y debido a que la diosa griega Artemisa (Diana para los romanos), 'Artemisa de los efesios', era la diosa de la fertilidad, su adoración y las orgías sexuales iban juntas.

El versículo 4 pasa de la inmoralidad a la vulgaridad. El término **indecentes** significa hablar obscenidades; **conversaciones necias … chistes groseros** son probablemente una alusión a los chistes pornográficos, que es la forma más baja del ingenio. Las tres expresiones se refieren a una mente sucia que se expresa en una conversación sucia. Pero estas cosas están **fuera de lugar; haya más bien**, dice Pablo, **acción de gracias**. El contraste es llamativo y hermoso. La acción de gracias no es en sí misma un sustituto obvio de la vulgaridad, ya que esta última está centrada en uno mismo y la primera lo está en Dios. Pero quizás es a eso a lo quiere llegar Pablo: 'Mientras la impureza sexual y la codicia expresan la autogratificación, el agradecimiento es exactamente lo opuesto, y por lo tanto el antídoto apropiado; es el reconocimiento de la generosidad de Dios.'[30] Me parece, sin embargo, que Pablo está simplemente ubicando a la vulgaridad y al agradecimiento en oposición una con la otra, como las alternativas pagana y cristiana frente al sexo. Por cierto que los cristianos tienen una mala reputación de ser negativos en cuanto al sexo. El doctor Michel Foucault, profesor de Historia de Sistemas de Pensamiento en Francia desde 1970, escribió una *Historia de la Sexualidad* en tres volúmenes. Al explicar su trabajo al diario *Le Monde,* en enero de 1977, habló de 'la intolerable carga legal del cristianismo al signar al sexo como pecado'. Y es cierto que algunos de nuestros antecesores victorianos se acercaron a esta identificación. Pero la razón por la cual los cristianos deberían evitar la vulgaridad no es porque tengan una visión distorsionada del sexo, o estén avergonzados de él, o le tengan miedo, sino porque tienen de él una visión elevada y santa, y lo consideran uno de los buenos dones de Dios cuando ocupa el debido lugar y no quieren verlo degradado. Todos los dones de Dios, incluyendo el sexo, son temas de agradecimiento en lugar de bromas groseras. Burlarse de ellos lleva a degradarlos; agradecer a Dios por ellos es la manera de preservar su valor como bendiciones de un Creador amoroso.

Conclusión

¿Cuál es el tema que ha recorrido el capítulo 4 y se extiende hasta el 5? Estos capítulos son un conmovedor llamado a la unidad y pureza de la iglesia; pero son más que eso. Su tema es la integración de la experiencia cristiana (lo que somos), la teología cristiana (lo que creemos) y la ética cristiana (cómo nos comportamos). Enfatizan que ser, pensar y actuar van juntos, y nunca deben separarse. Porque lo que somos gobierna lo que pensamos, y nuestra manera de pensar determina nuestra acción. Somos la nueva sociedad de Dios, un pueblo que se ha quitado la vida vieja y se ha puesto la nueva. Necesitamos recordar por la renovación diaria de nuestras mentes, que 'aprendimos sobre Cristo … conforme a la verdad que está en Jesús' (RVR), y pensar cristianamente acerca de nosotros mismos y de nuestro nuevo estado. Entonces debemos cultivar activamente una vida cristiana. Porque la santidad no es una condición en la cual nos sumergimos. No somos espectadores pasivos de la santificación que Dios obra en nosotros. Por el contrario, debemos voluntariamente 'quitarnos' toda conducta incompatible con nuestra vida nueva en Cristo, y 'ponernos' un estilo de vida compatible con él.

Dos palabras resumen este tema. En 4.1 Pablo nos ruega que andemos 'de una manera digna' del llamado de Dios, y en 5.3 nos dice que evitemos la inmoralidad 'porque esto no es propio del pueblo santo de Dios'. Es lamentable que la palabra 'santos' se haya llegado a usar, si no para héroes de la iglesia que han sido canonizados, al menos para gente excepcional y a menudo excéntrica, que se distingue de otros por su constitución pálida, su mirada celestial y su halo invisible. Pero 'los santos' son todo el pueblo de Dios que ha sido reconciliado con él y entre sí. Por lo tanto, cierta clase de conducta es 'digna' o 'propia', adecuada a quienes somos, mientras que otras son 'indignas' o 'inapropiadas', inconvenientes.

¡Que nadie diga que la doctrina no importa! La buena conducta surge de la buena doctrina. Sólo cuando hemos aprehendido claramente quiénes somos en Cristo, crecerá en nuestro interior el deseo de vivir una vida digna de nuestro llamado y coherente con nuestro carácter de nueva sociedad de Dios.

9
Más incentivos para la rectitud
Efesios 5.5–21

Resulta arbitrario, de algún modo, sugerir una pausa después del versículo 4 y comenzar un nuevo párrafo con el versículo 5, especialmente cuando en ambos se habla del mismo tema de la moralidad sexual. Sin embargo, los versículos 3 y 4 parecen pertenecer a los ejemplos prácticos de conducta ética de la sección anterior, donde cada uno presenta un equilibrio entre prohibición y mandamiento. Después de ellos, aunque en el versículo 5 continúa con el tema del sexo, se advierte que el énfasis ha cambiado. Pablo pasa de su tratamiento de la conducta cristiana a los modelos de motivación, y añade cuatro incentivos poderosos para vivir correctamente.

Todos los empleadores del comercio y la industria saben de la importancia vital de los incentivos. ¿Cómo se puede persuadir a los obreros a trabajar más y mejor, y de ese modo incrementar la productividad o las ventas? Se ofrecen toda clase de incentivos bajo la forma de salarios más altos, condiciones más atractivas, bonos, vacaciones, facilidades recreativas y educacionales y más tarde perspectivas de retiro y pensión. Sin embargo, los mejores incentivos no son ni materiales ni egoístas. Los empleadores sabios buscan darle a su fuerza de trabajo un alto interés en la labor, una lealtad más grande hacia la firma y un sentimiento de orgullo por lo que están haciendo o vendiendo. Todo esto atestigua la naturaleza humana, hecha a semejanza de Dios, ya que hombres y mujeres necesitan razones para esforzarse, ideales que los inspiren y un sentido de creatividad que los satisfaga. Por lo tanto, no sorprende que la Biblia, que nos da esta doctrina de la humanidad, esté también preocupada no sólo por la obligación sino también por la motivación. La gente sabe lo que debe hacer: ¿cómo puede motivársela para que lo haga? He aquí un aspecto de la doctrina de la santificación (es decir del proceso de llegar a ser como Cristo), una doctrina que se enfatiza mucho en la Biblia y lamentablemente se descuida en la iglesia contemporánea.

El apóstol ha estado argumentando que, porque somos la nueva sociedad de Dios, debemos adoptar nuevos valores, y porque nos hemos 'quitado' decisivamente la vida antigua y nos hemos 'puesto' la nueva, debemos llevar la ropa apropiada. Ahora añade más argumentos para la santidad. El primero habla de la solemne certeza del juicio (vv. 5–7); el segundo, de lo que él llama 'fruto de la luz' (vv. 8–14), es decir las consecuencias de ser pueblo que pertenece a la luz; el tercero, la naturaleza de la sabiduría (vv. 16–17); y el cuarto, la plenitud del Espíritu Santo (vv. 18–21).

1. La certeza del juicio | 5.5–7

5.5 Porque pueden estar seguros de que nadie que sea avaro (es decir, idólatra), inmoral o impuro tendrá herencia en el reino de Cristo y de Dios. 6Que nadie los engañe con argumentaciones vanas, porque por esto viene el castigo de Dios sobre los que viven en la desobediencia. 7Así que no se hagan cómplices de ellos.

Son muchas las razones que se dan en el Nuevo Testamento del porqué los cristianos deben abstenerse de la inmoralidad. Está, por ejemplo, la teología trinitaria del cuerpo humano (creado por Dios, perteneciente a Cristo y morada del Espíritu) que Pablo desarrolla en 1 Corintios 6.12–20. Luego está la incoherencia intrínseca de adoptar prácticas no santas por parte del pueblo santo de Dios; en otras palabras, ser sexualmente licenciosos simplemente 'no es propio del pueblo santo de Dios' (v. 3). Y ahora está el temor al juicio. Muchas de las personas inmorales no sufren consecuencias de su inmoralidad aquí en la tierra, pero ninguna de ellas escapará para siempre de ser detectada, condenada y sentenciada eternamente. **Porque pueden estar seguros,** previene Pablo, ya que no queda duda al respecto, que **nadie que sea … inmoral o impuro tendrá herencia en el reino de Cristo y de Dios.** Notamos al pasar la notable unión entre Cristo y Dios en esta expresión. El artículo definido no se repite en el original, por lo tanto el reino se le adjudica a él, que es a la vez 'Cristo' y 'Dios'.

Y este reino divino es un reino de rectitud, del cual debe ser excluida toda incorrección.[1]

Debemos ser cautelosos, sin embargo, al aplicar este severo concepto. No debe entenderse que un solo pensamiento, palabra o acción impura es suficiente para descalificarnos del cielo; si así fuera ¿quién de nosotros podría reunir los méritos suficientes? No, para aquellos que caen en tales pecados por debilidad, pero luego se arrepienten con vergüenza y humillación, hay perdón. La persona inmoral o impura que se describe aquí, es aquella que se ha abandonado a esta manera de vivir, sin vergüenza ni penitencia, un avaro en el sentido en que ya se ha definido, es decir un inmoral (4.19; 5.3). Y añade Pablo que es 'idolatría'. Tal gente, cuya lujuria se ha transformado en una obsesión idólatra, no tendrá parte en el reino perfecto de Dios.

Que nadie los engañe, continúa el apóstol. Ya los ha urgido a reconocer la verdad del juicio divino (**pueden estar seguros**); ahora los previene contra las **argumentaciones vanas** de los falsos maestros que intentaban persuadirlos de lo contrario. En su época, los gnósticos argumentaban que los pecados corporales podían cometerse con impunidad y sin dañar el alma. En nuestra época hay muchos engañadores, hasta en la iglesia. Enseñan que Dios es demasiado bueno para condenar a todos, y que todos llegarán finalmente al cielo, sin tomar en cuenta su comportamiento en la tierra. Pero sus palabras están vacías y su enseñanza es engañosa. El universalismo (es decir, la salvación final para todos) es una mentira. La verdad es que **por esto** (estas prácticas idolátricas, lujuriosas, malas, inmorales) **viene el castigo de Dios sobre los que viven en la desobediencia**. Literalmente, la última frase es un hebraísmo ('hijos de desobediencia', RVR), que ya aparece en 2.2, y que significa simplemente 'los desobedientes', aquellos que conocen la ley de Dios y la desobedecen voluntariamente. El castigo de Dios cae sobre ellos, comenzando ahora y culminando en el día del juicio.[2]

Así que no se hagan cómplices de ellos, concluye Pablo, porque el reino de Dios es justo y el castigo de Dios caerá sobre los injustos. Pablo no está prohibiendo todo contacto o asociación con estas personas. Si así fuera no podríamos llevarles las buenas nuevas ni buscar la manera de apartarlos de sus malos caminos. Y necesitaríamos salir del mundo, cosa que Cristo ha prohibido.[3] La palabra griega *summetochoi* se refiere a la complicidad y no a la simple asociación o relación. Porque si compartimos sus prácticas, como se le advirtió a Lot en Sodoma, corremos el riesgo de compartir su condenación.

No sería difícil que un cristiano leyera rápidamente un párrafo como este sin detenerse a reflexionar, dando por sentado que se aplica a los no cristianos y no a nosotros. ¿Acaso no nos ha asegurado Pablo, al comienzo de su carta, de nuestra herencia celestial, enseñándonos que el Espíritu Santo que está en nosotros es la garantía de Dios, nuestro anticipo, y nuestra primera visión de ella, hasta adquirirla finalmente?[4] ¿Y no ha orado para que sean abiertos nuestros ojos para ver 'la riqueza de su gloriosa herencia' que un día será nuestra?[5] Sí, por cierto que lo ha hecho. Al mismo tiempo, también nos dirige esta advertencia acerca del peligro de perder nuestra herencia en el reino de Dios. ¿Cómo podemos reconciliar ambas cosas? Sólo recordando que la seguridad de la salvación no es motivo de presunción ni excusa para caer en ella. Si cayéramos en una vida de codiciosa inmoralidad estaríamos brindando clara evidencia de que somos, después de todo, idólatras y no adoradores de Dios, desobedientes en lugar de obedientes, y por lo tanto herederos, no del cielo sino del infierno. El apóstol nos hace una advertencia solemne; seremos sabios si la tomamos en cuenta.

2. El fruto de la luz | 5.8–14

[5.8] Porque ustedes antes eran oscuridad, pero ahora son luz en el Señor. Vivan como hijos de luz [9](el fruto de la luz consiste en toda bondad, justicia y verdad) [10]y comprueben lo que agrada al Señor. [11]No tengan nada que ver con las obras infructuosas de la oscuridad, sino más bien denúncienlas, [12]porque da vergüenza aun mencionar lo que los desobedientes hacen en secreto. [13]Pero todo lo que la luz pone al descubierto se hace visible, [14]porque la luz es lo que hace que todo sea visible. Por eso se dice: 'Despiértate, tú que duermes, levántate de entre los muertos, y te alumbrará Cristo.'

Pablo continúa dando una razón adicional para no comprometernos con la conducta mala de la gente inmoral. Ahora se basa no en el futuro (el juicio venidero de Dios), sino en el pasado y en el presente (la diferencia entre lo que sus lectores eran antes y son ahora).

Todo el párrafo juega con el rico simbolismo de oscuridad y luz. La 'oscuridad' representa ignorancia, error y maldad; la 'luz' representa la verdad y la rectitud. En 4.17–18 ya ha pintado el entendimiento oscurecido de los paganos. Antes, sus lectores eran como ellos: **Antes eran oscuridad, pero ahora son luz en el Señor.** Notemos que no dice que estaban *en* oscuridad y que ahora están *en* luz. Esto último es cierto, como lo dicen los escritores del Nuevo Testamento.[6] Pero lo que Pablo escribe aquí es más sorprendente todavía: ellos mismos son ahora 'luz'. 'Sus vidas y no sólo sus circunstancias',[7] habían cambiado de la oscuridad a la luz. Y esta transformación radical había tenido lugar 'en el Señor', por virtud de su unión con aquel que había proclamado que él era la luz del mundo.[8] Así que, porque habían llegado a ser 'luz en el Señor', debían vivir **como hijos de luz**, 'como quienes pertenecen a la luz' (DHH). Su conducta debe estar de acuerdo con su nueva identidad. Deben irradiar la luz que son, y 'debe notarse en su conducta' (BAD).

¿Qué significará esto en la práctica? Significará una vida radiante **en toda bondad, justicia y verdad**, porque estas cosas son **fruto de la luz** (algunos manuscritos dicen 'fruto del Espíritu', pero probablemente sea una asimilación a Gálatas 5.22; 'fruto de luz' es la traducción más adecuada). Es posible que Pablo siga con su metáfora y esté asemejando la bondad y la verdad que crecen por la luz de Cristo con una cosecha que está madurando bajo el sol. Por cierto que si van a vivir consistentemente como 'hijos de luz' deben comprobar (*dokimazō* es comprobar, discernir y aprobar) **lo que agrada al Señor**. La metáfora de la luz habla vívidamente de la transparencia y apertura cristianas, de vivir gozosamente en la presencia de Cristo, sin nada que ocultar o temer.

Lamentablemente, sin embargo, no es posible vivir en la luz y disfrutarla sin adoptar también alguna actitud hacia aquellos que aún viven en la oscuridad. ¿Qué actitud será esta? Negativamente, **no tengan nada que ver con las obras infructuosas de la oscuridad.** Mientras que la luz produce el fruto de la bondad y la verdad, las obras de la oscuridad son infructuosas, improductivas, estériles; no tienen resultados beneficiosos. Así que no debemos tomar parte en ellas, **sino más bien**, exponerlas, demostrar lo que son, denunciarlas. Puede que no deseemos hacer esto, pero no podemos evitarlo, porque esto es lo que la luz hace invariablemente. Por otro lado, las obras malas merecen ser denunciadas, es decir desenmascaradas y reprendidas, **porque da vergüenza aun mencionar lo que los desobedientes hacen en secreto.**

El versículo 13 elabora el doble valor de una exposición cristiana del mal. Primero, **todo lo que la luz pone al descubierto se hace visible.** Esto siempre es bueno. La oscuridad oculta las feas realidades del mal; la luz las hace visibles. Entonces se ve el mal tal como es, sin ninguna posibilidad de conciliación o subterfugio. Segundo, 'todo lo que se hace visible es luz' (BA, expresa este versículo más literalmente que NVI). La economía de palabras que hace Pablo dificulta la certeza de lo que quiere decir con esta afirmación. Pero parece estar describiendo un segundo aspecto de lo que hace la luz: transforma lo que ilumina en luz. Esto puede significar que los cristianos, al llevar una vida recta, actúan como un freno y reforman a los que hacen mal; sí, y hasta los convierten. Porque a medida que brilla su luz, lo que se hace visible, de pronto, *es luz,* así como los efesios mismos **son luz** (v. 8). BAD parafrasea '¡Y a veces muchos, al comprender su iniquidad, se vuelven hijos de la luz!' Si esto es correcto, entonces Pablo ha llevado su argumento acerca de la luz y de la oscuridad a un buen clímax. 'Denuncia' suena negativo; pone en evidencia lo que es la gente, juzgándola, condenándola. Y es así. Pero la luz que denuncia tiene un poder evangelizador positivo también, 'la luz de un alma alumbrando a otra'.[9] Porque puede provocar, en quien ve la fealdad del mal, convicción de su pecado y por lo tanto, fe penitente en Jesús. Este es pues el doble efecto que la luz de un cristiano tiene sobre la oscuridad prevaleciente: la pone en evidencia y alumbra.

El versículo 14 es la conclusión natural. Pablo cierra su argumento con una cita adecuada, que puede ser el resumen de la enseñanza de un versículo del Antiguo Testamento como Isaías 61.1 (ya que *legei,* 'se dice', normalmente introduce una cita bíblica); o, como lo sugieren muchos comentaristas modernos, es un extracto de un himno bautismal o pascual: **Despiértate, tú que duermes, levántate de entre los muertos, y te alumbrará Cristo.** Aquí se describe gráficamente nuestra primera condición en Adán, en términos de sueño, muerte y oscuridad. De todo ello nos rescata Cristo. La conversión es nada menos que despertarnos del sueño, levantarnos de entre los muertos y ser traídos fuera de la oscuridad a la luz de Cristo. ¡No es extraño entonces que debamos vivir una vida nueva como consecuencia de ello!

3. La naturaleza de la sabiduría | 5.15–17

5.15 Así que tengan cuidado de su manera de vivir. No vivan como necios sino como sabios, 16aprovechando al máximo cada momento oportuno, porque los días son malos.
17 Por tanto, no sean insensatos, sino entiendan cuál es la voluntad del Señor.

El pequeño párrafo siguiente de Pablo se basa sobre dos supuestos: primero, que los cristianos son *sophoi* —gente sabia, no necia— y segundo, que la sabiduría cristiana es sabiduría práctica, porque nos enseña cómo comportarnos. Su palabra para 'comportarse' a lo largo de la carta ha sido un concepto hebreo, 'andar', que NVI generalmente traduce 'vivir'. Nuestro andar o comportamiento cristiano, ha escrito Pablo, ya no debe estar de acuerdo con el del mundo, la carne y el diablo (2.1–3), ni con el de los paganos (4.17). En lugar de ello, debe ser 'digno' del llamado de Dios, 'como hijos muy amados', y 'como hijos de luz' (4.1; 5.1; 5.8). Ahora añade una exhortación más general para que nos comportemos como la gente sabia que él confía que somos: **tengan cuidado de su manera de vivir,** escribe. Todo lo que vale la pena hacer requiere diligencia. Todos nos preocupamos por las cosas que nos parecen importantes: nuestro trabajo, nuestra educación, nuestro hogar y familia, nuestros entretenimientos, nuestra ropa y apariencia. De la misma manera, como cristianos debemos preocuparnos acerca de nuestra vida cristiana. Debemos tratarla con la seriedad que merece. 'Tengan cuidado de cómo se comportan. Vivan como gente que piensa lo que hace, y no como tontos' (TLA). ¿Cuáles son, pues, las características de las personas sabias que dan importancia a su discipulado cristiano?

Primero, la gente sabia vive **aprovechando** (*exagorazō*) **al máximo cada momento oportuno** (*kairos*). El verbo *exagorazō* puede significar 'redimir' o 'comprar totalmente' y si se lo utiliza aquí, es para significar 'rescatar el tiempo de su esclavitud del mal'.[10] Pero probablemente signifique 'comprar totalmente'. *Kairos,* 'tiempo', se refiere a toda oportunidad que se nos da.

Las personas sabias saben que el tiempo es un bien precioso. Todos tenemos la misma cantidad de tiempo a nuestra disposición, con sesenta minutos en cada hora y veinticuatro horas cada día. Ninguno de nosotros puede estirar el tiempo. Pero los sabios pueden utilizarlo sacándole la máxima ventaja. Saben que el tiempo pasa y que **los días son malos**. Así que se toman de cada oportunidad que pasa mientras aún la tienen. Porque una vez que ha pasado ni siquiera los sabios pueden recuperarla. Alguien publicó una vez lo siguiente: 'Perdidas, ayer, en algún momento entre el amanecer y el atardecer, dos horas de oro, cada una engarzada con sesenta minutos de diamante. No se ofrece recompensa, porque se han ido para siempre.'[11] En contraste, Jonathan Edwards, el teólogo-filósofo que fue instrumento de Dios en el 'Gran Avivamiento' de América en 1734–35, escribió en una de sus famosas *Resoluciones,* precisamente antes de su vigésimo cumpleaños: 'Resuelto: No perder nunca un momento de tiempo, sino utilizarlo de la manera más beneficiosa posible.' Era un hombre sabio, porque la primera señal de sabiduría que Pablo da aquí es el uso disciplinado del tiempo.

En segundo lugar, los sabios 'entienden cuál es la voluntad de Dios'. Están seguros de que, mientras la propia voluntad es insensata, la sabiduría se encuentra en la voluntad de Dios y en ningún otro lado. **Por tanto, no sean insensatos, sino entiendan cuál es la voluntad del Señor** (v. 17). Jesús mismo oró: 'No se cumpla mi voluntad, sino la tuya' y nos enseñó a orar 'hágase tu voluntad en la tierra como en el cielo'. Nada es más importante en la vida que descubrir y hacer la voluntad de Dios. Más adelante, en el proceso de descubrirla, es esencial distinguir entre su voluntad 'general' y 'particular'. La primera se llama así porque se refiere a la generalidad de su pueblo y es la misma para todos nosotros, por ejemplo, que Dios desea hacernos como Cristo. Su voluntad particular, sin embargo, se extiende a las particularidades de nuestra vida y es diferente para cada uno, por ejemplo qué carrera seguir, si debemos casarnos, y si es así, con quién. Sólo después de haber hecho esta distinción podemos considerar cómo encontrar **cuál es la voluntad del Señor**. Su voluntad 'general' está en las Escrituras; la voluntad de Dios para el pueblo de Dios ha sido revelada en la Palabra de Dios. Pero no encontraremos su voluntad 'particular' en las Escrituras. Encontraremos en ellas principios generales que nos guiarán, y nos harán sentir seguros, pero las decisiones detalladas tienen que tomarse después de pensar y orar cuidadosamente y buscar el consejo de los creyentes maduros y experimentados.

4. La plenitud del Espíritu Santo | 5.18–21

^{5.18}No se emborrachen con vino, que lleva al desenfreno. Al contrario, sean llenos del Espíritu. ¹⁹Anímense unos a otros con salmos, himnos y canciones espirituales. Canten y alaben al Señor con el corazón, ²⁰dando siempre gracias a Dios el Padre por todo, en el nombre de nuestro Señor Jesucristo.
²¹Sométanse unos a otros, por reverencia a Cristo.

Pablo ya les ha dicho a sus lectores que han sido 'sellados' con el Espíritu Santo y que no deben 'agraviarlo' (1.13; 4.30). Ahora les exige, **sean llenos del Espíritu**. No hay secreto más grande para la santidad que estar llenos de aquel cuya naturaleza y hasta su nombre es 'santo'.

Gramaticalmente hablando, este párrafo presenta dos imperativos (los mandamientos de no embriagarse y de ser llenos del Espíritu), seguidos por cuatro participios presentes (animando, cantando, agradeciendo y sometiéndose). En cuanto a lo teológico, primero nos presenta nuestro deber cristiano (evitar la embriaguez y buscar la plenitud del Espíritu), y luego describe cuatro consecuencias de esta condición espiritual, en términos de nuestras relaciones. 'Sean llenos del Espíritu' es un asunto muy discutido y debatido en nuestros días; será importante que estudiemos cuidadosamente la enseñanza paulina.

El apóstol comienza trazando cierta comparación entre la embriaguez y la plenitud del Espíritu Santo: **No se emborrachen con vino,** dice ... **Al contrario sean llenos del Espíritu.** Y es cierto que hay una similitud superficial entre las dos condiciones. Una persona embriagada, decimos, está 'bajo la influencia del alcohol'; y por cierto que un cristiano lleno del Espíritu está bajo su influencia y poder. Pero allí termina la comparación y comienza el contraste. Por supuesto que en el culto pagano a Dionisio, la intoxicación era un medio de inspiración. Pero es un error serio suponer que estar lleno con el Espíritu de Jesucristo es una clase de embriaguez en la que perdemos control de nosotros mismos. Por el contrario 'dominio propio' (*enkrateia*) es la cualidad final denominada 'fruto del Espíritu' de Gálatas 5.22–23. Bajo la influencia del Espíritu Santo no perdemos el control, lo ganamos. Es cierto que en el día de Pentecostés algunos dijeron que los discípulos llenos del Espíritu 'estaban borrachos'. Pero fueron una minoría, descritos por Lucas como 'otros'; la mayoría no pensaba tal cosa sino que se maravillaban de escuchar las palabras solemnes de Dios anunciadas en sus propios idiomas. Parece que la minoría ni siquiera era sincera al atribuir embriaguez a los cristianos llenos del Espíritu. Lucas dice que se mofaban de ellos, para que la obra del Espíritu Santo fuera burlonamente interpretada.[12]

El primer capítulo de la exposición sobre Efesios 5.18–6.9 del doctor Martyn Lloyd-Jones, tiene por título *La vida en el Espíritu: En el matrimonio, el hogar y el trabajo*. Escribiendo como médico y como pastor, compara ilustrativamente y contrasta los dos estados, el de ebriedad y el de la plenitud del Espíritu. Dice: "El vino (o el alcohol) … hablando en sentido farmacológico, no es un estimulante, es un depresivo. Si se toma cualquier libro sobre farmacología y se busca 'alcohol' se encontrará siempre que está clasificado entre los depresivos. No es un estimulante."[13] Más adelante dice: 'Deprime totalmente los centros de mayor importancia en el cerebro … Controla todo lo que da a un ser humano autodominio, sabiduría, comprensión, discriminación, juicio, equilibrio, poder de evaluar las cosas; en otras palabras, todo lo que hace que una persona se comporte de la manera mejor y más elevada.'[14] Lo que hace el Espíritu Santo es exactamente lo opuesto. 'Si fuera posible poner al Espíritu Santo en un texto de farmacología, lo pondría bajo el rubro de estimulantes, porque a ellos pertenece … Estimula todas nuestras facultades … la mente y el intelecto … el corazón … y la voluntad …'[15]

Veamos ahora cómo pinta Pablo el contraste. El resultado de la embriaguez, escribe, es el **desenfreno** (*asōtia*). Los ebrios dan lugar a acciones irracionales, disolutas y descontroladas. Se comportan como animales y aun peor que ellos. Los resultados de estar llenos del Espíritu son totalmente diferentes. Si el alcohol excesivo deshumaniza, transformando a un ser humano en una bestia, la plenitud del Espíritu nos hace más humanos, porque nos hace como a Cristo.

El apóstol hace a continuación una lista de los cuatro resultados beneficiosos de estar llenos con el Espíritu.

a. La comunión: Anímense unos a otros con salmos, himnos y canciones espirituales | 5.19a

Esto no significa que si estamos llenos del Espíritu, debemos dejar de hablarnos unos a otros y comenzar a cantar. No, la referencia es a la comunión cristiana, y la mención de **salmos, himnos y canciones espirituales** (que no resultan fácilmente distinguibles, aunque la primera palabra comprende un acompañamiento musical) indica que el contexto es la adoración pública. Cuando los cristianos se reúnen, les gusta cantar, tanto a Dios como unos a otros. Algunas veces cantamos alternando respuestas, como lo hacían los judíos en el templo y en la sinagoga, y como también hacían los cristianos primitivos, que se encontraban antes de que amaneciese 'a recitar antifonalmente un himno a Cristo como a un Dios'.[16] También algunos de los salmos que cantamos en realidad no son de adoración a Dios sino de exhortación mutua. Un buen ejemplo es el Salmo 95, el *Venite*, en el que deberíamos mirarnos unos a otros y cantar: 'Venid, aclamemos alegremente a Jehová; cantemos con júbilo a la Roca de nuestra salvación' (RVR). He aquí la comunión en la adoración, una invitación recíproca a la alabanza.

b. La adoración: Canten y alaben (quizás los verbos aluden a música vocal e instrumental) al Señor con el corazón | 5.19b

Aquí el canto no es 'unos a otros' sino 'al Señor'. Aunque NVI traduce 'con el corazón', la frase griega probablemente significa, como lo transcribe RVR 'en vuestros corazones', como en Colosenses 3.16, refiriéndose a la sinceridad o a la introspección de la auténtica alabanza cristiana, o a ambas. BAD expresa: 'Eleven al Señor la alabanza de sus corazones' y esto puede reconfortar a aquellos que carecen de capacidad musical y no pueden entonar. En este caso la adoración puede ser silenciosa, aunque al mismo tiempo sea gozosa y melodiosa. Sin duda los cristianos llenos del Espíritu tienen un canto de gozo en sus corazones, y la adoración pública llena del Espíritu es una celebración gozosa de los hechos poderosos de Dios, aunque J. Armitage Robinson sugiere que Pablo 'contrasta la alegría bochinchera del vino con la alegría sobria de la salmodia sagrada'.[17]

c. La gratitud: dando siempre gracias a Dios el Padre por todo, en el nombre de nuestro Señor Jesucristo | 5.20

El llamado al agradecimiento es común en las cartas de Pablo.[18] El espíritu quejoso no es compatible con el Espíritu Santo. La queja era uno de los pecados que acosaban al pueblo de Israel. Siempre estaban 'murmurando' contra el Señor y contra Moisés. Pero el creyente lleno del Espíritu rebosa agradecimiento y no quejas.

Aunque el texto dice que debemos dar gracias **siempre** y **por todo**, no debemos tomar literalmente estas palabras. Porque no podemos agradecer a Dios absolutamente 'por todo', incluyendo la maldad. En algunos círculos cristianos está ganando terreno la extraña noción de que el secreto mayor de la libertad y la victoria cristianas es la alabanza incondicional; que un esposo debe alabar a Dios por el adulterio de su esposa y una esposa por la ebriedad de su esposo; y que aun las peores calamidades de la vida deberían ser objeto de agradecimiento y alabanza. Tal sugerencia es una peligrosa verdad a medias y hasta puede llegar a ser ridícula y aun blasfema. Es verdad que los hijos de Dios aprenden a no discutir con él en medio de su sufrimiento, sino a confiar, y aun a agradecerle por su provisión amorosa por medio de la cual puede transformar el mal en algo bueno (Romanos 8.28). Pero eso es alabar a Dios por ser Dios, no es alabarlo por el mal. Esto último sería reaccionar insensiblemente ante el dolor de la gente (cuando la Escritura nos dice que debemos llorar con los que lloran) y aun alentar el mal (cuando la Escritura nos dice que debemos odiarlo y resistir al diablo). Dios abomina el mal y no podemos alabarlo o agradecerle por lo que él abomina.

Así que ese 'por todo' por el que debemos dar gracias a Dios, debe entenderse en su contexto, es decir **a Dios el Padre por todo, en el nombre de nuestro Señor Jesucristo**. Nuestro agradecimiento debe ser por todas las cosas que sean consistentes con la amante paternidad de Dios y la autorrevelación que nos ha dado en Jesucristo. Una vez más la doctrina de la Trinidad da forma y dirección a nuestra devoción. Cuando estamos llenos del Espíritu Santo agradecemos a Dios nuestro Padre en el nombre del Señor Jesucristo.

d. La sumisión: Sométanse unos a otros, por reverencia a Cristo | 5.21

Aunque la NVI comienza un párrafo nuevo con este versículo, y lo traduce como un imperativo, en realidad es otro participio presente (*hypotassomenoi*), que depende del mandamiento 'sean llenos del Espíritu', como los tres anteriores. Algunas veces, una persona que dice estar llena del Espíritu se torna agresiva, autoafirmativa y vanidosa. Pero el Espíritu Santo es un espíritu humilde, y aquellos que están realmente llenos de él, siempre muestran la mansedumbre y bondad de Cristo. Una de sus características más evidentes es que se someten unos a otros.

También se someten a Dios, porque su sumisión mutua es **por reverencia a Cristo**, o en terminología más familiar 'en el temor de Cristo'. Aquellos que están verdaderamente sujetos a Jesucristo no encuentran dificultades en someterse también unos a otros. Incidentalmente, esta expresión 'en el temor de Cristo' es un testimonio notable, aunque directo, de la creencia paulina en la deidad de Jesús, ya que el pedido habitual del Antiguo Testamento era vivir 'en el temor de Dios'. Hay muchas otras 'cristianizaciones' del Antiguo Testamento en este capítulo. Por ejemplo, el reino de Dios es de Cristo (v. 5). Debemos agradar a Cristo y buscar su voluntad, de la misma manera que antes de Cristo la gente buscaba agradar y hacer la voluntad de Dios (vv. 10, 17). Adorar a Dios es adorar a Cristo (v. 19). En los tres versículos mencionados, 'el Señor' es el título que le daban a Jesús.

Tales son los sanos resultados de la plenitud del Espíritu Santo. Todos se refieren a nuestras relaciones. Si estamos llenos del Espíritu, estaremos relacionados armoniosamente tanto con Dios (adorándolo con gozo y agradecimiento) como con los demás (hablando y sometiéndonos uno al otro). En resumen, los cristianos llenos del Espíritu aman a Dios y se aman unos a otros, lo cual no resulta sorprendente ya que el primer fruto del Espíritu es el amor.

Ahora necesitamos volver al imperativo del cual dependen estos cuatro participios, es decir, deber y privilegio cristiano del cual resultan cuatro actitudes cristianas. Es el mandamiento: 'Sean llenos del Espíritu.' La forma exacta del verbo *plērousthe* es sugestiva.

Primero, está en el *modo imperativo*. 'Sean llenos' no es una propuesta tentativa, sino un mandamiento autoritario. No tenemos libertad para evadir esta responsabilidad como tampoco las muchas otras que la acompañan en Efesios. Ser llenos del Espíritu es obligatorio, no optativo.

Segundo, está en *plural*. En otras palabras, está dirigido a toda la comunidad cristiana. Ninguno de nosotros debe embriagarse; todos nosotros debemos ser llenos del Espíritu. La plenitud del Espíritu no es un privilegio elitista, sino que está a disposición de todo el pueblo de Dios.

Tercero, está en *voz pasiva*: Sean llenados por el Espíritu Santo. No existe una técnica para aprender ni una fórmula para recitar. Dos condiciones esenciales son el arrepentimiento penitente de aquello que contrista al Espíritu Santo y una apertura de fe que no le impida llenarnos. Es significativo que el pasaje paralelo de Colosenses no dice 'Sean llenos del Espíritu' sino 'que habite en ustedes la palabra de Cristo con toda su riqueza' (3.16). Nunca debemos separar Espíritu y Palabra. Obedecer a la Palabra y recibir al Espíritu son virtualmente acciones idénticas.

Cuarto, está en *tiempo presente*. En griego hay dos clases de imperativo: un aoristo que describe una sola acción, y un presente, cuando la acción es continua. Así, cuando Jesús dijo durante la fiesta de bodas en Caná: 'Llenen de agua las tinajas' (Juan 2.7) el imperativo es aoristo, ya que las tinajas debían llenarse una sola vez. Pero cuando Pablo nos dice 'Sean llenos de Espíritu' utiliza un imperativo presente, que indica que debemos continuar siendo llenados. Porque la plenitud del Espíritu no es una experiencia de una vez para siempre que no podemos perder nunca, sino el privilegio de ser renovados continuamente por una creencia continua y una apropiación obediente. Hemos sido 'sellados' por el Espíritu de una vez y para siempre; pero necesitamos ser llenados del Espíritu y llenarnos cada día y cada momento del día.

He aquí, pues, un mensaje tanto para el derrotista como para el complaciente, es decir, para los cristianos de polos opuestos en el espectro espiritual. A los vencidos, Pablo les diría: 'Sean investidos del Espíritu y él les dará un nuevo amor, gozo, paz, paciencia, benignidad, bondad, fidelidad, mansedumbre y templanza.' A los complacientes, Pablo les diría: 'Continúen siendo llenados del Espíritu. Agradezcan a Dios por lo que les ha dado hasta aquí. Pero no digan que ya han llegado a la meta. Porque aún hay mucho, mucho más por delante.'

IV
Nuevas relaciones
Efesios 5.21–6.24

10
Esposos y esposas
Efesios 5.21–33

Pablo ha estado bosquejando los nuevos valores que Dios espera de su sociedad, la iglesia, especialmente en términos de su unidad y su pureza. Estas dos cualidades son indispensables para una vida digna del llamado y acorde con la naturaleza del pueblo de Dios. Ahora pasa a tratar las nuevas relaciones que, inevitablemente, descubre el nuevo pueblo de Dios, y al hacerlo se concentra durante el resto de su carta en dos nuevas dimensiones de la vida cristiana.

La primera se refiere a las relaciones prácticas y terrenas del hogar. Porque la familia de Dios deja de ser un concepto creíble si no está subdividida en familias humanas que demuestran el amor de Dios. ¿Para qué sirve la paz en la iglesia si no hay paz en el hogar? La segunda dimensión se refiere al enemigo que enfrentamos y, por lo tanto, al equipamiento que necesitamos en nuestra incesante guerra espiritual.

Estas dos responsabilidades (el hogar y el trabajo por un lado, y el combate espiritual por el otro) son bastante diferentes entre sí. El esposo y la esposa, los padres y los hijos, los amos y los siervos son seres humanos visibles y tangibles, mientras que 'los poderes y autoridades', atrincherados en contra de nosotros, son seres demoníacos, invisibles e intangibles. Sin embargo, si nuestra fe cristiana ha de tener algún valor práctico, debe ser capaz de afrontar ambas situaciones. Debe enseñarnos cómo comportarnos cristianamente en el hogar y en el trabajo, y debe capacitarnos para luchar en contra del mal de tal manera que estemos firmes y sin caer. Por lo tanto, la armonía en el hogar y la estabilidad en la lucha son los dos temas finales que trata el apóstol.

En las congregaciones cristianas más primitivas era posible encontrar esposos y esposas, padres e hijos, amos y siervos. Mas aun, estos tres pares de relaciones son básicos en la existencia humana. Markus Barth lo expresa bien al sugerir que en el primer par vemos a la persona humana como 'un ser *sexual*' (antes de que Freud o Kinsey hubiesen señalado este hecho), en el segundo como 'un ser *temporal*' (atado a la generación a la cual pertenece), y en el tercero como 'un ser *material* y parte de una estructura económica', la anticipación paulina de Marx. 'Así que esto es el hombre: un ser sexual, temporal y material quien, sin excepción, está inmerso y, según parece, atrapado sin esperanza en las estructuras de estas tres dimensiones.'[1]

Los apóstoles parecen haber dado desde el principio instrucciones prácticas y detalladas acerca de la vida familiar cristiana y de la responsabilidad cristiana en lo que hoy llamaríamos relaciones laborales. Encontramos ejemplos de ello tanto en las cartas de Pablo como en las de Pedro.[2] En nuestros días hay una necesidad urgente de esta simple educación moral. La llamada 'enseñanza sobre la santidad' enfatiza demasiado la relación personal con Jesucristo sin indicar sus consecuencias en términos de relaciones con la gente con la cual vivimos y trabajamos. En contraste con aquella santidad-en-el-vacío, que magnifica la experiencia y minimiza la ética, el apóstol presentó el deber cristiano en situaciones concretas de la vida y el trabajo diario.

Lutero, en su *Catecismo*, parece haber sido el primero en referirse a estas listas como *Haustafeln*, que significa literalmente 'tablas de la casa', pero a menudo traducidas como 'tablas de deberes hogareños'. En años recientes, los eruditos las han comparado con preceptos similares tanto en el *halakah* judío (ley y tradición) como en la literatura gentil, especialmente la estoica. No debería sorprendernos que judíos, estoicos y cristianos se preocupasen por el comportamiento moral en el hogar. Pero algunas veces se ha exagerado la similitud de sus *Haustafeln*.[3] Cuando los apóstoles de Jesús tomaban conscientemente algún material de fuentes judías o gentiles, lo cristianizaban por completo. No hay mejor ejemplo de esto que lo que Pablo dice a esposos y esposas en Efesios, basado sobre una avanzada doctrina de Cristo y de su iglesia.

1. Autoridad y sumisión

La NVI, la RVR, y otras pueden estar en lo correcto al comenzar un párrafo nuevo con el versículo 21: **Sométanse unos a otros, por**

reverencia a Cristo. Hemos visto que el verbo griego es un participio presente ('sometiendo') lo mismo que 'anímense unos a otros', 'canten y alaben' (v. 19) y 'dando siempre gracias' (v. 20). Los cuatro participios dependen del mandamiento 'Sean llenos del Espíritu' (v. 18) y describen las consecuencias de la plenitud del Espíritu Santo. Sin embargo, algunas veces un participio griego se utilizaba como imperativo, y sin duda la demanda de sumisión mutua lleva a la sumisión que se pide a esposas, hijos y esclavos. Más aun, no hay ningún verbo en el versículo 22, porque el llamado a la sumisión del versículo 21 se extiende al versículo siguiente. Así que en realidad el versículo 21 es un versículo de transición, que forma un puente entre dos secciones.

Lo que está más allá de cualquier cuestionamiento es que los tres párrafos que siguen se dan como ejemplos de sumisión cristiana, y que el énfasis recae sobre la sumisión. Así, se dirige a las esposas antes que a sus esposos y se les ordena estar 'sometidas' a ellos (v. 22); se menciona a los hijos antes que a sus padres y se les dice que los 'obedezcan' (6.1); y se les habla a los esclavos antes que a los amos, y se les dice que los 'obedezcan' (6.5).

El concepto de sujeción a la autoridad está fuera de moda en nuestros días. Es totalmente opuesto a las actitudes contemporáneas permisivas y libres. Casi nada hace surgir tantas protestas enojosas como el hablar de 'sumisión'. La nuestra es una época de liberación (para mujeres, hijos y trabajadores) y cualquier cosa que tenga sabor de opresión provoca profundo resentimiento y fuerte resistencia. ¿Cómo deben reaccionar los cristianos frente a esta moda?

No dudo en afirmar, aunque lo calificaré más tarde, que nuestra reacción inicial frente a estos movimientos de liberación debe ser de cálida bienvenida. Porque tenemos que estar de acuerdo con el hecho de que en muchas culturas las mujeres han sido explotadas, y tratadas como siervas en sus propias casas; que los hijos a menudo han sido anulados y aplastados. En la Inglaterra victoriana se suponía que los menores debían ser 'vistos pero no escuchados'; los obreros eran tratados injustamente, se les daba salarios y condiciones de trabajo inadecuados, y una participación insuficiente en la toma de decisiones, para no mencionar las terribles injusticias y barbaridades de la esclavitud y de la trata de esclavos. Y aquella sociedad no es una excepción.

Aquellos que pronunciamos el nombre de Cristo, necesitamos reconocer con vergüenza que nosotros mismos muchas veces nos hemos adaptado a la situación reinante, y que hemos ayudado a perpetuar algunas formas de opresión humana, en lugar de estar en la vanguardia de los que buscan el cambio social. No hay nada en los párrafos que estamos a punto de estudiar, que resulte inconsistente con la verdadera liberación de los seres humanos de todo tipo de humillación, explotación y opresión. Por el contrario ¿a quién deben principalmente su liberación las mujeres, los niños y los trabajadores? ¿No es a Jesucristo? Fue Jesucristo quien trató con cortesía a las mujeres y las honró, en una época en que se las despreciaba. Fue Jesucristo quien dijo: 'Dejen que los niños vengan a mí', en un período de la historia en que los bebés que no se querían se tiraban a la basura (como se hace hoy en los incineradores de los hospitales) o se los abandonaba en la plaza pública para que cualquiera se los llevara y los tomara como esclavos o los usara para la prostitución. Y es este Jesucristo quien enseñó la dignidad del trabajo manual, trabajando él mismo como carpintero, lavando los pies de sus discípulos y diciendo 'yo estoy entre ustedes como uno que sirve'.

Por lo tanto no debemos interpretar que Pablo escribe de la sumisión a esposas, hijos y siervos en su *Haustafeln* de una manera que contradiga estas actitudes fundamentales de Jesús. Ni deberíamos hacer que Pablo se contradiga a sí mismo, como lo hacen algunos autores, porque hacer esto en una exégesis bíblica es un disparate. No; debemos ubicar correctamente sus recomendaciones dentro del contexto de la Carta a los Efesios, en la que Pablo ha estado describiendo la nueva y única humanidad que Dios está creando a través de Cristo. Ha estado enfatizando la completa unidad en Cristo de personas de todas las culturas, especialmente de judíos y gentiles, mientras que en la carta paralela a los colosenses habla de libres y esclavos (3.11) y, en una carta anterior, de hombres y mujeres (Gálatas 3.28). Podemos estar seguros de que en estas recomendaciones Pablo no destruye su propia tesis, erigiendo nuevas barreras de sexo, edad y rango en esa nueva sociedad de Dios en la cual ya habían sido abolidas. Es nuestro deber atribuir al apóstol un mínimo de consistencia en su pensamiento y dejar que se explique.

A la luz de la enseñanza de Jesús y sus apóstoles, podemos confiada y reiteradamente afirmar por lo menos tres verdades importantes:

primero, la *dignidad* de la mujer, la niñez y la servidumbre; segundo, la *igualdad* ante Dios de todos los seres humanos, sin distinción de su raza, rango, clase, cultura, sexo o edad, porque todos están hechos a su imagen; y la profunda *unidad* de todos los cristianos, como miembros de la familia de Dios y del cuerpo de Cristo. Sólo cuando estas verdades están firmemente aclaradas en nuestra mente, estamos listos para considerar la enseñanza de las 'tablas de deberes hogareños' o *Haustafeln*.

La sumisión que Pablo adjudica a esposas, hijos y siervos no es un sinónimo de inferioridad. Es importante captar la diferencia que acertadamente hicieron Lutero y sus seguidores entre personas, por un lado, y sus funciones, por el otro. He aquí una de las exposiciones de Lutero sobre este tema: 'He dicho muchas veces que debemos distinguir claramente entre estos dos: el oficio y la persona. El hombre que se llama Hans o Martin es un hombre muy diferente del que llaman elector, doctor o predicador. Aquí tenemos dos personas diferentes en un mismo hombre. Uno es aquel en el que hemos sido creados y hemos nacido, y de acuerdo con el cual todos somos iguales: varón o mujer, niño, joven o anciano. Pero una vez que hemos nacido, Dios nos adorna y viste como otra persona. Lo hace a usted hijo y a mí padre, a uno patrón y a otro siervo, a uno príncipe y a otro ciudadano.'[4]

Una vez que captamos esta distinción, entonces aquellos que tienen un oficio, sean gobernadores, magistrados, esposos, padres o empleadores, tienen una cierta autoridad dada por Dios, que esperan que otros reconozcan. Esposos y esposas, padres e hijos, amos y siervos tienen la misma dignidad como seres semejantes a Dios, pero funciones diferentes dadas por Dios. Como lo dice sucintamente J. H. Yoder, 'Igualdad en el *valor* no es *identidad* de funciones.'[5] El esposo, los padres y los amos han sido investidos con una autoridad a la cual otros deben someterse.

Inmediatamente surgen dos preguntas acerca de esta autoridad: ¿De dónde viene? ¿Cómo debe ser usada?

En respuesta a la primera pregunta respondemos que viene de Dios. El Dios de la Biblia es un Dios de orden, y en su ordenamiento de la vida humana (es decir, en el estado y en la familia) ha establecido ciertos roles de autoridad o liderazgo. Y debido a que tal autoridad, aunque está ejercida por seres humanos, les ha sido delegada por Dios, los otros deben someterse a ella conscientemente. Las palabras griegas implican esto, porque en el corazón de *hypotassomai* ('someter') está *taxis* ('orden'). La sumisión es un reconocimiento humilde del ordenamiento divino de la sociedad. Esto lo enseña claramente Pablo. Les dice a las esposas que se sometan a sus esposos 'como al Señor' (v. 22), a los hijos que obedezcan a sus padres 'en el Señor' (6.1), y a los esclavos que sean obedientes a sus amos terrenales 'como a Cristo' (6.5). Es decir, que, detrás del esposo, de los padres y de los amos, deben discernir al mismo Señor que les ha dado su autoridad. Luego, si desean someterse al Señor, se someterán a ellos, ya que es la autoridad del Señor la que están ejerciendo. Lo mismo se aplica acerca de la sumisión mutua que se espera de todo el pueblo cristiano. Es 'por reverencia a Cristo' que debemos someternos unos a otros, el Cristo que ostenta autoridad como Señor pero que también se humilló a sí mismo como siervo.

Debemos tener el cuidado de no sobreestimar la enseñanza bíblica acerca de la autoridad. No significa que la autoridad de esposos, padres y amos sea ilimitada, o que las esposas, hijos y trabajadores deben prestar obediencia incondicional. No, la sumisión que se requiere es a la autoridad de Dios delegada en seres humanos. Si, por lo tanto, las personas que ejercen ese oficio utilizan mal la autoridad que Dios les ha dado (por ejemplo, ordenando lo que Dios prohíbe o prohibiendo lo que Dios ordena), entonces nuestro deber ya no será someternos a ellas sino conscientemente rehusarnos. Porque someterse en tales circunstancias sería desobedecer a Dios. El principio es claro: debemos someternos sólo hasta que la obediencia a una autoridad humana signifique desobediencia frente a Dios. En este punto, nuestro deber cristiano se transforma en 'desobediencia civil': a fin de someternos a Dios, tenemos que rehusar someternos a seres humanos. Como dijo Pedro frente al Sanedrín: '¡Es necesario obedecer a Dios antes que a los hombres!'[6] Sin embargo, esto es una excepción. La regla general sobre la cual insiste el Nuevo Testamento es la sumisión humilde a la autoridad dada por Dios.

A la segunda pregunta, aquella acerca de la utilización de la autoridad delegada divinamente, respondemos que nunca debe usarse de manera egoísta, sino siempre para bien de aquellos para cuyo beneficio ha sido concedida. Quizás lo más llamativo de esta enseñanza de Pablo es que en cada par de relaciones se establecen deberes recíprocos. Es cierto que las esposas deben someterse a sus esposos, los hijos a sus padres y los esclavos a sus amos, y que este requerimiento de sumisión (*hypotagē*) presupone una autoridad (*exousia*) en los esposos, padres y amos. Más aun, estas dos palabras griegas se complementan entre sí. Pero la palabra *exousia* no se utiliza ni una sola vez en el pasaje. Cuando Pablo describe el deber de los esposos, padres y amos, en ningún caso les dice que ejerzan autoridad. Por el contrario, explícita o implícitamente, los previene contra el uso inapropiado de su autoridad, les prohíbe explotar su posición y los amonesta a recordar su responsabilidad y los derechos que corresponden a la otra parte. Por lo tanto, los esposos deben amar a sus esposas y cuidarlas; los padres no deben provocar ira a sus hijos sino educarlos con sensibilidad; y los amos no deben amenazar a sus esclavos, sino tratarlos con justicia.

Antes de enfrentarnos con el texto mismo, consideré necesario aclarar en forma general este tema de sumisión a la autoridad. Para resumir, en el uso bíblico 'autoridad' no es sinónimo de 'tiranía'. Todos aquellos que ocupan posiciones de autoridad en la sociedad son responsables tanto ante Dios quien se las ha confiado, como ante la persona o personas para cuyo beneficio les ha sido otorgada la autoridad. En una palabra, el concepto bíblico de autoridad no implica tiranía sino responsabilidad.

La primera responsabilidad que Pablo elabora es la de los esposos y las esposas. La esencia de su enseñanza es clara: las esposas deben 'someterse' y los esposos deben 'amar'.

> **5.22**Esposas, sométanse a sus propios esposos como al Señor. **23**Porque el esposo es cabeza de su esposa, así como Cristo es cabeza y salvador de la iglesia, la cual es su cuerpo. **24**Así como la iglesia se somete a Cristo, también las esposas deben someterse a sus esposos en todo. **25**Esposos, amen a sus esposas, así como Cristo amó a la iglesia y se entregó por ella **26**para hacerla santa. Él la purificó, lavándola con agua mediante la palabra, **27**para presentársela a sí mismo como una iglesia radiante, sin mancha ni arruga ni ninguna otra imperfección, sino santa e intachable. **28**Así mismo el esposo debe amar a su esposa como a su propio cuerpo. El que ama a su esposa se ama a sí mismo, **29**pues nadie ha odiado jamás a su propio cuerpo; al contrario, lo alimenta y lo cuida,

así como Cristo hace con la iglesia, [30]porque somos miembros de su cuerpo. [31]'Por eso dejará el hombre a su padre y a su madre, y se unirá a su esposa, y los dos llegarán a ser un solo cuerpo.' [32]Esto es un misterio profundo; yo me refiero a Cristo y a la iglesia. [33]En todo caso, cada uno de ustedes ame también a su esposa como a sí mismo, y que la esposa respete a su esposo.

2. El deber de las esposas | 5.22–24

El apóstol da dos razones, o por lo menos están implícitas, para la sumisión de la esposa frente a su marido. La primera surge de la creación y se refiere a que el esposo es 'cabeza' de su esposa, mientras que la segunda surge de la redención y se refiere a Cristo como 'cabeza' de la iglesia.

Esposas, sométanse a sus propios esposos como al Señor. Porque el esposo es cabeza de su esposa ... (vv. 22–23a). La autoridad del esposo se establece como un hecho y se la convierte en base de la sumisión de la esposa. Pero no se elabora aquí el origen de esa autoridad. Para una comprensión más amplia del argumento de Pablo necesitamos recurrir a otros textos, especialmente 1 Corintios 11.3–12 y 1 Timoteo 2.11–13. En ambos pasajes el apóstol se remite a la narración de Génesis 2 y señala que la mujer fue hecha después del varón, a partir del hombre y para el hombre. Añade que el varón también nace de la mujer, de manera que varón y mujer son dependientes el uno del otro. Sin embargo, su énfasis recae en el orden, el modo y el propósito de la creación de Eva. Y debido a que es principalmente sobre estos hechos de la creación que Pablo basa su argumento sobre la autoridad del varón, su argumento tiene validez permanente y universal, y no debe dejarse de lado como una limitación cultural. Los elementos culturales de su enseñanza deben buscarse en cambio en las aplicaciones de este principio, sin duda en la ordenanza del 'velo' y creo que también en el requerimiento del 'silencio'. En cambio la autoridad del varón (y especialmente del esposo) no es una aplicación cultural de un principio; es el principio primordial. Esta no es una posición intransigente sino un concepto creacionista. La nueva creación en Cristo nos libera de la distorsión de las relaciones entre los sexos causada por la caída (ejemplo Génesis 3.16), pero confirma la intención original de la creación. Fue a este 'comienzo' que Jesús mismo se remitió (por ejemplo en Mateo 19.4–6) y confirmó la enseñanza de Génesis 1 y 2. También debemos hacerlo nosotros. Lo que la creación ha establecido, no hay cultura que pueda destruir.

Esta es también la razón por la cual deberíamos rechazar el argumento simplista que afirma que, ya que la esclavitud ha sido abolida, la sumisión de la esposa debe por analogía ser abolida también. Si este fuera el caso ¿por qué no completar el trío y abolir también la obediencia de los hijos? No, los paralelos son inexactos. La esclavitud es una institución deshumanizante, sin justificación en ninguna doctrina bíblica. El esposo como cabeza, en cambio, tiene raíces en la creación.

Pasando de la revelación bíblica a la experiencia contemporánea, los cristianos estarán de acuerdo en que nuestra sexualidad es parte innegable de nuestra humanidad. La masculinidad y la feminidad representan una distinción profunda que es tanto psicológica como fisiológica. Por supuesto que los sexos son iguales ante Dios, pero esto no significa que sean idénticos. Dios creó al ser humano varón y mujer, a su semejanza. Así que ambos llevan su imagen,[7] pero cada uno también complementa al otro.[8] La perspectiva bíblica nos indica que debemos sostener simultáneamente la igualdad y complementariedad de los sexos. 'Compañerismo' es también una buena palabra, siempre y cuando se recuerde que la contribución que cada uno aporta no es idéntica, sino distintiva. Así, un varón se encuentra a sí mismo siendo varón, y una mujer se encuentra a sí misma siendo mujer. No conseguimos el autodescubrimiento ni la plenitud genuina esforzándonos por ser algún otro o por imitar al sexo opuesto.

¿Cuáles son entonces las distinciones complementarias entre los dos sexos? La enseñanza bíblica es que Dios le ha dado al varón (y especialmente al esposo en la relación matrimonial) una cierta autoridad, y que la esposa se encontrará a sí misma y descubrirá su verdadero lugar dado por Dios, no en rebelión contra él o su mandato, sino en sumisión voluntaria y gozosa.

La comprensión moderna de la diferenciación sexual tiende a confirmar la enseñanza bíblica. Esta es al menos la tesis del sociólogo americano, el profesor Steven Goldberg, en su libro *The Inevitability of Patriarchy* (La inevitabilidad del patriarcado).[9] Aunque el autor responde de manera consciente al movimiento feminista, sostiene que se trata de una perspectiva científica y no ideológica, porque apoya su caso sobre evidencias empíricas. Tampoco debe rechazarse su punto de vista como simplemente masculino, porque en la cubierta del libro se cita a la distinguida antropóloga doctora Margaret Mead como apoyando su tesis: 'Todas las ruidosas afirmaciones que se han hecho acerca de sociedades gobernadas por mujeres son tonterías. No tenemos razones para creer que hayan existido alguna vez.'

La primera parte de su libro es un estudio antropológico cuya conclusión se expresa de la siguiente manera: 'En todas las sociedades que han existido encontramos el patriarcado (los varones ocupan en porcentaje abrumador las posiciones jerárquicas en política y en otros niveles); los logros masculinos (los varones logran los oficios de rango más alto, cualquiera que sean ellos en cualquier sociedad dada); y el dominio masculino (tanto varones como mujeres sienten que en los encuentros y relaciones varón-mujer el ejercicio del poder recae sobre el varón, y las expectativas sociales y los sistemas de autoridad así lo reflejan).'[10] Goldberg se preocupa por dejar bien sentado que no está emitiendo juicios de valor, ni midiendo capacidades, ni diciendo que cualquiera de los dos sexos sea 'superior' o 'inferior' en relación con el otro; su propósito es mostrar simplemente que el 'patriarcado', la 'dominación masculina' y los 'logros masculinos', en el sentido técnico en que él emplea estos términos, son 'tres realidades universales',[11] debido a que 'en ninguna sociedad, en ningún lugar o época, han estado ausentes estas realidades'.[12]

Para desarrollar su segunda tesis, el doctor Goldberg pasa de la antropología a la fisiología. Argumenta que la evidencia antropológica de dominación masculina obedece a una causa fisiológica. Las 'tres realidades universales' son la manifestación en la sociedad, de un impulso básico masculino (a menudo llamado 'agresión', aunque el Goldberg prefiere decir 'tendencia dominante'), que es en sí misma de origen 'neuro-endocrina'. 'En su aspecto más básico, la hipótesis que está en el núcleo de esta teoría simplemente establece que hay diferencias neuro-endocrinológicas entre varones y mujeres que engendran diferentes respuestas masculinas y femeninas al medio y, por lo tanto, diferencias en el comportamiento masculino y femenino.'[13] No está negando que nuestro código genético interactúa con nuestro medio ambiente y educación, ni que hay excepciones individuales a esta generalización, ni que muchas mujeres se sienten frustradas porque carecen de las oportunidades para utilizar sus talentos. Lo que afirma es que hay diferencias básicas entre masculinidad y feminidad; que masculinidad significa tendencia a la dominación, y que 'la tendencia a la dominación es, primariamente, un resultado del desarrollo hormonal y no primariamente de la anatomía, la identidad sexual o la interacción social que refleja esa anatomía e identidad.'[14]

Un cristiano que lea la tesis del profesor Goldberg querrá establecerla teológicamente en términos de la creación. Dios ha hecho y hace a los varones y a las mujeres diferentes, y una de sus diferencias básicas radica en la 'autoridad' que le ha dado al varón. Esto puede muy bien tener una base genética. Si es así, la tendencia natural del varón necesita ser controlada si su 'gobierno' ha de ser constructivo. Porque 'patriarcado' suena paternalista y 'autoridad masculina' opresivo. Aun la palabra bíblica 'sumisión' se explica a menudo como un sinónimo de 'sujeción', 'subordinación' y hasta 'sojuzgamiento'. Todas estas palabras tienen asociaciones emotivas. 'Sumisión' no constituye una excepción. Tenemos que tratar de despojarla de esas asociaciones y penetrar en su significado bíblico esencial. No lo descubriremos buscando los significados modernos ni tampoco a partir de su etimología, sino primariamente de la manera en que se la utiliza en su contexto de Efesios 5.

Hay pocas dudas respecto a lo que 'sumisión' significaba en el mundo antiguo, donde el desdén por las mujeres era casi universal. William Barclay lo resume así: "Los judíos tenían un bajo concepto de las mujeres. En la forma judía de la oración matutina había una frase en la que el judío cada mañana agradecía a Dios que no lo hubiera hecho 'un pagano, un esclavo o una mujer …' Según la ley judía, una mujer no era una persona, sino una cosa. Carecía totalmente de derechos legales, era posesión absoluta del marido que podía disponer de ella a gusto … La situación era peor en el mundo helénico … Todo el tenor de vida griego hacía del compañerismo entre el varón y la mujer algo casi imposible. El griego esperaba que su mujer manejara su casa y cuidara de sus hijos legítimos; el placer y la compañía los encontraba en alguna otra parte … En Grecia el hogar y la vida familiar estaban próximos a extinguirse, y la fidelidad era absolutamente inexistente … En los días de Pablo la situación en Roma era aun peor … La degeneración de Roma era trágica … No es exagerado afirmar que toda la atmósfera del mundo antiguo respiraba adulterio … El lazo matrimonial estaba en camino a su completa bancarrota."[15] Charles Seltman confirma esto. 'En el imperio romano', escribe, 'una niña estaba completamente bajo el mando de su padre; una esposa completamente bajo el poder de su esposo. Ella era su bien mueble … Su vida era de tal impotencia legal que llegaba a la esclavitud, mientras que su estatus se describía como *imbecilitas,* de donde deriva nuestra palabra actual.'[16] Por cierto que este no era todo el cuadro. Markus Barth trata de equilibrarlo: 'También había movimientos contrarios que promovían derechos iguales para las mujeres', y 'diferentes períodos y áreas geográficas produjeron visiones diferentes de la mujer.' En cuanto a Éfeso y su medio ambiente, 'el culto de la Gran Madre y el templo de Artemisa marcaron a esta ciudad más que a otras como un bastión y baluarte de los derechos de las mujeres.'[17] Sin embargo, prevalecía en el mundo antiguo la opresión de las mujeres, y su emancipación apenas había comenzado. Es en contra de este oscuro trasfondo que la enseñanza de Pablo brilla con una luz tan fuerte. Pero aún tenemos que preguntarnos en forma precisa qué significa ser 'cabeza' y tener 'sumisión'.

Para comenzar, estas palabras no establecen por sí mismas estereotipos de conducta masculina y femenina. Culturas diferentes asignan tareas diferentes a varones y mujeres, esposos y esposas. En Occidente, por ejemplo, ha sido convencional durante mucho tiempo que la esposa haga las compras, cocine y limpie, junto con atender la alimentación, el baño y el cuidado de los niños. En muchos lugares de África y Asia las mujeres también trabajan en el campo y llevan cargas pesadas sobre sus cabezas. En nuestros días, sin embargo, y correctamente, estas convenciones se reconocen como culturales y, por lo tanto, están siendo desafiadas y en algunos casos cambiadas. Muchas parejas están aprendiendo a compartir las tareas del hogar.

A fin de entender la naturaleza del gobierno del esposo en la nueva sociedad que Dios ha inaugurado, necesitamos mirar a Jesucristo. Porque Jesucristo es el contexto en el cual Pablo utiliza y desarrolla las palabras 'cabeza' y 'sumisión'. Aunque basa la autoridad del esposo en la creación, la define en la relación donde Cristo, el Redentor, es cabeza: **Porque el esposo es cabeza de su esposa, así como Cristo es cabeza y salvador de la iglesia, la cual es su cuerpo** (v. 23). El hecho de que Cristo es la cabeza de su iglesia ya ha sido presentado en 4.15–16. Es a partir de Cristo como cabeza que el cuerpo deriva su salud y crece hacia la madurez. Su autoridad expresa cuidado más que control, responsabilidad más que gobierno. Esta verdad se ve apoyada por la adición sorprendente de las palabras 'y Salvador'. La cabeza del cuerpo es el salvador del cuerpo: la característica de su autoridad no es tanto el señorío sino la salvación.

Si el hecho de que el esposo sea la cabeza de la mujer se asemeja a que Cristo lo sea de su iglesia, entonces la sumisión de la esposa se asemejará a la de la iglesia: **Así como la iglesia se somete a Cristo, también las esposas deben someterse a sus esposos en todo** (v. 24). No hay nada que la vuelva inferior, porque la sumisión no es una obediencia ciega a un sistema de reglas sino una aceptación agradecida de su cuidado. Para citar nuevamente a Markus Barth: 'La sumisión y el respeto que se exhorta a la esposa a tener por el esposo … no es de manera alguna la sumisión de un gatito, o la de un perro temeroso … [Pablo] está pensando en un vínculo voluntario, libre, gozoso, como lo muestra la analogía de la relación de la iglesia con Cristo.'[18] Cada vez que la autoridad del esposo refleje la autoridad de Cristo, entonces la sumisión de la esposa a su protección y a su amor, lejos de disminuir su feminidad, la enriquecerá positivamente.

3. El deber de los esposos | 5.25–33

Si la palabra que caracteriza el deber de la esposa es 'sumisión', la palabra que caracteriza el deber del esposo es 'amor'. Podemos pensar que hasta la naturaleza impulsa en los esposos esta obligación prioritaria, pero muchas culturas, tanto antiguas como modernas, prueban lo contrario. Por supuesto que un cierto lazo de afecto y deseo mantiene unida a toda pareja casada, y los contemporáneos estoicos de Pablo enseñaban a los esposos a 'amar'. Pero el verbo que utilizaban era el concepto débil de *phileo;* fue la enseñanza cristiana la que introdujo el 'amor–*agapē*', un amor fuerte, como sacrificio, en el matrimonio. Pablo utiliza dos analogías para ilustrar el cuidado tierno que el amor de un esposo por una esposa debe implicar.

La primera es que el esposo debe amar a su esposa como Cristo amó a la iglesia. Ya en el Antiguo Testamento, el pacto de gracia que Dios había hecho con su pueblo Israel se menciona muchas veces como un pacto matrimonial.[19] Jesús retomó esta enseñanza y se refirió claramente a sí mismo como el Novio.[20] Pablo agranda la imagen aquí y en 2 Corintios 11.1–3, mientras que en Apocalipsis se nos permiten atisbos de la iglesia glorificada 'como una novia hermosamente vestida para su prometido' y de la llegada de 'las bodas del Cordero'.[21]

Lo que llama la atención del desarrollo que Pablo hace del tema es la sacrificada entereza del pacto de amor del novio celestial hacia su esposa. Es esto lo que deben imitar los esposos: **Esposos, amen a sus esposas, así como Cristo amó a la iglesia y se entregó por ella para hacerla santa** (vv. 25–26a).

Observemos que Pablo utiliza cinco verbos para indicar los pasos consecutivos del compromiso de Cristo con su esposa, la iglesia. 'La amó, se entregó por ella, para hacerla santa, la purificó (sin mancha ni arruga) para presentársela a sí mismo'. La afirmación es tan completa y abarcadora que algunos eruditos piensan que pudo haber sido una cita de una primitiva confesión, liturgia o himno cristiano. Parece trazar el cuidado de Cristo por su iglesia desde una eternidad pasada a una futura. Las palabras 'Cristo amó a la iglesia', ubicadas antes de la mención de su sacrificio por ella, parecen mirar atrás a su preexistencia eterna, cuando por amor a los suyos se propuso venir a salvarlos. Así que, habiendo amado a la iglesia, 'se entregó por ella'. La referencia primaria es, por supuesto, a la cruz.

Pero ¿por qué lo hizo Jesús? ¿Cuál fue el propósito de su sacrificio? Fue **para hacerla santa. Él la purificó.** Quizás haya una alusión deliberada a los baños nupciales que tenían lugar antes de las bodas tanto judías como griegas. Los tiempos de los verbos sugieren que la purificación de la iglesia precede a su consagración o santificación. En efecto, la purificación parece referirse a la purificación o lavamiento inicial del pecado y la culpa, que recibimos cuando nos arrepentimos y creemos en Jesús. Esta acción se lleva a cabo **lavándola con agua mediante la palabra** (v. 26b) o por medio 'de su mensaje y del bautismo' (TLA). 'Lavándola con agua' es una referencia inequívoca al bautismo,[22] mientras la referencia adicional a 'la palabra' indica que el bautismo no es una ceremonia mágica o mecánica, sino que necesita una palabra explicativa para definir su significado, expresar las promesas de purificación y nueva vida en el Espíritu, que éste simboliza, y hacer surgir nuestra fe. Es cierto que algunos piensan que 'la palabra' alude a la confesión de fe del candidato,[23] o a una apelación a la limpia conciencia,[24] en lugar de la predicación del evangelio, o la fórmula de administración. Pero parece más natural tomar 'agua' y 'palabra' como referidas al candidato. Así que cuando Calvino llegó a este versículo en su serie expositiva, recomendó tener cuidado 'para no separar los sacramentos de la Palabra, en ningún momento', porque 'tener el signo sin la promesa añadida al mismo no es más que una cosa frustrante y sin beneficios'.[25] Markus Barth argumenta con cierto encanto que en el contexto del texto de Pablo la palabra de la promesa no puede ser otra que 'te amo'. Continúa: "El Mesías, como novio … dice su 'palabra' decisiva a su novia y, por lo tanto, privada y públicamente, con honra y legalmente, se une a ella y ella a él."[26] Es una palabra solemne de amor pactado.

Habiendo purificado a su novia con el agua y la palabra, el plan del Novio celestial es **hacerla santa** y, finalmente, **presentársela a sí mismo**. 'Hacerla santa' parece referirse al proceso de santificación en carácter y conducta por el poder del Espíritu que mora en ella, mientras que el 'presentársela' es algo escatológico, y tendrá lugar cuando Cristo vuelva a tomarla para sí. Se la presentará a sí mismo **radiante** (*endoxon*). La palabra puede aludir al hermoso vestido de la novia, porque se utiliza para la ropa.[27] Pero significa más que esto. 'Gloria' (*doxa*) es la radiación de Dios, la fuerza brillante y la manifestación de su ser de otro modo oculto. Así también se hará patente la verdadera naturaleza de la iglesia. Sobre la tierra, la novia a menudo está cubierta con harapos, manchada y fea, despreciada y perseguida. Pero un día se la verá como es, nada menos que la novia de Cristo, **sin mancha ni arruga ni ninguna otra imperfección, sino santa e intachable** (v.27), hermosa y gloriosa. Es para este constructivo final que Cristo ha obrado y continúa obrando. La novia no se hace a sí misma presentable; es el novio que trabaja para hermosearla a fin de presentársela a sí mismo. Su amor y autosacrificio por ella, su purificación y santificación, están diseñados para su liberación y perfección, cuando al fin se la presente a sí mismo en la gloria completa. El doctor Lloyd-Jones escribe: 'Permítanme expresarlo así: El Especialista en Belleza habrá puesto su toque final a la iglesia, el masaje habrá sido tan perfecto que no habrá quedado ni una arruga. Se la verá joven, en lo mejor de su juventud, con color en sus mejillas, con su piel perfecta, sin manchas ni arrugas. Y permanecerá así por siempre jamás.'[28]

Esta es, pues, la exposición de Pablo acerca de las consecuencias de que Cristo sea 'cabeza'. La Cabeza de la iglesia es su Novio. Él no aplasta a la iglesia. En lugar de eso, se sacrificó a sí mismo para servirla, a fin de que ella pueda llegar a ser todo aquello que él desea, es decir ella misma en la plenitud de su gloria. De la misma manera, un esposo nunca debería usar su autoridad para aplastar o anular a su esposa, o frustrar su deseo de llegar a ser ella misma. Su amor por ella lo llevará a un camino exactamente opuesto. Se dará a sí mismo por ella, a fin de que pueda desarrollar su potencial completo ante Dios y así llegar a ser más completamente ella misma.

Después de subir con Pablo a estas alturas sublimes del amor romántico, muchos lectores sienten un anticlímax en el versículo 28: **Así mismo el esposo debe amar a su esposa como a su propio cuerpo.** Porque al darle instrucciones a los esposos de que deben amar a sus esposas, parece descender del alto nivel del amor de Cristo al nivel más bajo del amor por uno mismo. Este sentido de anomalía ha llevado a algunos comentaristas a tratar de traducir la frase de otra manera, pero sus intentos no han tenido éxito, porque la frase siguiente obstinadamente se niega a tener otro significado que no sea el obvio: **El que ama a su esposa se ama a sí mismo.** La explicación probable para el descenso de Pablo al nivel más mundano del amor hacia uno mismo, es que siempre es realista. No podemos aprehender completamente la grandeza del amor de Cristo 'que sobrepasa nuestro conocimiento', como escribió anteriormente.[29] Ni los esposos encuentran que sea fácil aplicar este nivel a las realidades de la vida familiar. Pero todos sabemos, por la experiencia de todos los días, cómo nos amamos a nosotros mismos. He aquí la utilidad práctica de la 'regla de oro' que Jesús enunció, de que tratáramos a los otros como nos gustaría ser tratados.[30] Porque todos sabemos esto instintivamente. Después de todo, es la manera en que nos tratamos a nosotros mismos. **Pues nadie ha odiado jamás a su propio cuerpo; al contrario, lo alimenta y lo cuida** (v. 29a). Es decir que el esposo alimenta y cuida (podría significar que la viste).

Sin embargo, esta exhortación al esposo para que 'sustente y cuide' a su esposa como lo hace con su propio cuerpo es más que una guía útil para el comportamiento diario. También contiene una coherencia interna debido a que él y su esposa han llegado a ser en realidad 'una carne'. Dios espera que la relación sexual no sólo sea una unión de cuerpos, sino que simbolice y exprese la unión de personalidades. Cuando un esposo y su esposa llegan a unirse profundamente uno con el otro, entonces será verdad que **el que ama a su esposa se ama a sí mismo.**

Esto lleva al apóstol a volver mentalmente a Cristo y de esa manera llega al clímax de su argumento. Hasta aquí ha utilizado dos analogías para el amor de un esposo por su esposa: el sacrificio amoroso de Cristo por su novia, la iglesia, y el cuidado amoroso del esposo por su propio cuerpo. Ahora fusiona ambas. La novia de Cristo y el cuerpo de Cristo son lo mismo (ver el v. 23), **porque somos miembros de su cuerpo** (v. 30).[31] Nos ha incorporado a sí mismo, nos ha hecho parte de él mismo en una unión profunda e indisoluble. Esto lleva a Pablo a citar Génesis 2.24: **Por eso dejará el hombre a su padre y a su madre, y se unirá a su esposa, y los dos llegarán a ser un solo cuerpo** (v. 31) y declarar luego que **esto es un misterio profundo** (v. 32).[32] Parece no haber razones para dudar que en primera instancia se está refiriendo a las profundidades misteriosas y sagradas de la unión sexual. Pero entonces, inmediatamente, continúa con su simbolismo aun más profundo: **yo me refiero a Cristo y a la iglesia.** Al hacerlo, no sólo utiliza el *egō* de su autoridad apostólica, sino que hasta emplea la misma expresión *egō* de *legō* ('pero yo les digo') que Jesús utilizó en las seis antítesis del Sermón del Monte.[33] Resulta apropiado que lo haga, porque un 'misterio' es una verdad revelada y el 'misterio' profundo aquí es la unión de la iglesia con Cristo. Es muy cercana a la unidad judeo-gentil en el cuerpo de Cristo, que le había sido revelada y acerca de la cual ha escrito en 3.16. Por lo tanto, él ve la relación marital como un hermoso modelo de la unión de la iglesia en y con Cristo. Cuando se la aplica a Cristo y su iglesia, la expresión 'un solo cuerpo' es idéntica a la 'nueva humanidad' de 2.15. Más aun, los tres cuadros de la iglesia que Pablo desarrolla en Efesios —el cuerpo, el edificio y la esposa—, todos enfatizan la realidad de su unidad debido a su unión con Cristo.

El versículo 33 es un breve resumen de la enseñanza completa que Pablo ha estado impartiendo a esposos y esposas: **En todo caso, cada uno de ustedes ame también a su esposa como a sí mismo,** porque ella y él son uno, **y que la esposa respete a su esposo.** Es cierto que 'respete' traduce *phobētai,* que significa literalmente 'temer', pero este verbo 'puede expresar la emoción del temor en todas sus modificaciones y en todos sus grados, desde el simple respeto, la reverencia, hasta la adoración, según su objeto'.[34] El apóstol comenzó con una pareja:

'amor' y 'sumisión'. Termina con otra: 'amor' y 'respeto'. Hemos visto que el amor que tiene en mente para el esposo se sacrifica y la sirve con la visión de habilitar a su esposa para que llegue a ser lo que Dios quiere de ella. Así que la 'sumisión' y el 'respeto' que pide de la esposa expresa su respuesta a ese amor y su deseo de que él también llegue a ser lo que Dios quiere que sea en su 'liderazgo'.

4. Resumen

Tomando primero al esposo, lo que Pablo enfatiza no es su autoridad sobre su esposa, sino su amor por ella. En lugar de ello, su autoridad está definida en términos de responsabilidad amorosa. Para nuestras mentes, la palabra 'autoridad' sugiere poder, dominio y aun opresión. Imaginamos al esposo 'autoritario' como una figura dominante que toma todas las decisiones por sí mismo, emite órdenes y espera obediencia, inhibe y aun suprime a su esposa, y por lo tanto le impide crecer para llegar a ser una persona madura o completa. Pero esto no es para nada la clase de 'cabeza' que está escribiendo el apóstol, cuyo modelo es Jesucristo. Por cierto, 'cabeza' envuelve un grado de liderazgo e iniciativa, como cuando Cristo vino a cortejar y ganar a su esposa. Pero más específicamente, implica sacrificio, un darse por la causa de la amada, como cuando Cristo se dio a sí mismo por su esposa. Si 'cabeza' significa en algún sentido 'poder', entonces es poder para preocuparse a fin de no aplastarla, poder que sirva para no dominarla, poder para facilitar su autosatisfacción, no para frustrarla o destruirla. Y en todo esto la meta del amor del esposo ha de ser la cruz de Cristo, en la cual este se entregó a sí mismo, hasta la muerte, en su amor desinteresado por su esposa. El doctor Lloyd-Jones tiene una manera llamativa de reforzar esta verdad: '¿Cuántos de nosotros', pregunta, 'somos conscientes de que siempre debemos pensar acerca del estado matrimonial en términos de la doctrina de la redención? ¿Es ésa nuestra manera corriente de pensar acerca del matrimonio? … ¿Bajo qué sección en los libros encontramos lo que tienen que decir acerca del matrimonio? Bajo la de Ética. Pero no pertenecen a ella. Debemos considerar al matrimonio en términos de la doctrina de redención.'[35]

En cuanto al deber de la esposa en la relación matrimonial, me sorprende la impopularidad de este pasaje entre muchas mujeres.

Cuando se lee en una boda y provoca comentarios femeninos, pienso si ha sido leído cuidadosamente y, particularmente, si ha sido leído en su contexto total. Explicaré cinco puntos que, espero, demostrarán que no es un manifiesto de opresión, como muchos piensan, sino más bien la carta de liberación genuina.

a. El requerimiento de sumisión es un ejemplo particular de un deber cristiano general

La frase **esposas, sométanse a sus propios esposos** (v. 22) está precedida por el requerimiento de que debemos someternos **unos a otros** (v. 21). Por lo tanto, si el deber de la esposa como tal es someterse a su esposo, también es deber del esposo, como miembro de la nueva sociedad de Dios, someterse a su esposa. La sumisión es una obligación cristiana universal. En toda la iglesia cristiana, incluyendo cada hogar cristiano, la sumisión debe ser mutua. Porque Jesucristo mismo es el parangón de la humildad. Se vació a sí mismo de su rango y sus derechos, y se humilló para servir. En el nuevo orden que ha fundado llama a todos sus seguidores a seguir sus pasos. 'Revístanse todos de humildad en su trato mutuo.'[36] ¿No debería regocijarse la esposa de tener el privilegio de dar una demostración particular de la belleza de la humildad en su actitud hacia su esposo, una actitud que debe caracterizar a todos los miembros de la nueva sociedad de Dios?

Esto resulta especialmente así cuando se ve que su autohumillación no está impuesta sino que es libre. Esta novedad debió haber sido muy notable en el mundo antiguo. La esposa carecía de estatus y tenía muy pocos derechos, según hemos visto. Sin embargo el apóstol se dirige a ella como a un agente moral libre y no la llama a aceptar un destino del cual no puede escapar, sino a tomar una decisión responsable delante de Dios. Es esto lo que 'comienza la innovación revolucionaria en el estilo ético del cristianismo primitivo.'[37] La voluntaria sumisión cristiana es muy significativa aun en nuestros días. 'Jesucristo no pierde su dignidad por subordinarse al Padre; por el contrario, la demuestra. Cuando una persona es voluntariamente receptiva hacia otra, le da lugar, y se coloca a su servicio, muestra mayor dignidad y libertad que un individuo que no soporta ayudar a otro y que no desea ser compañero de nadie más que de sí mismo. Efesios 5 no sostiene la obediencia ciega o el quebrantamiento de la voluntad de la esposa. En lugar de ello, este capítulo muestra que en el dominio del Siervo y Mesías crucificado, los súbditos respetan un régimen de libertad e igualdad en el que una persona asiste a la otra renunciando a los derechos poseídos y en realidad ejercita el derecho de imitar al Mesías mismo … Todavía no se ha encontrado en la literatura cristiana una descripción del matrimonio más grande, más sabia y más positiva.'[38]

b. La sumisión de la esposa debe ser entregada a un amante, no a un ogro

La instrucción del apóstol no es: 'esposas sométanse, esposos manden'; es 'esposas sométanse, esposos amen'. Por supuesto que en toda época y cultura ha habido ejemplos de esposos crueles y tiránicos, y ha habido ocasiones dolorosas en las cuales, a fin de mantener la integridad de su conciencia, una esposa se ha visto obligada a resistir a la autoridad de su marido. Pero Pablo está describiendo el ideal cristiano, no sus oscuras desviaciones. Esto siempre ha sido obvio para los comentaristas. Allá por el siglo XVI, Calvino predicaba: 'Los esposos … no deberían ser crueles con sus esposas, ni pensar que todas las cosas que les agradan son permitidas y legales, porque su autoridad debería implicar más compañerismo que reinado.' El apóstol repite tres veces su recomendación fundamental: **Esposos, amen a sus esposas** (v. 25); **el esposo debe amar a su esposa** (v. 28); **cada uno de ustedes ame también a su esposa** (v. 33). Por lo tanto, si la autoridad del esposo se expresa en el amor responsable por su esposa ¿qué razón tendría ella en no someterse a él? Y si un esposo desea sumisión de ella sabrá que sólo amándola tendrá éxito.

c. El esposo debe amar como Cristo

¿Suena muy duro para una esposa el requerimiento de 'sumisión'? Sin embargo pienso que es más duro lo que se requiere de un esposo. No se trata de que la 'ame' con la pasión romántica, sentimental y hasta agresiva, que frecuentemente toma el lugar del amor genuino en nuestros días; en lugar de ello, debe amarla con el amor de Cristo. Si la obligación del esposo de amar se repite tres veces, también se repite el requerimiento de modelar su actitud y conducta, en la de Cristo. Es la cabeza de su esposa **como Cristo es cabeza y salvador de la iglesia** (v. 23); debe amar a su esposa **como Cristo amó a la iglesia** (v. 25); y debe sostenerla y cuidarla así **como Cristo hace con**

la iglesia (v. 29). Por lo tanto, su autoridad, su amor y su cuidado deben ser semejantes a los de Cristo. El punto más alto de la demanda se alcanza en el versículo 25, donde se lo exhorta a amar a su esposa **como Cristo amó a la iglesia y se entregó por ella.** Esta es la totalidad del autosacrificio. Debe amarla con lo que algunas veces se denomina 'amor del calvario'; no puede concebirse un estándar mayor. Un esposo cristiano que satisface aun parcialmente este ideal, predica el evangelio sin abrir siquiera sus labios, porque la gente puede ver en él la calidad del amor que llevó a Jesucristo a la cruz.

d. El amor del esposo, como el de Cristo, se sacrifica para servir

Anteriormente consideramos los cinco verbos en los versículos 25–27. Cristo **amó** a la iglesia y **se entregó** por ella, para **purificarla,** 'hacerla santa' y, finalmente, **presentársela** a sí mismo en todo esplendor y sin defecto. En otras palabras, su amor y su sacrificio no fue una demostración vacía, sino con propósito. Y su propósito no fue imponer sobre la iglesia una identidad degradante sino liberarla de las manchas y arrugas que contaminan su belleza, y demostrar en ella su verdadera gloria. El esposo cristiano debe tener una preocupación similar. Su dominio nunca será utilizado para oprimir a su esposa. Desea verla liberada de todo lo que pueda arruinar su verdadera identidad femenina o impedirle crecer hacia la 'gloria', hacia la perfección de una personalidad completa, que será el destino final de todos aquellos que Cristo redima. Para este propósito Cristo se dio a sí mismo. Para este propósito también el esposo se da a sí mismo en amor.

e. La sumisión de la esposa no es más que otro aspecto del amor

Hemos visto que la esencia de la instrucción paulina es: 'esposas sométanse, maridos amen', y que estas palabras son diferentes una de otra ya que reconocen que Dios le ha dado la autoridad al esposo. Sin embargo, cuando tratamos de definir los dos verbos, no es fácil distinguir claramente entre ellos. ¿Qué significa 'someterse'? Es dejarse de lado uno mismo por alguien. ¿Qué significa 'amar'? Es dejarse de lado uno mismo por alguien, tal como Cristo 'se entregó a sí mismo' por la iglesia. Por lo tanto, 'sumisión' y 'amor' son dos aspectos de una misma cosa, es decir de aquel darse sin egoísmo que es el fundamento de un matrimonio duradero y maduro.

No es que este darse a sí mismo sea fácil. Me temo que he pintado un cuadro de la vida matrimonial que es más romántico que realista. La verdad es que el sacrificio de uno mismo, aunque sea el camino del servicio y el medio de la realización propia, es siempre doloroso. Más aun, amor y dolor parecen ser inseparables, sobre todo en pecadores como nosotros, ya que nuestra condición de seres caídos no ha sido anulada por nuestra nueva creación en Cristo. En el matrimonio está presente el dolor del ajuste, a medida que la independencia del antiguo 'yo' da lugar a la interdependencia del nuevo 'nosotros'. También está el dolor de la vulnerabilidad a medida que la cercanía mutua lleva a mostrarnos tal como somos, y mostrarse a uno mismo conduce al conocimiento mutuo, y el conocimiento mutuo al riesgo del rechazo. Así que los esposos y las esposas no deben esperar descubrir la armonía sin conflicto; deben esforzarse para construir una relación de amor, respeto y verdad.

El darse uno mismo a alguien es reconocer el valor del otro ser. Si puedo dejarme a mí mismo de lado, sólo es posible porque valorizo tanto a la otra persona que quiero sacrificarme por él o ella, a fin de que pueda desarrollarse plenamente en su ser. Ahora bien: perderse uno mismo para que el otro pueda encontrarse a sí mismo es la esencia del evangelio de Cristo. También es la esencia de la relación matrimonial, porque a medida que el esposo ama a su esposa y la esposa se somete a su esposo, cada uno está buscando capacitar al otro para que llegue a ser más plenamente él mismo, dentro de la armoniosa complementariedad de los sexos.

11
Padres, hijos, amos y siervos
Efesios 6.1–9

^{6.1}Hijos, obedezcan en el Señor a sus padres, porque esto es justo. ²'Honra a tu padre y a tu madre —que es el primer mandamiento con promesa— ³para que te vaya bien y disfrutes de larga vida en la tierra.' ⁴Y ustedes, padres, no hagan enojar a sus hijos, sino críenlos según la disciplina e instrucción del Señor.

Pablo pasa ahora de los deberes recíprocos de esposos y esposas a aquellos de padres e hijos. Al hacerlo, lo que llama la atención inmediatamente es que él piensa que la congregación local es una 'familia' que reúne a personas de ambos sexos y de todas las edades. Debido a que en este párrafo se dirige a los hijos tanto como a los padres, evidentemente esperaba que toda la familia viniera a la adoración pública, no sólo para alabar a Dios, sino también para escuchar su Palabra. Oirían las Escrituras del Antiguo Testamento y las cartas del apóstol leídas y explicadas, y cuando se leyera el *Haustafeln* apostólico aprenderían sus propios deberes cristianos y aquellos de los otros miembros de la familia. El hecho de que se haya incluido a los hijos en las instrucciones, y se les haya dado una sección propia, es una indicación de la muy persuasiva influencia en la iglesia de aquel que había dicho 'Dejen que los niños vengan a mí, y no se lo impidan, porque el reino de Dios es de quienes son como ellos'[1] y 'el que recibe en mi nombre a un niño como éste, me recibe a mí'.[2] Este era un cambio radical con respecto a la terrible crueldad que prevalecía en el imperio romano, en el cual se abandonaba a los bebés indeseados, se asesinaba a los débiles y deformados, y aun los niños saludables eran considerados por muchos como una molestia, porque inhibían la promiscuidad sexual y complicaban la facilidad del divorcio.

1. El deber de los hijos | 6.1–3

Hijos, obedezcan en el Señor a sus padres … (v. 1). He aquí otro ejemplo de aquella sumisión general que, de acuerdo con 5.21, se espera de todos los miembros de la nueva sociedad de Dios. Pero esta vez el requerimiento es más fuerte, exige obediencia. A las esposas no se les decía que 'obedecieran', y según mi punto de vista, el Libro de Oraciones de 1662 estaba equivocado, en cuanto al servicio de boda, al incluir este verbo entre los votos de la novia. El concepto de un esposo que emite órdenes y de una esposa que obedece no aparece en el Nuevo Testamento. La aproximación más cercana es el ejemplo citado de Sara que 'obedecía a Abraham, llamándole señor'. Pero aun en ese pasaje, la instrucción real de Pedro para las esposas es la misma que la de Pablo, es decir 'Sométanse a sus esposos'.[3] Y, como vimos en el capítulo anterior, la sumisión de una esposa es bastante diferente de la obediencia. Es una entrega voluntaria a un marido amoroso cuya responsabilidad está definida en términos de protección: es la respuesta del amor al amor.

Los hijos, sin embargo, deben obedecer a sus padres. Aunque Pablo continúa restringiendo la autoridad de los padres y solicita guiarla por los canales de la educación cristiana, es claro que la autoridad de los padres sobre sus hijos es distinta y más fuerte que la autoridad del esposo sobre la esposa. Pero no por eso Pablo la da por sentada. Su enseñanza siempre tiene una base racional. Como lo hizo con la sumisión de la esposa, también desarrolla su instrucción acerca de la obediencia de los hijos sobre una base cuidadosamente preparada. Presenta tres fundamentos para la obediencia de los hijos en un hogar cristiano: la naturaleza, la ley y el evangelio.

Primero, la naturaleza: **Hijos, obedezcan … a sus padres, porque esto es justo** (*dikaios*). La obediencia de los hijos pertenece al dominio que dentro de la teología medieval se llamó 'justicia natural'. No depende de una revelación especial, es parte de la ley natural que Dios ha escrito en todos los corazones humanos.[4] No está confinada a la ética cristiana; es norma de conducta en todas las sociedades. Los moralistas paganos, tanto griegos como romanos, la enseñaban. Los filósofos estoicos consideraban la obediencia de los hijos como un valor evidente, requerido simplemente por la razón y como parte de 'la naturaleza de las cosas'. Mucho antes, en la cultura oriental, uno de los puntos que Confucio más enfatizó fue el respeto filial, de tal manera que hoy, aunque hayan pasado siglos, las costumbres chinas, coreanas y japonesas continúan reflejando esa influencia. En efecto, prácticamente todas las civilizaciones han considerado el reconocimiento de la autoridad paterna como indispensable para una sociedad estable. No nos sorprende entonces, que Pablo incluya la desobediencia a los padres como un signo de la sociedad decadente que Dios ha dejado librada a su propia idolatría, como también de 'los últimos días', período que comenzó con la venida de Cristo.[5]

Aunque la obediencia de los hijos es parte de la ley natural que Dios ha escrito en los corazones humanos, pertenece también a la ley revelada que Dios dio sobre tablas de piedra a Moisés. Así que Pablo continúa: **Honra a tu padre y a tu madre —que es el primer mandamiento con promesa— para que te vaya bien y disfrutes de una larga vida en la tierra** (vv. 2–3). En su cita, Pablo une libremente el texto griego de Éxodo 20.12 ('Honra a tu padre y a tu madre, para que disfrutes de una larga vida …') y el de Deuteronomio 5.16 ('y te vaya bien'). Debido a que este es el quinto de los diez mandamientos y aparece a primera vista como refiriéndose a nuestro deber con el prójimo, muchos cristianos han dividido el decálogo en dos mitades desiguales: en los primeros cuatro mandamientos se especifica nuestro deber hacia Dios y en los seis restantes nuestro deber hacia nuestro prójimo. Pero los judíos enseñaban que cada una de las dos tablas de la ley contiene cinco mandamientos. El significado de esta disposición es que presenta la honra de nuestros padres como un deber hacia Dios. Y sin duda es lo correcto. Porque al menos durante nuestra infancia, representan a Dios para nosotros y nos arbitran tanto su autoridad como su amor. Debemos 'honrarlos', es decir reconocer su autoridad como dada por Dios, y por lo tanto no sólo entregarles nuestra obediencia sino también nuestro amor y respeto. Es debido a que la autoridad de los padres es autoridad divinamente delegada que la obediencia respetuosa hacia los padres fue revestida de tanta importancia en la vida del pueblo del pacto. Moisés recibió la orden de decir a Israel: 'Sean santos, porque yo el Señor su Dios soy santo. Respeten todos ustedes a su madre y a su padre …Yo soy el Señor su Dios'.[6] Por lo tanto, la reverencia hacia los padres fue parte integral de la reverencia a Dios en tanto Dios de ellos, y de la relación especial hacia él como pueblo. De allí la penalidad extremadamente severa (la muerte) que debía inflingírsele a cualquiera que maldijera a sus padres y al 'hijo obstinado y rebelde' que se negara a obedecerles, que desafiara su disciplina y amonestación y demostrara ser incorregible.[7]

El apóstol Pablo, sin embargo, prefiere reforzar el mandamiento de Dios con una promesa en lugar de hacerlo con una amenaza. Les recuerda a sus lectores que el mandamiento de honrar a los padres **es el primer mandamiento con promesa** (v. 2), y luego cita la promesa de prosperidad y larga vida. Esta afirmación engañosamente simple contiene varios problemas. Algunos comentaristas tienden a no estar de acuerdo con Pablo, argumentando que el quinto mandamiento no es, en realidad, el primero que tiene una promesa unida a él, ya que el segundo mandamiento también tiene una, al prometer 'amor por mil generaciones' a aquellos que aman y obedecen a Dios. Una respuesta suficiente a esta objeción es que estas últimas palabras 'son una declaración del carácter de Dios más que una promesa'.[8] Otros expresan la opinión de que no es el primero sino el único mandamiento con promesa, porque ningún otro la tiene. A esto, F. F. Bruce responde atinadamente que Pablo está pensando 'no sólo en el decálogo sino en el cuerpo completo de la legislación del Pentateuco introducida por el decálogo'.[9] Sin embargo, esto no satisface a todos. Así que algunos interpretan el término 'primero' como una referencia al rango y no al orden (como cuando el escriba preguntó 'De todos los mandamientos, ¿cuál es el más importante?'),[10] y sugieren que significa o bien 'un mandamiento de primordial significado con una promesa anexa',[11] o 'el primero en importancia entre aquellos que se refieren a nuestros deberes sociales',[12] o que 'para los hijos, este es un mandamiento primario, acompañado de una promesa'.[13]

La promesa en cuestión era prosperidad material ('que te vaya bien') y larga vida ('disfrutes de larga vida en la tierra'). Durante la época de la teocracia, cuando Israel era tanto una nación como una iglesia sobre la cual Dios gobernaba, las bendiciones del pacto estaban firmemente atadas a la tierra prometida y a la seguridad, la salud y las buenas cosechas. Pero ahora los tiempos han cambiado, y también el trato de Dios con su pueblo. Esto parece estar contenido en la alteración deliberada que hace Pablo de la promesa original 'en la tierra que te da el Señor tu Dios' (Éx. 20.12), a **en la tierra** (es decir, la tierra). La tierra prometida desaparece ante la vista. El pueblo del pacto de Dios es ahora una comunidad internacional y sus bendiciones son sobre todo espirituales. Al mismo tiempo, junto con su bendición 'en las regiones celestiales' (1.3) hay aquí una bendición que tendrá lugar 'en la tierra'. Probablemente deberíamos interpretar esto en términos generales, en lugar de hacerlo individualmente. Entonces, lo que se promete no es tanto larga vida para cada hijo que obedece a sus padres, sino estabilidad social a cualquier comunidad donde los hijos honren a sus padres. Por cierto resulta inconcebible una sociedad saludable sin una vida familiar fuerte.

Frente al requerimiento de que los hijos obedezcan a sus padres, surgen dos preguntas prácticas. ¿Es incondicional el mandamiento? ¿Y a quiénes está dirigido?

Muchos jóvenes cristianos, que están deseosos de conformar su vida a las enseñanzas de las Escrituras, se sienten perplejos ante el pedido de obediencia. ¿Deben obedecer absolutamente todo lo que sus padres les digan que deben hacer? ¿Qué sucede si ellos han llegado a conocer a Cristo mientras que sus padres permanecen inconversos? Si sus padres les prohíben seguir a Cristo o unirse a la comunidad cristiana ¿están ellos obligados a obedecer? En respuesta a tales preguntas, que a menudo son formuladas con gran dolor y ansiedad, creo que lo primero que debo decir es que durante la minoridad de un joven (y tengo más que decir sobre esto un poco más adelante) la obediencia a los padres debería ser la norma, y la desobediencia la rara excepción.

Por ejemplo, supongamos que eres un joven que ha sido educado en un hogar no cristiano. Te has encontrado con Cristo recientemente y ahora deseas bautizarte, pero tus padres te lo prohíben. Personalmente, no te aconsejaría que siguieras adelante desafiando los deseos expresos de tus padres. Aun el bautismo, aunque Jesús lo ordenó, puede esperar hasta que seas mayor y la ley de tu país te dé cierta medida de independencia. Por otro lado, si tus padres fueran a prohibirte que adores y sigas a Cristo en tu intimidad, esto no podrías obedecerlo. Debe haber sido una situación como esta la que Jesús tenía en mente cuando nos previno acerca de los conflictos familiares en que los padres y los hijos se levantarían uno contra otro y nuestros enemigos serían los de nuestra propia casa. En tales circunstancias, aunque sea doloroso y conflictivo, nuestra lealtad a Cristo debe estar primero. Si amamos a nuestros padres más que a él, dijo, no somos dignos de él.[14]

Por supuesto, no significa que debamos provocar el conflicto familiar ni ser culpables de fomentarlo. Por el contrario, todos los seguidores de Jesús somos llamados a ser pacificadores y, hasta donde dependa de nosotros, a vivir en paz con todos los hombres.[15] Pero en algunas situaciones la tensión y el conflicto no pueden evitarse.

Es cierto que en el pasaje paralelo de Colosenses se les dice a los hijos que deben obedecer a los padres 'en todo'.[16] Pero en Efesios esto se equilibra con el mandamiento de obedecerles **en el Señor** (v. 1). La última instrucción, indudablemente, modifica a la primera. Los hijos no deben obedecer a sus padres en todas las cosas absolutamente y sin excepción, sino en todo lo que sea compatible con su lealtad primaria, es decir la que deben a su Señor Jesucristo.

Esto nos lleva a la segunda pregunta práctica: ¿quiénes son estos **hijos** que deben obedecer a sus padres? ¿Y cuándo cesan de ser tales? ¿Se dirige Pablo sólo a los infantes y a los jovencitos y a las jovencitas de menor edad? ¿O incluye a todos los jóvenes que todavía están solteros y viven en el hogar paterno, aunque ya sean adultos y hayan dejado atrás su infancia y adolescencia? No es posible dar una sola respuesta a esta pregunta, porque se necesitan diferentes respuestas para culturas diferentes. En la mayoría de los países occidentales la edad en la cual los jóvenes adquieren su mayoría de edad ha bajado en años recientes de veintiuno a dieciocho. Ahora en esa edad ya no son menores, pueden votar y son libres de casarse sin consentimiento de los padres. En el extremo opuesto, en la época de Pablo, 'el poder del padre romano era vitalicio y duraba durante toda la vida del hijo. Un hijo romano jamás llegaba a la mayoría de edad aun cuando hubiera crecido'.[17] En algunos países del Tercer Mundo, especialmente en Asia, prevalece aún una costumbre similar. Todo lo que puede decirse con relación a tales situaciones es que en cada sociedad una ley o una costumbre reconoce por lo menos algún grado de independencia para los jóvenes; puede que sea cuando alcanzan la adultez, o cuando llegan a cierta edad, o cuando dejan el hogar o se casan. Los cristianos no deberían desafiar las convenciones que acata su propia cultura. Deberían continuar obedeciendo a sus padres todo el tiempo que sean considerados como niños o como menores para su cultura.

Otro punto importante es que aun después de haber obtenido nuestra mayoría de edad, o de ser considerados en nuestra cultura como independientes de la autoridad de nuestros padres y, por lo tanto, sin obligación de *obedecerlos,* todavía debemos continuar *honrándolos.* Nuestros padres ocupan una posición única en nuestras vidas. Si los honramos como debemos hacerlo nunca los dejaremos de lado, ni los olvidaremos. Muchas culturas del Tercer Mundo, aun las no cristianas, se preocupan por los padres ancianos mucho más consciente y cuidadosamente que nosotros, que vivimos en el así llamado Occidente cristiano. Aunque en algunas circunstancias puede ser inevitable y en otras incluso deseable, es triste reflejo de la egoísta tradición occidental de la familia que, en lugar de cuidar nosotros mismos a nuestros parientes de edad, los confinemos en algún hogar de ancianos. Aislar y aun rechazar simbólicamente a los propios padres, raras veces puede reconciliarse con el mandamiento que indica que debemos honrarlos.

Hasta aquí hemos estado siguiendo a Pablo a medida que fundamenta la obediencia de los hijos a sus padres tanto en la naturaleza como en las Escrituras, tanto en la ley natural como en la ley revelada. Es decir que insiste, primero, porque es correcto, y segundo porque está escrito. Su tercer argumento presenta el evangelio y el nuevo día que amaneció con Jesucristo. Esto está implícito en la orden de que los hijos deben obedecer a sus padres, **en el Señor**, es decir, el Señor Jesús. Ya hemos visto que estas palabras modifican el mandamiento paralelo de Colosenses de obedecer a los padres 'en todo'. Pero aquí no se agota su significado. Colocan la obediencia de los hijos bajo el dominio del deber específicamente cristiano, y ponen sobre los hijos la responsabilidad de obedecer a sus padres debido a su propia relación personal con el Señor Jesucristo. Es él quien como Creador estableció primero el orden en la familia y en la sociedad, y en la nueva sociedad que ahora está edificando no arroja este orden por la borda. Hay una continuidad esencial entre el orden antiguo y el nuevo, entre la creación original y la nueva creación en Cristo. Las familias no han sido abolidas. Los hombres y las mujeres aún se casan y tienen hijos. 'En el Señor' aún hay esposos y esposas, padres e hijos. Lo que ha cambiado tiene relación con los daños causados por la caída. Sabemos que la vida familiar que Dios creó en el principio y de la cual dijo que era 'buena' fue arruinada por la rebelión y el egoísmo humanos. Las relaciones se desintegraron. La sociedad se fracturó. El amor fue tergiversado en lujuria, y la autoridad en opresión. Pero ahora, 'en el Señor', por su obra reconciliadora, ha comenzado la nueva sociedad de Dios, que continúa a la antigua en cuanto a la vida familiar en sí, pero no en cuanto a su calidad. Porque ahora todas nuestras relaciones han sido transformadas, precisamente porque están 'en el Señor'. Han sido purgadas de su ruinoso egocentrismo e imbuidas en cambio por el amor y la paz de Cristo. Aun la desobediencia a los padres ha cambiado. Ya no es una aceptación quejosa ante la autoridad paterna. Los hijos cristianos aprenden a obedecer con una buena disposición, 'porque esto agrada al Señor'.[18] Recuerdan la amorosa sumisión que Jesús mostró hacia sus propios padres siendo un muchacho.[19] Ahora este mismo Jesús es su Señor y Salvador y el creador del nuevo orden, así que están ansiosos de hacer lo que le agrada.

2. El deber de los padres | 6.4

La instrucción que se da a los hijos de obedecer a sus padres presupone, como hemos visto, el hecho de la autoridad paterna. Sin embargo, cuando Pablo expresa cómo deben comportarse los padres hacia sus hijos, no los exhorta al ejercicio de su autoridad, sino que la restringe.

El cuadro que presenta de los **padres** como educadores de sus hijos, en ejercicio de autodominio, de gentileza y de paciencia, presenta un franco contraste con la norma de esa época. 'A la cabeza de la familia romana … estaba el *pater familias,* quien ejercía una autoridad soberana sobre todos los miembros de la familia … El carácter autocrático del *patria potestas* se manifestaba no sólo en el derecho del padre a castigar, sino también en su *iuo vitae necisque*[20] (matar al recién nacido; dejar a los hijos a la intemperie) … El *pater familias* tiene derecho completo de disponer de sus hijos, como de sus esclavos y cosas …'[21] William Barclay añade: 'El padre romano tenía un poder absoluto en la familia. Podía vender a sus hijos como esclavos; hacerlos trabajar en sus campos hasta en cadenas; podía disponer de la ley a su antojo, porque esta estaba en sus manos; castigar como quisiera, hasta el extremo de infligir la pena de muerte.'[22]

El padre cristiano era completamente diferente, especialmente si recordaba lo que Pablo había escrito antes, es decir que su paternidad derivaba del 'Dios y Padre de todos' (3.14–15; 4.6). El tema de fondo en Efesios es que a través de la obra reconciliadora de Cristo hay ahora una familia de Dios multinacional y multicultural. Así que los padres humanos deben cuidar a sus familias como Dios el Padre cuida de la suya. Y digamos que, las madres también están incluidas. La palabra en el versículo 4 es, en realidad, **padres** (*pateres*) pero podría utilizarse para 'padres y madres', así como 'hermanos' (*adelphoi*) significa 'hermanos y hermanas'. Por cierto se refiere a los padres, tanto el padre como la madre, en los versículos 1–3, así que es enteramente legítimo que la NVI escriba 'padres' en el versículo 4.

Como prohibición les dice: **No hagan enojar a sus hijos** (v. 4a) o 'no irriten a sus hijos' (LPD). Pablo reconoce cuán delicada es la personalidad de un niño. Algunos autores han especulado con la idea de que Pablo pudo haber carecido de amor en su propia infancia, y que en su instrucción a los padres hay reminiscencias de esa temprana edad. No lo sabemos. Lo que sí sabemos es que los padres pueden fácilmente utilizar mal su autoridad, ya sea exigiendo cosas irritantes o irrazonables que no toman en cuenta la inexperiencia o inmadurez de los niños; o yendo a extremos de dureza y de crueldad por un lado, y favoritismos y excesos de indulgencia por el otro; o humillándolos y anulándolos; o con esas dos armas vengativas que son el sarcasmo y el ridículo. Estas son algunas de las actitudes paternas que provocan enojo y resentimiento en los hijos. ¿Cuántos 'jóvenes iracundos', hostiles contra la sociedad en general, han aprendido su hostilidad como niños en un hogar carente de afecto? Hay lugar para la disciplina, como continúa diciendo Pablo, pero nunca debe ser arbitraria (porque los niños tienen un sentido innato de lo justo), tampoco cruel. De otro modo se desanimarán.[23] En realidad, nada hace florecer la personalidad de un niño ni desarrollar sus dones tanto como el estímulo de padres comprensivos y amorosos. En efecto, así como el amor de un esposo por su esposa se expresa ayudándola a desarrollar la plenitud de su potencial, así el amor de los padres por sus hijos se expresa ayudándoles a desarrollar el suyo.

Por detrás de este correctivo a la autoridad paterna está claro el conocimiento de que, aunque los hijos deben obedecer a sus padres en el Señor, sin embargo tienen una vida y personalidad propias. Son pequeñas personas con sus propios derechos. Como tales, deben ser respetados, y bajo ningún concepto deben ser explotados, manipulados o aplastados. 'El padre dominador de las novelas victorianas,' escribe sir Frederick Catherwood, 'que utilizaba su autoridad para sus propios fines, tiene tan poco justificativo cristiano para su autoridad como el hijo rebelde. Uno está abusando de la autoridad, el otro se opone a ella. Ambos están equivocados.'[24]

Sin embargo, no es sólo en las novelas de la Inglaterra victoriana donde puede verse la paternidad opresora. Otro ejemplo viene de una época más reciente, en los Estados Unidos. La novela de Edna Ferber, *Giant* (Gigante) nos narra la historia del tejano Jordan Benedict. Dueño de una hacienda de un millón de hectáreas, está furioso porque su pequeño hijo Jordy, de tres años, teme a los caballos. Cuando lo colocan sobre uno de ellos, con uniforme completo de vaquero, llora para que lo bajen. Su padre está disgustado. 'Yo montaba antes de poder caminar,' dice. 'Muy bien,' responde su esposa Leslie, 'eso fue una linda hazaña, pero eras tú. Esta es otra persona. Quizás no le gusten los caballos …' 'Él es un Benedict,' afirma su padre, 'y lo voy a hacer un jinete aunque tenga que *atarlo* al caballo.' 'Has actuado como un dios durante tanto tiempo que crees que diriges el mundo.' 'Dirijo esta parte que me pertenece.' 'El niño no te pertenece. Es tuyo y mío. Y ni siquiera es nuestro. Es él mismo …'[25]

Cada niño debe poder ser él mismo. Los padres sabios reconocen que no todas las respuestas de protesta por parte de los niños merecen ser consideradas como 'rebelión'. Por el contrario, es por medio de la experimentación que los hijos descubren tanto los límites de su libertad como la calidad del amor de sus padres. Más aun, para poder crecer tienen que desarrollar su autonomía, no porque resistan a la autoridad de sus padres sino porque necesitan ejercitar la propia.

Pablo no se queda satisfecho con esta advertencia a los padres de no provocar a ira a sus hijos. La complementa con esta exhortación positiva: **críenlos según la disciplina e instrucción del Señor** (v. 4b). El verbo (*ektrephō*) significa literalmente 'nutrir' o 'alimentar' y fue utilizado en 5.29 para hablar del sustento que damos a nuestro cuerpo. Pero también se usa para la educación de los niños. La traducción de Calvino es 'que sean alentados tiernamente … tratadlos con gentileza'[26] y la de William Hendriksen dice 'criadlos tiernamente.'[27] He aquí la comprensión, siglos antes de que la psicología moderna enfatizara la importancia vital de los primeros años de vida, de que los niños son criaturas frágiles que necesitan la ternura y la seguridad del amor.

Las consecuencias de esta insistencia sobre la educación paternal de los hijos son muchas. Una de ellas es que los padres cristianos deberían guardar celosamente su responsabilidad, delegando parte de ella a la iglesia y a la escuela, pero nunca renunciando totalmente a ella. Es la tarea propia que Dios les ha dado; nadie puede reemplazarlos adecuada o completamente. Otra consecuencia es que los padres necesitan preocuparse por sus hijos y dedicarles tiempo. Si fracasan en esto tendrán problemas más adelante. Como observa pertinentemente el doctor Lloyd-Jones: 'Si los padres pensaran tanto en la educación de sus hijos como lo hacen en el cuidado de sus animales y flores, la situación sería muy diferente.'[28]

¿Cómo deben educar los padres a sus hijos entonces? Respuesta: **según la disciplina e instrucción del Señor** (v. 4b). La segunda palabra (*nouthesia*), sea que se la traduzca por 'instrucción' o por 'amonestación', parece referirse principalmente a la educación verbal, mientras que la primera palabra (*paideia*) significa entrenamiento por medio de la disciplina, aun por medio del castigo. *'Paideia'* (disciplina) es el entrenamiento que pone énfasis en la corrección de los jóvenes.'[29] Es la palabra que se utiliza en Hebreos 12 tanto de los padres terrenales como de nuestro Padre celestial, quien nos disciplina 'para nuestro bien'.[30]

Acerca de la necesidad de disciplina y castigo, el Antiguo Testamento es claro. 'No corregir al hijo es no quererlo; amarlo es disciplinarlo.' Y otra vez: 'La necedad es parte del corazón juvenil, pero la vara de la disciplina la corrige.'[31] Por supuesto que nuestros antepasados victorianos utilizaban estos versículos de Proverbios para justificar una disciplina excesivamente dura. En nuestra generación, por otro lado, hemos sido testigos de una reacción que lleva a una permisividad excesivamente *laissez-faire*. A uno de los extremos necesitamos decirle: 'Lo opuesto de una mala disciplina no es la ausencia de disciplina, sino la disciplina correcta, disciplina verdadera.'[32] Al otro extremo necesitamos decirle: 'Lo opuesto de la falta de disciplina no es la crueldad, sino la disciplina equilibrada, la disciplina controlada.'[33] Por sobre todo, los padres deben tener en claro sus motivos. Siempre resultará peligroso disciplinar a los hijos cuando se está enojado, cuando el orgullo ha sido herido o cuando se han perdido los estribos. Citaré nuevamente al doctor Lloyd-Jones porque su exposición de estos versículos está llena de sabiduría práctica: 'Cuando estás disciplinando a un niño, deberás primero controlarte a ti mismo … ¿Qué derecho tienes de decirle a tu hijo que necesita disciplina cuando obviamente la necesitas tú mismo? El dominio propio, el dominio del carácter es un prerrequisito esencial en el control de los demás.'[34]

Hasta aquí hemos estado pensando principalmente en la disciplina de los hijos. Pero la educación cristiana de los hijos es tanto mental como moral. También incluye la instrucción. Una moda popular contemporánea invita a los padres a no ser 'dirigistas' sino dejar a los niños que encuentren su propio camino. Pablo piensa diferente. Es cierto que algunos padres son demasiado 'dirigistas', demasiado dominantes y, por lo tanto, inhiben a sus hijos en el aprendizaje de la toma de decisiones propias para crecer hacia la madurez. Tenemos que distinguir entre educación verdadera y falsa. La educación falsa es el adoctrinamiento, en el cual padres y maestros imponen su mente y voluntad sobre el niño. La verdadera educación, por otro lado, es estimulación en la que padres y maestros actúan como catalizadores y alientan al niño para que elabore sus propias respuestas. No podrán lograrlo si dejan que el niño divague; deben enseñarle los valores cristianos de la verdad y la bondad, defenderlos y recomendar su aceptación, pero, al mismo tiempo, abstenerse de cualquier forma de presión y menos aun de coerción.

Pablo escribe que la disciplina e instrucción en la cual los padres deben criar a sus hijos es **del Señor**. Algunos han tomado esto simplemente como diciendo que la clase de instrucción y disciplina que se intenta se refiere a las 'enseñanzas cristianas' (TLA), y que Pablo está especificando la educación cristiana como opuesta a la secular. Pero creo que quiere decir más que esto. Significa que por detrás de los padres que enseñan y disciplinan a sus hijos está el Señor. Es el maestro principal y el administrador de la disciplina. Por cierto que la mayor preocupación de los padres no es sólo que sus hijos se sometan a su autoridad, sino que a través de esta lleguen a conocer y obedecer al Señor. Siempre hay mucho regocijo y agradecimiento cuando la enseñanza y disciplina de un hogar cristiano logra guiar, no artificialmente sino en forma natural, a la aceptación de la enseñanza y disciplina del Señor Jesús por parte del niño.

3. El deber de los esclavos | 6.5–8

> [6.5]Esclavos, obedezcan a sus amos terrenales con respeto
> y temor, y con integridad de corazón, como a Cristo.
> [6]No lo hagan sólo cuando los estén mirando, como los
> que quieren ganarse el favor humano, sino como esclavos
> de Cristo, haciendo de todo corazón la voluntad de Dios.
> [7]Sirvan de buena gana, como quien sirve al Señor y no
> a los hombres, [8]sabiendo que el Señor recompensará a
> cada uno por el bien que haya hecho, sea esclavo o sea
> libre.

La esclavitud parece haber sido universal en el mundo antiguo. Un alto porcentaje de la población estaba formado por esclavos. 'Se ha calculado que en el imperio romano había sesenta millones de esclavos.'[35] Constituían la fuerza de trabajo e incluían no sólo sirvientes domésticos y trabajadores manuales sino también gente educada, como doctores, maestros y administradores. Los esclavos podían heredarse o comprarse, o adquirirse en pago de una deuda; los prisioneros de guerra comúnmente se transformaban en esclavos. Nadie querellaba ni desafiaba tal arreglo. "La institución de la esclavitud era un hecho de la vida económica mediterránea tan completamente aceptado como parte de la estructura laboral de la época que uno no puede hablar correctamente del 'problema' de la esclavitud en la antigüedad. Esta aceptación incuestionable del sistema esclavista explica por qué Platón, en su plan de la vida buena, según lo describió en *La República,* no necesitó mencionar a la clase de esclavos. Simplemente estaba allí."[36]

A aquellos que vivimos en países en los que la esclavitud ha sido abolida por la ley hace un siglo y medio, es difícil concebir cómo la posesión de un ser humano por otro pudo haber sido aprobada de esta manera. Aun es más difícil entender cómo los esclavos pudieron haber sido considerados más como cosas que como personas. Con todo su intelecto y cultura, Aristóteles no pudo concebir amistad alguna entre un esclavo y un poseedor de esclavos, porque dijo: 'Un esclavo es una herramienta viva, así como una herramienta es un esclavo inanimado.' Al menos parecía aceptar que 'un esclavo es un tipo de propiedad con alma.'[37]

Esta deshumanización de los esclavos en la conciencia pública fue reflejada en la legislación romana antigua. 'Legalmente eran sólo bienes muebles sin derechos, a quienes sus amos podían tratar virtualmente como querían.'[38] 'El estado romano dejaba el problema de la disciplina del esclavo a sus dueños … El *pater familias* tenía completo control sobre todos los esclavos pertenecientes a la *familia* … tenía el poder de castigar corporalmente, de confiar en el *ergastulum*, también el derecho de ejecutar la pena de muerte.'[39] Consecuentemente, han sobrevivido relatos de atrocidades terribles, especialmente de la era precristiana. Algunas veces, los esclavos eran maltratados, mutilados y encadenados, les rompían los dientes, les quitaban los ojos y hasta los tiraban a las bestias salvajes o los crucificaban, y todo esto, algunas veces, por las ofensas más triviales. El hecho de que algunos esclavos se escapaban (corriendo el riesgo, si los encontraban, de ser quemados con hierro candente, azotados y hasta sumariamente ejecutados) y de que otros cometían suicidio, es evidencia suficiente de que la crueldad hacia ellos era cosa común.

Al mismo tiempo, sería un grave error suponer que esta clase de tratamiento bárbaro era habitual o universal, o que continuó inamovible en el primer siglo después de Cristo. Aunque al principio la ley no prescribía penalidades para los poseedores de esclavos que maltrataban a sus siervos, muy a menudo se veían restringidos por otros hechos, ya sea por su propio sentido de responsabilidad, por la opinión pública, o por propio interés. En lo que hace a la opinión pública, el contemporáneo estoico de Pablo, Séneca, ya enseñaba la hermandad entre los hombres e invitaba a la bondad con los esclavos. En lo que hace al interés propio, los amos sabían que sus esclavos representaban una inversión de mucho capital. Era ventajoso para ellos mismos, por lo tanto, cuidar bien a sus esclavos, así como lo hacían con sus animales y sus muebles.

Resulta inmediatamente llamativo que en su *Haustafeln*, Pablo se dirija a los esclavos. El simple hecho de hacerlo indica que eran miembros aceptados en la comunidad cristiana y que los consideraba como personas responsables a los cuales, de la misma manera que a los amos, les hace una apelación moral. Si los hijos deben obedecer a sus padres, los esclavos deben obedecer a sus **amos terrenales** (v. 5) y por la misma razón, es decir que por detrás de ellos deben aprender a discernir la figura de su 'Amo en el cielo' (v. 9), es decir el Señor

Jesucristo. Éste se menciona en cada uno de los cuatro versículos dirigidos a los esclavos. Deben obedecer **como a Cristo** (v. 5), conducirse **como esclavos de Cristo** (v. 6), prestar servicio **como quien sirve al Señor** en lugar de hacerlo para los hombres (v. 7), sabiendo que **el Señor recompensará** (v. 8). Es notable el carácter cristocéntrico de estas instrucciones: la perspectiva del esclavo ha cambiado. Su horizonte se ha ampliado. Ha sido liberado de la esclavitud de tener que 'agradar a los hombres' para usar la libertad de servir a Cristo. Sus tareas mundanas han sido absorbidas por una preocupación más alta, **la voluntad de Dios** (v. 6) y al agradar bien a Cristo.

Exactamente el mismo principio pueden aplicar los cristianos contemporáneos a sus trabajos y empleos. Nuestra gran necesidad es la visión clara que nos permita ver a Jesucristo y colocarlo delante de nosotros. Es posible para el ama de casa cocinar una comida como si Jesucristo fuera a comerla o limpiar a fondo la casa como si Jesucristo fuera a ser el huésped de honor. Es posible para los maestros educar a los niños, a los doctores tratar a sus pacientes y a las enfermeras cuidarlos, a los agentes ayudar a sus clientes, a los vendedores servir a los compradores, a los contadores llevar los libros y a las secretarias escribir cartas, como si en cada caso estuvieran sirviendo a Jesucristo. ¿Puede decirse lo mismo con relación a las masas de trabajadores industriales con tediosas rutinas de cuidado de máquinas y de mineros que tienen que trabajar bajo tierra? Por cierto que sí. Pero la presencia de Cristo en la mina o en la fábrica no es excusa para que las condiciones sean malas. Por el contrario, debería ser un incentivo para mejorarlas. Al mismo tiempo, su situación no es ni siquiera parecida a la de los esclavos en el imperio romano, así que si el trabajo de los esclavos cristianos podía ser transformado haciéndolo 'como quien sirve al Señor', lo mismo debe suceder con los cristianos que son mineros, obreros de fábricas, deshollinadores, barrenderos y cuidadores de baños públicos.

Una vez que los esclavos cristianos tuvieran en claro que su responsabilidad primaria era servir al Señor, su servicio a los amos terrenales se transformaría en ejemplar. Primero, serían respetuosos, obedeciéndolos **con respeto y temor** (v. 5), lo que no significa un servilismo humillante delante del amo humano, sino un reconocimiento reverente del Señor Jesús, cuya autoridad representa el amo. Esto resulta claro, no sólo por los contextos habituales de la expresión 'con respeto y temor' sino también por el hecho de que en el pasaje equivalente de Colosenses dice 'por respeto al Señor'.[40] Segundo, obedecerían **con integridad de corazón** (v. 5), con sencillez o de todo corazón, sin hipocresías ni motivos posteriores. Tercero, serían conscientes de no ofrecer su trabajo 'sólo cuando los estén mirando, como los que quieren ganarse el favor humano' y trabajan cuando el jefe está presente a fin de agradarlo, sino **como esclavos de Cristo,** ya que después de todo él nunca podrá ser engañado con trabajo mal hecho. Cuarto, su trabajo llegaría a ser voluntario, en lugar de renuente o quejoso. Como tendrían conciencia de estar **haciendo… la voluntad de Dios,** lo harían **de todo corazón** (v. 6) y **de buena gana** (v. 7). Podemos decir que su corazón y su alma estarían allí. Y todo esto por saber que su Señor también es su juez, y que ninguna buena obra, sea quien fuere su autor ('sea esclavo o sea libre'), queda sin recompensa delante de él (v. 8).

4. El deber de los amos | 6.9

> [6.9]Y ustedes, amos, correspondan a esta actitud de sus esclavos, dejando de amenazarlos. Recuerden que tanto ellos como ustedes tienen un mismo Amo en el cielo, y que con él no hay favoritismos.

Aunque a los esclavos cristianos se les describen los deberes con cierto detalle, los dueños de esclavos reciben tres principios, todos los cuales tienen implicaciones de largo alcance en el contexto de la mitad del primer siglo d.C. Primero, **correspondan a esta actitud.** Es decir, si esperas recibir respeto, muéstraselo también; si esperas recibir servicio, préstalo. Es una aplicación de la regla de oro. De la manera que los amos esperaban que sus esclavos se comportaran con ellos, así debían comportarse con sus esclavos. Pablo no admite ningún privilegio superior en los amos, como si ellos pudieran pasar por alto esas cortesías que esperaban recibir.

Segundo, **dejando de amenazarlos.** Así como los padres no deben provocar a sus hijos, tampoco los amos deben amenazar a sus esclavos. Es decir que no deben abusarse de su posición de autoridad esgrimiendo amenazas de castigo. El castigo era aceptado en el imperio romano como la única manera de controlar a los esclavos, y el cristianismo no niega que en algunas circunstancias el castigo sea legítimo y hasta necesario. Pero las amenazas son un arma que el poderoso esgrime ante el carente de poder. Y una relación basada en amenazas no es una relación humana. Así que Pablo lo prohibía.

Tercero, la razón de estos requerimientos es que ellos saben que Jesucristo es *el Señor* de ambos, esclavo y patrón, **y que con él no hay favoritismos**. Los dueños de esclavos estaban acostumbrados a que se los reverenciara y tratara con miramientos, pero no debían esperar (porque no lo iban a recibir) tal actitud discriminatoria de parte del Señor Jesucristo. Por lo tanto, estos tres principios tenían la intención de achicar la brecha social y cultural entre esclavos y amos. En lugar de considerar su relación con sus esclavos como la del propietario con sus bienes, o la del superior hacia el inferior, debía desarrollar una relación en la que les diera el *mismo* tratamiento que él esperaba recibir, renunciar a la legítima arma de las amenazas y recordar que ambos compartían el mismo Amo en el cielo y juez imparcial.

5. La abolición de la esclavitud

La nueva relación que hizo posible Jesucristo entre esclavos y amos era algo nuevo y hermoso. Sin embargo, es comprensible que a muchos críticos les haya parecido una respuesta cristiana inadecuada. ¿No pudo ofrecer el evangelio alguna solución más radical contra la esclavitud que un ajuste de las relaciones personales? Si bien Pablo se abstuvo de incitar a los esclavos a levantarse en contra de sus amos y obtener su libertad (como algunos desearían que lo hubiese hecho), ¿por qué al menos no les ordenó a los amos que emanciparan a sus esclavos? ¿Por qué los escritores del Nuevo Testamento son tan reticentes, en lugar de condenar la esclavitud directamente como una cosa terriblemente inhumana?

Sea cual fuere el camino que los cristianos busquemos para defendernos en contra de tales críticas, nunca debe ser el de admitir la esclavitud. Porque si el Nuevo Testamento no la condena explícitamente tampoco la aprueba. Ha habido diferentes grados de degradación en la práctica de la esclavitud en épocas y lugares diferentes; pero aunque la esclavitud afro-americana fue peor que la romana, la romana peor que la griega y ésta peor que la hebrea, la conciencia cristiana debe condenar la esclavitud en todas sus formas. Su mal no radica en el servilismo que implica (porque Jesús voluntariamente se hizo esclavo de otros,[41] y también lo hizo el apóstol Pablo)[42] ni tampoco en el elemento de compulsión, sino en la posesión de un ser humano por otro, que lo degrada convirtiéndolo en un objeto subhumano para ser usado, explotado y comerciado, y en la crueldad que a menudo acompañaba todo esto. Siendo así, nos preguntamos una vez más por qué el Nuevo Testamento no pidió su abolición.

La primera respuesta es la pragmática, es decir que los cristianos fueron en sus comienzos un grupo insignificante dentro del imperio. Su religión era todavía ilegal, y carecían de poder político. Por otro lado, la esclavitud era en aquella época una parte indispensable de la maquinaria de la sociedad romana. En la mayoría de las ciudades había muchos más esclavos que gente libre. Por lo tanto hubiese sido imposible abolir la esclavitud de un solo golpe sin la desintegración completa de la sociedad. Si los cristianos hubiesen liberado a sus esclavos, hubiesen condenado a la mayoría de ellos al desempleo y a las penurias. Como dijo G. B. Caird, 'la sociedad antigua era económicamente tan dependiente de la esclavitud como la moderna lo es de la maquinaria, y cualquiera que propusiera su abolición hubiese sido considerado como un sedicioso fanático.'[43] Tenía que ser tolerada un poco más (aunque, por cierto, ese 'poco más' duró demasiado) como síntoma de lo que los cristianos llamaban 'esta era presente de maldad'.

Existe una segunda razón por la cual no encontramos en el Nuevo Testamento expresiones de indignación más fuertes en contra de ese sistema. 'En la antigüedad, la falta de un aborrecimiento profundo hacia la esclavitud como un mal económico y social puede explicarse en parte,' escribe W. L. Westermann, por el hecho de que 'el cambio del estado legal de la esclavitud al de la libertad por medio de la liberación era ... constante y fácil ...'[44] 'La actitud de los apóstoles se explica mejor conociendo la práctica singular que los romanos del primer siglo estaban adoptando hacia sus esclavos: la de liberarlos en grandes cantidades.'[45] De acuerdo con los resultados de la investigación de Tenney Frank, entre los años 81 y 49 a.C. fueron liberados 500.000 esclavos romanos. Así que 'el esclavo romano, lejos de vivir en servilismo perpetuo, podía esperar que llegara su oportunidad. Se transformó en una práctica común de los romanos liberar a sus esclavos y después establecerlos en un comercio o profesión. Muchas veces este se enriquecía más que su amo'.[46] Esta evidencia ayuda a explicar el consejo de Pablo a los esclavos corintios de que, si podían obtener su libertad, buscaran la oportunidad de hacerlo, y también su insinuación a Filemón de que liberara a Onésimo.[47]

Un tercer punto a favor de la posición del Nuevo Testamento es que en aquella época el status legal de los esclavos comenzaba a suavizarse y mostraba signos de futuras mejoras. 'Cambios humanitarios importantes se habían introducido en el mundo romano en el primer siglo d.C., que llevaban a una mejora radical en el tratamiento de los esclavos'.[48] Poco a poco, se le fueron concediendo muchos de los derechos legales que disfrutaban los hombres libres, incluyendo el derecho de casarse y tener una familia y el derecho de tener su propiedad. 'En el año 20 d.C. un decreto del Senado especificaba que los esclavos culpables de algún crimen debían ser juzgados de la misma manera que los hombres libres'.[49] Varios emperadores introdujeron medidas liberalizadoras. 'Claudio, alrededor de 50 d.C., estableció que los esclavos enfermos que eran abandonados por sus amos debían obtener su libertad si se recobraban. Bajo Vespasiano, alrededor de. 75, una esclava podía, bajo ciertas circunstancias, obtener su libertad si su amo la prostituía. Domiciano, alrededor de 90, prohibió la mutilación de los esclavos. Adriano, en los comienzos del siglo segundo, se negó a aprobar la venta de esclavos para propósitos inmorales o para convertirlos en gladiadores y es probable que haya prohibido la ejecución de los esclavos por orden de sus amos'.[50]

Así que ya se había comenzado a introducir una legislación más humanitaria en el imperio cuando el evangelio llegó para acelerar y extender el proceso. Sin embargo, los cristianos no podemos evitar cierto sentido de vergüenza de que la esclavitud y el comercio de esclavos fuera tolerado durante tanto tiempo, especialmente más tarde, en las colonias europeas. Ambos debieron haber sido abolidos siglos antes. Y las mejores mentalidades cristianas así lo reconocieron. Calvino, por ejemplo, a mediados del siglo dieciséis, atribuyó la esclavitud al pecado original. Dedujo que era 'una cosa totalmente contraria al orden de la naturaleza' que los seres humanos 'hechos a semejanza de Dios' alguna vez pudieran ser 'puestos bajo tales condiciones'.[51]

Si bien no podemos defender la indolencia o cobardía de los dos siglos cristianos posteriores que vieron este mal social pero no lo erradicaron, podemos al mismo tiempo regocijarnos de que el evangelio comenzó inmediatamente, aun en el siglo primero, a conmover esta institución; encendió una mecha que a la larga llevó a la detonación final. Esto nos retrotrae a la carta de Pablo a los Efesios y a la transformada relación amo-esclavo que él describía. Pueden mencionarse tres aspectos.

El primero es la igualdad. Por supuesto que nadie podía imaginar que, cultural o legalmente, amos y esclavos fueran iguales. Resultaba evidente que no lo eran, ya que uno era dueño del otro. Sin embargo, eran iguales ante Dios, porque tenían al mismo Señor y juez, que no hacía favoritismos entre ellos (v. 9). La ley romana era aún discriminatoria en ciertos aspectos; la justicia celestial no lo era. Pablo les recuerda este hecho tanto a esclavos como a amos. Porque este era el fundamento teológico sobre el cual construyó su doctrina de la igualdad. Los esclavos debían servir bien a sus amos terrenales con buena voluntad, como si estuvieran sirviendo a su Amo en el cielo, 'sabiendo que' él los honraría y recompensaría. Los amos no debían amenazar sino respetar a sus esclavos, 'sabiendo que' tenían el mismo Amo en los cielos. Por lo tanto, era el conocimiento compartido del señorío y juicio de Jesucristo el que los hacía iguales. Si recordaban que Jesús era su Señor común ahora y que un día sería su juez común, toda su actitud mutua cambiaría.

La segunda cualidad de su relación debía ser la justicia. Lo que aquí está implícito en la instrucción general a los amos de que 'corresponderán a esta actitud' (v. 9) está explícito en Colosenses 4.1 'Amos, proporcionen a sus esclavos lo que es justo y equitativo, conscientes de que ustedes también tienen un Amo en el cielo.' Esta afirmación debe haber sonado sumamente extraña a los oídos de los que escuchaban por primera vez. Porque, como hemos visto, aunque la ley romana se estaba volviendo gradualmente más humanitaria, los esclavos aún eran considerados popularmente como propiedad de sus amos, quienes tenían poder absoluto sobre ellos. Y por supuesto, donde se piensa que no hay derechos no puede haber justicia. Así que la idea de justicia para los esclavos era un concepto nuevo y revolucionario. Esencialmente fue el evangelio el que insistió que los esclavos tenían derechos. Esto salta a la vista por la naturaleza recíproca de la relación amo-esclavo. Porque si los esclavos tenían deberes hacia sus amos, los amos tenían deberes hacia sus esclavos. Entonces, los deberes del amo se transformaban en los derechos del esclavo, de la misma manera en que los deberes del esclavo eran los derechos del amo.

Hoy, en las relaciones laborales, rige el mismo principio básico de la justicia basada en los derechos recíprocos. Los empleados y los empleadores tienen deberes por igual (el empleado de rendir buen trabajo y el empleador de pagar un salario justo). Luego, el deber de cada persona se transforma en el derecho de la otra. Si el deber del empleado es hacer un buen trabajo, es derecho del empleador esperarlo. Si el deber del empleador es pagar un salario justo, es derecho del empleado esperarlo. El mayor problema humano en las disputas entre patrones y obreros es que cada lado se concentra en asegurarse sus propios derechos, e inducir a la otra parte a cumplir su parte. Pablo, sin embargo, revierte el énfasis. Insta a cada parte a concentrarse sobre sus responsabilidades, no sobre sus derechos. Ciertamente, si en las disputas de la industria moderna la preocupación fuera que cada parte cumpliera sus propios deberes y asegurara los derechos de la otra, las relaciones laborales se suavizarían inmediatamente.

El tercer aspecto y el más alto de la transformación de la relación amo-esclavo es la hermandad. Aparece con claridad en la carta de Pablo a Filemón, en la cual lo insta a recibir nuevamente a su fugitivo esclavo Onésimo, ahora convertido, y darle la bienvenida 'ya no como a esclavo, sino como algo mejor: como a un hermano querido.'[52] Las palabras hubieran sonado increíbles para cualquiera, excepto para los oídos cristianos. Séneca enseñó la hermandad universal de la humanidad pero no puedo encontrar que haya aplicado su doctrina a los esclavos. Los llama 'camaradas' y hasta 'amigos', pero no 'hermanos'. El concepto de hermandad fue la innovación paulina y es uno de los temas principales de Efesios. Porque la nueva sociedad de Dios es la familia del Padre, cuyos miembros están relacionados unos a otros con Cristo como hermanos y hermanas. Ya cuando escribió a los gálatas podía afirmar con confianza que todos aquellos que están en Cristo son hijos e hijas de Dios, y que 'Ya no hay … esclavo ni libre … sino que todos ustedes son uno solo en Cristo Jesús.'[53] Luego repitió su sentir en la carta paralela a Efesios: 'En esta nueva naturaleza no hay … esclavo ni libre, sino que Cristo es todo y está en todos.'[54] Un mensaje que unía al amo y al esclavo como hermanos *ipso facto*, lanzaba un desafío radical hacia una institución que los separaba como propietario y propiedad. De allí en más era sólo una cuestión de tiempo. 'La esclavitud sería abolida *desde adentro*.'[55]

12
Poderes y autoridades
Efesios 6.10–20

6.10 Por último, fortalézcanse con el gran poder del Señor. **11** Pónganse toda la armadura de Dios para que puedan hacer frente a las artimañas del diablo. **12** Porque nuestra lucha no es contra seres humanos, sino contra poderes, contra autoridades, contra potestades que dominan este mundo de tinieblas, contra fuerzas espirituales malignas en las regiones celestiales. **13** Por lo tanto, pónganse toda la armadura de Dios, para que cuando llegue el día malo puedan resistir hasta el fin con firmeza. **14** Manténganse firmes, ceñidos con el cinturón de la verdad, protegidos por la coraza de justicia, **15** y calzados con la disposición de proclamar el evangelio de la paz. **16** Además de todo esto, tomen el escudo de la fe, con el cual pueden apagar todas las flechas encendidas del maligno. **17** Tomen el casco de la salvación y la espada del Espíritu, que es la palabra de Dios.

18 Oren en el Espíritu en todo momento, con peticiones y ruegos. Manténganse alerta y perseveren en oración por todos los santos.

19 Oren también por mí para que, cuando hable, Dios me dé las palabras para dar a conocer con valor el misterio del evangelio, **20** por el cual soy embajador en cadenas. Oren para que lo proclame valerosamente, como debo hacerlo.

Varias veces en nuestro estudio de esta carta hemos tenido ocasión de maravillarnos de la amplitud de miras de Pablo. Comenzó mostrando el propósito de Dios, concebido en una eternidad pasada antes de la fundación del mundo: crear una sola y nueva raza humana a través de la muerte y resurrección de Cristo y finalmente unir a toda la iglesia y a toda la creación bajo el señorío de Cristo. Pablo subraya que a este divino plan se le ha dado una forma distintiva: incluir en la sociedad nueva de Dios, sobre un pie de igualdad total, a judíos y gentiles. Los viejos días de división y discriminación han pasado. Una unidad totalmente nueva ha emergido, en la cual, a través de la unión con Cristo, judíos y gentiles son miembros igualitarios del mismo cuerpo y participantes por igual de la misma promesa. Así que ahora un único Padre tiene una sola familia, un único Mesías Salvador, un solo pueblo, y un único Espíritu, un solo Cuerpo. Estos hechos indubitables de lo que Dios ha hecho a través de Cristo y por el Espíritu son el fundamento sobre el cual Pablo basó su elocuente apelación. Sus lectores deben vivir una vida 'digna' de su llamamiento, y que 'corresponda' a la nueva y reconciliada sociedad de Dios. Deben demostrar su unidad en la comunión cristiana, a la vez que regocijarse en la diversidad de sus dones y, por lo tanto, de sus ministerios. Deben dejar de lado toda la impureza de su conducta anterior a la conversión y vivir una vida de 'verdadera justicia y santidad'. Y deben aprender a someterse unos a otros en toda clase de relaciones domésticas y así promover la armonía en sus hogares. Unidad, diversidad, pureza y armonía, son las características que el apóstol ha subrayado como las características principales de la nueva sociedad en Cristo. El apóstol ha comunicado un ideal hermoso, una meta obviamente deseable, y no tan difícil de alcanzar.

Pero ahora Pablo nos trae a la tierra y a realidades más duras que nuestros sueños. Nos recuerda la oposición. Debajo de las apariencias superficiales se está librando una batalla espiritual invisible. Nos presenta al diablo (ya mencionado en 2.2 y 4.27) y a ciertos 'poderes y autoridades' que están bajo su mando. No nos provee ninguna biografía del diablo y ningún relato del origen de las fuerzas de las tinieblas. Da por sentada su existencia como algo compartido por él y sus lectores. En todo caso, su propósito no es satisfacer nuestra curiosidad, sino prevenirnos en cuanto a su hostilidad y enseñarnos cómo vencerlos. ¿El plan de Dios es crear una sociedad nueva? Entonces harán lo imposible por destruirla. ¿Ha destruido Dios a través de Jesucristo las paredes que dividían a los seres humanos de razas diferentes y culturas distintas? Entonces el diablo, por medio de sus emisarios, luchará para reconstruirlas. ¿Es la intención de Dios que su pueblo reconciliado y redimido viva junto en armonía y pureza? Entonces los poderes del infierno sembrarán entre ellos las semillas de la discordia y el pecado. Es con estos poderes que debemos librar la guerra o, para ser más precisos, 'luchar' (v. 12). Esta metáfora no es necesariamente incompatible con la del soldado armado que Pablo procede a desarrollar como si 'hubiese cambiado rápidamente del escenario del campo de batalla al de un gimnasio.'[1] Simplemente quiere enfatizar la realidad de nuestro enfrentamiento con las fuerzas del mal y la siniestra necesidad del combate cuerpo a cuerpo.

La transición abrupta entre los 'hogares pacíficos y días saludables' de los párrafos anteriores y la oscura malicia de las huestes diabólicas de esta sección nos causa una conmoción dolorosa pero esencial. Todos deseamos poder pasar la vida en una tranquilidad sin disturbios, entre nuestros seres queridos en el hogar y en la comunión del pueblo de Dios. Pero el camino del desertor ha sido bloqueado totalmente. Los cristianos tienen que enfrentarse con la perspectiva del conflicto con el enemigo de Dios y de ellos. Necesitamos aceptar las consecuencias de este pasaje con que Pablo concluye su carta. 'Es un estridente llamado a la batalla … ¿No oís el clarín y la trompeta? … Se nos hace despertar, se nos estimula, se nos hace poner de pie; se nos dice que debemos ser hombres. Todo el tono es marcial, viril, fuerte.'[2] Más todavía, no habrá cese de hostilidades, ni siquiera una tregua temporaria o un alto del fuego, hasta el fin de la vida o de la historia, cuando se alcance la paz celestial. Parece probable que Pablo indique esto con su **Por último …** Porque los mejores manuscritos tienen una expresión que no debería traducirse 'por lo demás' sino 'de aquí en más', es decir 'por el tiempo que queda.'[3] Si esto es correcto, entonces el apóstol está indicando que todo el período intermedio entre las dos venidas del Señor estará caracterizado por el conflicto. La paz que Dios ha hecho a través de la cruz de Cristo sólo será experimentada en el medio de una lucha incansable en contra del diablo. Y para ello, la fuerza del Señor y la armadura de Dios son indispensables.

1. El enemigo que enfrentamos | 6.10–12

Un buen conocimiento del enemigo y un respeto saludable hacia sus poderes constituyen un paso preliminar necesario para la victoria en la guerra. De la misma manera, si subestimamos a nuestro enemigo espiritual, no veremos la necesidad de tener la armadura de Dios; iremos a la batalla desarmados, sin más recursos que nuestra endeble fuerza, y seremos vencidos rápida e ignominiosamente.

Así que entre su pedido de buscar fortaleza del Señor y vestirse con la armadura de Dios, por un lado (vv. 10–11), y su enumeración de nuestras armas, por el otro (vv. 13–20), Pablo nos da una descripción completa y atemorizante de las fuerzas que están en contra de nosotros (v. 12). **Porque nuestra lucha no es contra seres humanos**, escribe, **sino contra poderes, contra autoridades**. En otras palabras, nuestra lucha es con inteligencias cósmicas; nuestros enemigos no son humanos[4] sino demoníacos. Los lectores asiáticos de Pablo estaban bastante familiarizados con este hecho. Sin duda recordaban, pues habían oído acerca del incidente de los exorcistas judíos de Éfeso, que fueron lo suficientemente torpes como para tratar de echar a un espíritu malo en el nombre de Jesús sin conocer ellos mismos al Jesús cuyo nombre usaban. En lugar de tener éxito en su intento, fueron dominados por los demonios y huyeron llenos de pánico, 'desnudos y heridos'.[5] Esta clase de incidente pudo haber sido común. Los conversos efesios de Pablo previamente habían practicado ocultismo, y después hicieron una fogata pública con sus valiosos libros de magia. Tal desafío directo a las fuerzas del mal no pudo haber pasado desapercibido.[6]

Las fuerzas alineadas en contra de nosotros tienen tres características principales. Primero, son poderosas. Puede que **poderes** y **autoridades** se refiera a rangos diferentes de espíritus malos en la jerarquía infernal que no conocemos, o llaman la atención al poder y a la autoridad que sustentan. También se los llama **potestades que dominan este mundo de tinieblas**. La palabra *kosmokratores,* que se utilizaba en astrología acerca de los planetas que se pensaba que controlaban el destino de la humanidad, aparece en los Himnos Órficos a Zeus, en los escritos rabínicos de Nabucodonosor y de otros monarcas paganos, y en varias inscripciones antiguas de los emperadores romanos. Todos estos usos ejemplifican la noción de un gobierno mundial. Cuando se aplica a los poderes del diablo, nos recuerdan la pretensión del diablo de darle a Jesús 'todos los reinos del mundo'; del título de 'príncipe de este mundo' que le dio Jesús y la afirmación de Juan de que 'el mundo entero está bajo el control del maligno'.[7] Estos textos no niegan la victoria decisiva del Señor sobre los poderes y autoridades, pero indican que, como usurpadores, no han aceptado la derrota ni han sido destruidos. Por lo tanto, continúan ejerciendo un poder considerable.

En segundo lugar, son malos. El poder en sí mismo es neutral; puede ser bien o mal usado. Pero nuestros enemigos espirituales utilizan sus poderes destructivamente, en lugar de hacerlo constructivamente, para mal y no para bien. Son los gobernadores mundiales de **este mundo de tinieblas** (v. 12). Odian la luz y huyen de ella. Las tinieblas son su hábitat natural, las tinieblas de la falsedad y el pecado. También se las describe como **fuerzas espirituales malignas** que operan **en las regiones celestiales**, es decir en la esfera de la realidad invisible. Son 'malignos soberanos del mundo invisible' (BAD). Así que sus acciones están caracterizadas por 'tinieblas' y 'maldad', y 'la aparición de Cristo sobre la tierra fue la señal para una explosión sin precedentes de actividad de parte del dominio de las tinieblas, controlado por estos gobernadores del mundo'.[8] Si esperamos vencerlos, necesitaremos tener en mente que no tienen principios morales, ni códigos de honor, ni sentimientos elevados. No reconocen el Tratado de Ginebra para restringir o humanizar parcialmente las armas de combate. Son sumamente inescrupulosos y despiadados en la persecución de sus designios maliciosos.

En tercer lugar, son astutos. Pablo escribe aquí de **las artimañas del diablo** (v. 11), habiendo declarado en una carta anterior que 'no ignoramos sus artimañas' o 'malas intenciones' (DHH).[9] G. B. Caird dice que la palabra 'artimañas' es 'un tanto improcedente' como si Pablo 'no tomara seriamente al diablo' y 'difícil de sostener con la metáfora militar'. En lugar de ello, sugiere que 'estratagemas equivale a la combinación requerida de agudeza táctica e ingenio engañador'.[10] Es debido a que el diablo raras veces ataca abiertamente, y prefiere la oscuridad a la luz, que cuando se disfraza de 'ángel de luz'[11] nos toma por sorpresa. Es un lobo peligroso, porque entra en el rebaño de Cristo vestido de cordero. Algunas veces ruge como un león, pero más a menudo es sutil como una serpiente.[12] No debemos imaginar, por lo tanto, que sus armas únicas o las más comunes sean la persecución abierta y la abierta tentación a pecar; prefiere seducirnos y hacernos caer en claudicaciones o conducirnos al error. De manera significativa, la misma palabra 'artimañas' se utiliza en 4.14 al hablar de los maestros falsos y de sus artimañas engañosas. 'Como en la

Guerra Santa de Bunyan,' escribe E. K. Simpson, el diablo desarrolla 'una política infernal de dos frentes.' Es decir que 'las tácticas de intimidación y de insinuación se alternan en el plan de campaña de Satanás. Actúa como matón y como engañador. La fuerza y el fraude forman parte de su ofensiva principal contra la compañía de santos, y practica ambas por turno.'[13]

Las **artimañas del diablo** (v. 11) asumen muchas formas, pero la más eficaz es cuando tiene éxito en persuadir a la gente de que él no existe. Negar su realidad es exponernos más a su ataque. El doctor Lloyd-Jones expresa su convicción al respecto en los siguientes términos: 'Tengo la seguridad de que una de las causas principales del mal estado de la iglesia de hoy es el hecho de que el diablo ha sido olvidado. Atribuimos todo a nosotros mismos; hemos llegado a ser muy psicológicos en nuestra actitud y pensamiento. Vivimos ignorantes de este gran hecho objetivo: el ser y la existencia del diablo, el adversario, el acusador y sus dardos feroces.'[14]

En la caracterización que Pablo hace de ellos, las potestades de las tinieblas son poderosas, malas y astutas. ¿Cómo podemos pretender resistir contra el asalto de tales enemigos? Es imposible. Somos demasiado débiles y demasiado ingenuos. Sin embargo muchos de nuestros fracasos y derrotas, si no la mayoría, se deben a nuestra tonta confianza en nosotros mismos cuando descreemos u olvidamos cuán formidables son nuestros enemigos espirituales.

Sólo el poder de Dios puede defendernos y arrebatarnos de la fuerza, del mal y de la astucia del diablo. Es cierto que los poderes y autoridades son poderosos, pero el poder de Dios es más fuerte. Es su poder el que levantó a Jesucristo de los muertos y lo entronizó en los lugares celestiales; es su poder el que nos ha levantado a nosotros de la muerte producida por el pecado y nos ha entronizado con Cristo. Es cierto que es en esos mismos lugares celestiales, es en ese mismo mundo invisible que los poderes y autoridades están trabajando (v. 12). Pero fueron vencidos en la cruz y ahora están bajo los pies de Cristo y los nuestros. Así que el mundo invisible en el que ellos nos atacan y nosotros nos defendemos es el mismo mundo sobre el cual Cristo reina por encima de ellos, y nosotros con él. Cuando Pablo nos exhorta a fortalecernos en el poder y fuerza del Señor (v. 10) utiliza exactamente el mismo trío de palabras que ha utilizado en 1.19

(*dynamis, kratos* e *ischus*) en relación a la obra de Dios de levantar a Jesús de entre los muertos.

Son dos las exhortaciones que van juntas. La primera es general: **fortalézcanse con el gran poder del Señor** (v. 10). La segunda es más específica: **Pónganse toda la armadura de Dios para que puedan hacer frente a las artimañas del diablo** (v. 11). Ambos mandamientos son buenos ejemplos de la enseñanza equilibrada de las Escrituras. Algunos cristianos tienen tanta confianza en sí mismos que piensan que pueden arreglárselas solos sin la fuerza del Señor y sin su armadura. Otros tienen tan poca confianza en sí mismos que imaginan que no tienen nada que contribuir a su victoria en la guerra espiritual. Ambos están equivocados. Pablo expresa el equilibrio entre capacitación divina y cooperación humana. El poder, por cierto, es del Señor y sin 'el gran poder del Señor' fracasaremos y caeremos, pero también necesitamos fortalecernos en él. Este verbo es un presente pasivo que casi podía traducirse 'fortalézcanse con el gran poder del Señor' o 'busquen su fuerza en el Señor' (DHH). Es la misma construcción de 2 Timoteo 2.1, donde Pablo exhorta a Timoteo para que saque 'fuerzas de la bondad que Dios te ha mostrado por medio de Cristo Jesús' (DHH). De manera similar, la armadura es de Dios, y sin ella estaremos fatalmente desprotegidos y expuestos; pero también necesitamos echar mano de ella y colocárnosla. En efecto, debemos hacerlo pieza por pieza, como continúa explicando el apóstol en los versículos 13 al 17.

2. Los poderes y autoridades

Hasta aquí he dado por sentado que al decir 'poderes y autoridades' Pablo estaba aludiendo a inteligencias demoníacas, personalizadas. Hay una teoría que se está poniendo de moda cada vez más entre los teólogos recientes y contemporáneos de que en realidad Pablo aludía a estructuras de pensamiento (tradición, convención, ley, autoridad y aun religión), especialmente presentes en el estado y sus instituciones. Aunque cierto número de teólogos alemanes estaban debatiendo esta posibilidad en 1930, en el mundo de habla inglesa ha sido una discusión de posguerra. Llegó a ser tan popular que creo necesario trazar su desarrollo primeramente y luego someterla a crítica.

La perspectiva de cuatro teólogos

En 1952 apareció el libro de Gordon Rupp, *Principalities and Powers* (Principados y potestades) subtitulado 'Estudios sobre el conflicto cristiano en la historia'.[15] Escribía inmediatamente después de la segunda guerra mundial, y contrastó la 'falta de coraje' del hombre moderno con la 'exultante confianza' y la 'obstinada agresividad' de los cristianos primitivos frente al mal,[16] y atribuyó esta última a la certeza que tenían de la victoria de Jesús sobre los poderes y autoridades. Con esta expresión, sacada del pensamiento apocalíptico judío tardío, Pablo quería decir 'fuerzas cósmicas sobrenaturales, una vasta jerarquía de seres angelicales y demoníacos que habitaban en las estrellas y … eran los árbitros del destino humano', que esclavizan a los hombres 'bajo un totalitarismo cósmico'.[17] Pero el doctor Rupp continuó aplicando el concepto a las personas humildes e insignificantes que en todas las épocas 'se sienten tan sólo el juguete de grandes fuerzas históricas',[18] sea en la Edad Media o en la Revolución Industrial o en el siglo xx y que se sienten víctimas de 'grandes presiones económicas y sociológicas'.[19] Concluyó: 'A lo largo de los siglos poderes y autoridades han asumido muchos disfraces. Son terroríficos y mortíferos, algunas veces sembrando la tierra de un despotismo gigantesco, otras veces confinándose a un solo impulso en la mente de un individuo. Pero la lucha continúa. Para los creyentes está la certeza de que la lucha es hasta acabar. Pero también está la certeza de la victoria.'[20] El doctor Rupp escribe más como un historiador que como un teólogo. Sin ningún argumento exegético simplemente transfiere la expresión 'principados y potestades' a las fuerzas económicas, sociales y políticas.

Al año siguiente se publicó el original holandés de la monografía *Cristo y los poderes,* de Hendrik Berkhof, después de su conferencia en Alemania en 1950. La traducción inglesa, hecha por John Howard Yoder apareció en Norteamérica en 1962.[21] La tesis del profesor Berkhof es que, aunque Pablo tomó el vocabulario de los poderes de la apocalíptica judía, su interpretación fue diferente. "En comparación con los escritores apocalípticos ha habido una cierta 'desmitologización' en el pensamiento paulino. Para ser breves, los escritores apocalípticos pensaban primariamente que los principados y potestades eran ángeles celestiales; Pablo los ve como estructuras de existencia terrena."[22] Berkhof admite que Pablo *quizás* haya 'concebido los poderes como seres personales', sin embargo 'este aspecto es tan secundario que es poca la diferencia que hace si lo concebía así o no'.[23] Así que expresa su conclusión de que "debemos dejar de lado el pensamiento de que los 'poderes' de Pablo son ángeles".[24] Los identifica con los *stoicheia tou kosmou* ('espíritus elementales del universo') de Gálatas 4.3, 9 y de Colosenses 2.8, 20; traduce la expresión 'poderes del mundo' y sugiere que se los encuentra en las tradiciones humanas y religiosas, y en las reglas éticas.[25]

El doctor Berkhof continúa elaborando la enseñanza de Pablo sobre los poderes en relación con la creación, la caída, la redención y el papel de la iglesia. Los poderes (la tradición, la moral, la justicia y el orden) fueron creados por Dios, pero han llegado a ser tiránicos y objetos de adoración. Así que preservan y a la vez corrompen a la sociedad. 'El estado, la política, las clases, la lucha social, los intereses nacionales, la opinión pública, la moral establecida, las ideas de decencia, de humanidad, de democracia' … todos estos unifican a los hombres mientras los separan del verdadero Dios.[26] Pero Cristo los ha vencido, porque por su cruz y resurrección han sido 'desenmascarados como dioses falsos', y 'el poder de ilusión' ha sido quitado de sus manos.[27] En consecuencia, los cristianos 'reconocen el engaño de los poderes y cuestionan su legitimidad'.[28] En cambio otros, fortalecidos por la iglesia, se niegan a dejarse esclavizar o intimidar. Así, los poderes se 'cristianizan' (es decir, se ven limitados al papel modesto e instrumental que Dios les había destinado) o se 'neutralizan'.[29] Más particularmente, dice, el Espíritu Santo 'hace retroceder' a los poderes ante los ojos de la fe,[30] de manera que el creyente que sabe discernir los ve en sus dimensiones reales y limitadas a este mundo (sean los nacionalismos, el estado, el dinero, las convenciones sociales, la organización militar) y así se guarda de deificar al mundo. Más aun, la iglesia anuncia a los poderes, por la calidad y la unidad de su vida 'que su dominio inquebrantable ha terminado'[31] e inicia una guerra defensiva en contra de ellos a fin de 'mantener a raya su seducción y su esclavitud'.[32] Esta es la explicación del doctor Berkhof de Efesios 3.10 y la guerra defensiva de 6.10–17.

Una tercera presentación de esta visión de los poderes fue dada en 1954 por G. B. Caird en una serie de conferencias en Canadá que fueron publicadas en 1950 bajo el título *Principalities and Powers: A Study in Pauline Theology* (Principados y potestades: un estudio de la teología paulina).[33] Es un estudio bíblico más cuidadoso que cualquiera de los dos libros anteriormente resumidos, aunque no puedo personalmente sentir un alto grado de confianza en un trabajo que se refiere a 'la lógica defectuosa y la exégesis igualmente defectuosa' de Pablo, por no mencionar 'la insuficiencia de los espúreos argumentos de Pablo'.[34] Caird afirma en su Introducción que 'la idea de siniestros poderes mundanos y su sojuzgamiento por parte de Cristo está en la trama misma del pensamiento de Pablo'.[35] El doctor Caird continúa aislando los tres 'poderes' principales: el primero es 'la religión pagana y el poder pagano', incluyendo al estado, e interpreta Efesios 3.10 como una enseñanza de que estos ya han comenzado a ser redimidos a través de la acción social cristiana.[36] El segundo poder es la ley, que es buena en sí misma porque es de Dios, pero cuando 'es exaltada como un sistema independiente de carácter religioso, se transforma en demoníaca'.[37] El tercer poder se refiere a esos elementos recalcitrantes de la naturaleza que se resisten al gobierno de Dios, incluyendo las bestias salvajes, las enfermedades, los cataclismos, y toda forma de esclavitud de la creación sujeta a corrupción. Así que, dice, Pablo 'creía que el dilema del hombre' era el siguiente: 'Vive bajo autoridades divinamente constituidas —los poderes del estado, los poderes de la religión legal, los poderes de la naturaleza— que a través del pecado se han transformado en agentes demoníacos. Esperar que el mal sea vencido por cualquiera de estos poderes, por acción del estado, por autodisciplina de la conciencia, o por el proceso de la naturaleza, es pedirle a Satanás que expulse a Satanás. Sólo es posible quitarles su influencia tiránica y colocarlos bajo una correcta sujeción a Dios por medio de la cruz'.[38]

En su comentario sobre Efesios, publicado veinte años después de *Principalities and Powers*, el doctor Caird parece más dispuesto a conceder que Pablo se estaba refiriendo a 'seres espirituales que presiden por encima de todas las formas y estructuras de poder que operan en la vida colectiva de los hombres'.[39] En efecto, 'los enemigos reales son las fuerzas espirituales que están por detrás de todas las instituciones de gobierno y controlan las vidas de los hombres y de las naciones'.[40]

El otro autor que voy a mencionar por su nombre es el doctor Markus Barth, cuya obra *The Broken Wall: A Study of the Epistle to the Ephesians* (La pared rota: Un estudio de la Epístola a los Efesios) fue publicada en 1959. Le siguieron sus volúmenes monumentales en la *Anchor Bible* en 1974. En el primer libro identifica a los principados y potestades 'en referencia a cuatro rasgos del pensamiento y de la terminología de Pablo', es decir, el estado (autoridades políticas, judiciales y eclesiásticas), la muerte, la ley moral y ritual, y las estructuras económicas, incluyendo la esclavitud. 'Llegamos a la conclusión de que al decir poderes y autoridades Pablo quiere aludir al mundo de axiomas y principios de política, de religión, de economía y sociedad, de moral y biología, de historia y de cultura', y por lo tanto 'es parte de la esencia del evangelio incluir afirmaciones referentes a situaciones políticas, sociales, económicas, culturales y psicológicas'.[41]

En su obra más reciente de dos volúmenes, sin embargo, tengo la impresión de que el doctor Barth está dispuesto a admitir en Pablo una creencia 'mitológica' o 'supersticiosa' (en su opinión) en los poderes sobrenaturales. Parece estar buscando algún tipo de compromiso difícil entre ambas interpretaciones. Por lo tanto, 'Pablo alude a los seres angélicos o demoníacos que residen en los cielos', aunque hay una 'asociación directa de estos principados y potestades celestiales con las estructuras e instituciones de la vida sobre la tierra'.[42] Nuevamente "los 'poderes y autoridades' son al mismo tiempo entidades espirituales intangibles y estructuras o instituciones concretas de carácter social, psicológico e histórico".[43]

Mi propia perspectiva

Mi primera reacción ante este intento de reconstrucción, del que doy cuatro ejemplos, es admirar su ingenio. Los eruditos han mostrado mucha habilidad en hacer que las oscuras referencias de Pablo a los poderes celestiales hablen de manera relevante a nuestras propias situaciones terrenas. De allí lo atractivo de esta teoría, que varios autores evangélicos han comenzado también a adoptar. Pero de ello también deriva su carácter sospechoso. Porque algunos de ellos comparten, con gran candor, las dos dificultades que los llevaron a adoptarla. Primero, dicen que la interpretación tradicional reflejaba una cosmovisión arcaica, con ángeles y demonios, no muy alejada de un mundo de aparecidos y fantasmas. Segundo, no podían encontrar en el Nuevo Testamento ninguna alusión a las estructuras sociales, que constituyen una significativa preocupación moderna. Luego, de pronto, se propone una nueva teoría que resuelve ambos problemas simultáneamente. ¡Perdemos los demonios y ganamos las estructuras, porque los poderes y autoriades son las estructuras disfrazadas!

Sería erróneo, de cualquier manera, rechazar esta nueva teoría por sospechar de los presupuestos que han llevado a proponerla o aceptarla. Lo que se necesita, en ambos casos, es un trabajo exegético más serio, porque la teoría nueva no 'ha sido demostrada' y, a mi juicio, ha fallado en convencer a la mayoría de los exégetas. Sólo puedo intentar aquí una crítica introductoria. Es cierto que el vocabulario 'poderes y autoridades' (*archai* y *exousiai*) se utiliza algunas veces en el Nuevo Testamento para hablar de autoridades políticas. Por ejemplo, los sacerdotes judíos buscaron algunos medios de entregar a Jesús 'al poder y autoridad (*archē* y *exousia*) del gobernador' (RVR).[44] En este versículo las palabras están en singular. Jesús previno a sus seguidores que serían llevados ante 'los gobernantes y las autoridades', mientras que Pablo le dijo a sus lectores que fueran 'sumisos ante los gobernantes y las autoridades' o 'a las autoridades públicas'.[45] En todos estos versículos las palabras *exousiai* y *archai* o *archontes* aparecen juntas y en plural. Más aun, en cada caso el contexto muestra con claridad y sin ambigüedades que se refiere a autoridades humanas.

En otros contextos en que las mismas palabras se traducen normalmente por 'poderes y autoridades', sin embargo, no resulta para nada claro que la referencia sea a estructuras políticas o a autoridades judiciales. Por el contrario, generaciones de intérpretes han considerado que se refieren a seres sobrenaturales. Que se les dieran los mismos nombres o títulos que los gobernantes humanos no nos sorprende, ya que 'se pensaba que tenían una organización política'[46] y que eran 'gobernadores y funcionarios del mundo espiritual'.[47] Confieso que encuentro las nuevas reconstrucciones no sólo ingeniosas sino artificiales hasta el punto de ser inventadas.

Tomemos las tres referencias principales a los poderes y autoridades que se hacen en Efesios. La interpretación natural de 1.20–21 no es que Dios haya exaltado a Jesús por encima de todos los gobernadores e instituciones terrenales, haciéndolo 'Rey de reyes y Señor de señores' (aunque lo es, y ese concepto puede estar incluido); el dominio en el cual ha sido exaltado es específicamente descrito como 'regiones celestiales' a la diestra de Dios. Segundo: me resulta extremadamente forzado sugerir que en 3.10 Pablo realmente está diciendo que es a las estructuras de poder de la tierra que la multiforme sabiduría de

Dios se está manifestando por medio de la iglesia. Para aquellos que lo interpretan de esta manera, la alusión a las 'regiones celestiales' es nuevamente un agregado fuera de lugar. Y tercero, la guerra espiritual de los cristianos se establece específicamente no 'contra seres humanos, sino contra poderes, contra autoridades' que hasta el día de hoy han sido universalmente entendidos no como fuerzas humanas sino demoníacas. Las alusiones a 'potestades que dominan este mundo de tinieblas' y 'fuerzas espirituales malignas', junto con la armadura y las armas necesarias para enfrentarlos, se adecuan mucho más naturalmente a los poderes sobrenaturales, especialmente en un contexto que menciona dos veces al diablo (vv. 11 y 16). Además, está otra vez el agregado sorprendente de 'las regiones celestiales'. De hecho, no me he encontrado todavía con ningún teórico nuevo que tome adecuadamente en cuenta el hecho de que las tres referencias a los poderes y autoridades de Efesios también contienen una referencia a las regiones celestiales, es decir, al mundo invisible de la realidad espiritual. Hay cierta obstinación en esto, como si Pablo estuviera explicando deliberadamente quiénes son los poderes y autoridades y dónde operan. Más aun, los seis actos del drama sobre los poderes y autoridades: su creación original, su caída posterior, su conquista decisiva por parte de Cristo, su aprendizaje por medio de la iglesia, su continua hostilidad y su destrucción final,[48] todas parecen aplicarse más naturalmente a seres sobrenaturales que a estructuras, instituciones y tradiciones.

Pasando ahora de las consideraciones exegéticas a las teológicas, nadie puede negar que el Jesús retratado en los Evangelios creía tanto en la existencia de ángeles como de demonios. No era inevitable que lo hiciera, porque los saduceos, por ejemplo, no creían en ellos. Sin embargo el exorcismo fue una parte integral de su ministerio de compasión y uno de los signos principales del reino. También está registrado que habló sin inhibiciones acerca de los ángeles.[49] Así que si Jesucristo nuestro Señor creía en ellos y habló de ellos, mal nos cabe a nosotros estar avergonzados de hacerlo. Sus apóstoles tomaron esta creencia de Jesús. Aparte de las referencias a poderes y autoridades, hay numerosas alusiones a ángeles, hechas por Pablo, Pedro y el autor de Hebreos.[50] Ahora bien, los comentaristas están libres, si su teología se los permite, de discrepar con Jesús y sus apóstoles, de dejar de lado sus creencias acerca de inteligencias sobrenaturales tildándolas de 'mitológicas' y 'supersticiosas' y, por lo tanto, de intentar 'desmitologizar' sus enseñanzas. Pero esto es distinto del intento de argumentar que nuestro Señor y sus apóstoles no estaban enseñando aquello en lo que durante siglos coincidieron prácticamente todos los comentaristas. Habría que tener razones exegéticas muy poderosas para tirar por la borda una tradición casi universal de interpretación bíblica.

Finalmente, al reafirmar que los poderes y autoridades son agentes personales sobrenaturales, no estoy negando en absoluto que puedan utilizar estructuras, tradiciones, instituciones, etc. para bien o para mal; sólo deseo evitar la confusión que surge de identificarlos. Que las estructuras sociales, económicas, políticas y jurídicas pueden transformarse en demoníacas es evidente para cualquiera que haya considerado que el estado, que en Romanos 13 es ministro de Dios, en Apocalipsis 13 se haya transformado en el aliado del diablo. De la misma manera, la ley moral que Dios dio a los hombres para su bien llevó a la esclavitud del ser humano y fue explotada por 'los espíritus que controlan el universo'.[51] Todo don bueno de Dios puede pervertirse por el mal uso. Pero si identificamos 'las autoridades' con estructuras humanas, de una clase o de otra, se derivan serias consecuencias. Primero, carecemos de una explicación adecuada del por qué las estructuras con tanta frecuencia, aunque no siempre, llegan a ser tiránicas. Segundo, restringimos injustificadamente nuestra comprensión de la actividad malévola del diablo, cuando este es demasiado versátil para limitarse a lo estructural. Tercero, nos volvemos demasiado negativos hacia la sociedad y sus estructuras. Las 'autoridades' son malas, han sido destronadas, y deben ser atacadas, y si las autoridades son las estructuras sociales, nuestra actitud hacia ellas debe ser la misma: se nos hará difícil creer en ellas, o decir algo bueno acerca de ellas, ya que son tan corruptas. Quienes sostienen la nueva teoría nos advierten en contra de la deificación de las estructuras; yo quisiera prevenirlos acerca de su demonización. Deben evitarse ambos extremos. Dejemos, por supuesto, que la iglesia, como la nueva sociedad de Dios, cuestione los valores de la sociedad contemporánea, los desafíe y demuestre las alternativas viables. Pero si Dios bendice su testimonio, algunas estructuras podrán cambiar para bien; ¿qué pasaría entonces con la nueva teología de las 'autoridades'?

3. La armadura de Dios | 6.13–20

El propósito de revestirnos con la armadura divina es que podamos **hacer frente a las artimañas del diablo** (v. 11), **para que cuando llegue el día malo podamos resistir hasta el fin con firmeza. Manténganse firmes** … (vv. 13–14). El énfasis cuádruple recae sobre la necesidad de 'hacer frente' o 'resistir', lo cual demuestra que la preocupación del apóstol se refiere a la estabilidad cristiana. Los cristianos inseguros, que no tienen una base firme en Cristo, son presa fácil para el diablo. Y los cristianos que se mecen como hojas y ramas no pueden resistir el viento cuando los principados y potestades comienzan a soplar. Pablo quiere ver a los cristianos tan firmes y estables que permanezcan firmes aun en contra de las asechanzas del diablo (v. 11) y aún 'cuando llegue el día malo', es decir, en el momento de sufrir tensiones especiales. Para tal estabilidad, tanto de carácter, como para soportar una crisis, es esencial la armadura de Dios.

La expresión **toda la armadura de Dios** (v. 13) traduce la palabra griega *panoplia* que significa 'la armadura completa de un soldado bien pertrechado' (AG), aunque 'lo que se enfatiza es que tiene origen divino, más que lo completo de la vestimenta.'[52] Lo importante es que este equipo es 'forjado y provisto' por Dios.[53] En el Antiguo Testamento es Dios mismo, el Señor de los ejércitos, quien aparece como un guerrero luchando para vengar a su pueblo; por ejemplo: 'Se pondrá la justicia como coraza, y se cubrirá la cabeza con el casco de la salvación.'[54] Aún hoy, la armadura y las armas le pertenecen, pero ahora las comparte con nosotros. Tenemos que ponernos la armadura, tomar las armas e ir a luchar contra los poderes del mal.

Pablo detalla las seis piezas principales del equipo de un soldado: el cinturón, la coraza, el calzado, el escudo, el casco y la espada, y las utiliza como ilustraciones de la verdad, la justicia, el evangelio de la paz, la fe, la salvación y la palabra de Dios, que nos equipan en nuestra lucha contra los poderes. Pablo estaba muy familiarizado con los soldados romanos. Se había encontrado con muchos de ellos en sus viajes, y al dictar Efesios estaba encadenado a uno por la muñeca. Se refiere a su cadena en el versículo 20. Y aunque es poco probable que un guardia estuviera vestido con la armadura completa de un soldado en el campo de batalla, tenerlo siempre junto a él pudo muy bien haber incentivado su imaginación.

En 1655, el ministro puritano William Gurnall 'pastor de la iglesia de Cristo en Lavenham, Suffolk' (como se llamaba a sí mismo), publicó su tratado *El cristiano con su armadura completa*. Un elaborado subtítulo, para el cual se necesita respirar hondo, dice: *La guerra de los santos en contra del diablo, donde se descubre el gran enemigo de Dios y de su pueblo, con su política, su poder, su sede imperial, su maldad y el designio principal que tiene en contra de los santos; una revista abierta de la cual el cristiano podrá extraer armas espirituales para la batalla, se verá ayudado por su armadura y enseñado en el uso de sus armas; junto con el final feliz de toda la guerra.* En la dedicación del libro a sus feligreses se refiere a sí mismo modestamente como su ministro 'pobre' e 'indigno', y a su tratado como 'una insignificancia' y un 'pequeño regalo' para ellos. Sin embargo, la octava edición de 1821, que es la que tengo, abarca tres volúmenes, 261 capítulos y 1472 páginas, aunque es una exposición sobre solamente once versículos.

Les daré una muestra de la espiritualidad de Gurnall. Refiriéndose a la armadura de Dios, escribe: 'En el cielo no estaremos con armaduras, sino con túnicas gloriosas; pero aquí ellas (a saber 'las piezas especificadas de la armadura') deben usarse noche y día; debemos caminar, trabajar y dormir con ellas, de otra manera no seremos verdaderos soldados de Cristo.'[55] Con esta armadura debemos estar firmes, atentos y nunca relajar nuestra vigilancia, porque 'el momento en que el santo duerme es el momento en que Satanás lo tienta; cualquier mosca desearía atreverse a subir sobre un león dormido.'[56] Continúa hablando de Sansón (cuyo cabello fue cortado por Dalila mientras dormía), del rey Saúl (cuya lanza fue hurtada por David mientras dormía), de Noé (que de alguna manera fue víctima del abuso de su hijo mientras estaba en el sueño de la ebriedad) y de Eutico (que dormía mientras Pablo predicaba).

En nuestros días, el doctor Martyn Lloyd-Jones ha escrito una exposición muy buena y completa sobre los mismos once versículos, en dos volúmenes titulados *The Christian Warfare* (La guerra cristiana) y *The Christian Soldier*[57] (El soldado cristiano), que suman un total de 736 páginas. Los veintiún capítulos del primer libro están llenos de consejos sabios de parte de un pastor experimentado. Allí se refiere a 'las artimañas del diablo', donde describe algunos de los asaltos más sutiles del diablo hacia el pueblo de Dios (en los tres dominios: la mente, la experiencia y la práctica o conducta) y cómo necesitamos estar en guardia.

La primera pieza del equipo que Pablo menciona es el cinturón de la verdad: **ceñidos con el cinturón de la verdad** (v. 14). Habitualmente de cuero, el cinturón del soldado pertenecía más a su ropa interior que a su armadura. Sin embargo era esencial. Ajustaba su túnica y también sostenía su espada. Le aseguraba que no tuviera impedimentos en la marcha. El abrochárselo le daba un sentido de fuerza y confianza escondidas. Hoy sigue teniendo el mismo sentido. 'Ajustarse el cinturón' puede significar no sólo aceptar una época de austeridad durante escasez de comida sino también prepararse para la acción, cosa que los antiguos hubieran expresado con las palabras 'ceñida vuestra cintura' (RVR).

El cinturón del soldado cristiano es **la verdad**. Muchos comentaristas, en especial durante los primeros siglos, entendían que esto quería decir la revelación de Dios en Cristo y en las Escrituras. Porque sin duda es la única verdad que puede descubrir las mentiras del diablo y liberarnos,[58] y Pablo se ha referido varias veces en esta carta a la importancia y el poder de la verdad.[59] Otros comentaristas, sin embargo, especialmente porque el artículo definido está ausente en la frase griega, prefieren entender que Pablo se está refiriendo a la 'verdad' en el sentido de 'sinceridad' o 'integridad'. Porque Dios requiere 'verdad en el ser interior' y el cristiano debe ser honesto y verdadero a cualquier precio.[60] Engañar, caer en hipocresías, unirse a intrigas y mentiras, es jugar el juego del diablo, y no podremos vencerlo con su propio juego. Lo que más abomina es la verdad transparente. Ama la oscuridad; la luz lo hace huir. Tanto para la salud espiritual como para la mental es indispensable la honestidad con uno mismo.

Quizás no necesitamos elegir entre estas alternativas. El atinado Gurnall escribe: 'Algunos entienden por *verdad* una *verdad doctrinal;* otros la toman como verdad del corazón, *sinceridad.* Lo mejor es comprometerse con las dos … una no es posible sin la otra.'[61]

El segundo ítem del equipo del cristiano es **la coraza de justicia** (v. 14). Algunos expositores han sostenido que en la armadura de Dios, aunque hay coraza, no se provee protección alguna para la espalda. Luego argumentan que debemos enfrentar a nuestro enemigo con coraje y no huir frente a él, exponiendo nuestra espalda desprotegida.

John Bunyan adoptó esta posición en *El progreso del peregrino*. Cuando Cristiano llegó al Valle de la Humillación 'espió a un demonio vil que venía por el campo a encontrarse con él', cuyo nombre era Apolión. 'Entonces Cristiano comenzó a tener miedo, y a dudar en su mente si debía volver o quedarse donde estaba. Pero consideró que no tenía armadura para su espalda, y por lo tanto pensó que darle la espalda le daría al enemigo gran ventaja para herirlo con sus dardos. Por lo tanto decidió correr el riesgo y mantenerse en su sitio.'[62] Es una buena muestra de consejo espiritual, pero un ejemplo dudoso de exégesis bíblica, porque la coraza del soldado a menudo cubría su espalda tanto como su frente, y era la pieza mayor de su armadura con la que cubría todos sus órganos vitales.

En una carta anterior Pablo ha escrito acerca de 'la coraza de la fe y del amor',[63] pero aquí, como en Isaías 59.17, la coraza es de 'justicia'. En las cartas de Pablo 'justicia' (*dikaiosynē*) casi siempre significa 'justificación' es decir, la iniciativa de gracia de Dios de poner a los pecadores en buena relación con él a través de Cristo. ¿Es ésta pues la coraza del cristiano? Por cierto que no hay protección espiritual mayor que una relación justificada con Dios. Haber sido justificado por su gracia a través de la fe simple en Cristo crucificado, haber sido vestidos con una justicia que no es la propia sino la de Cristo, estar delante de Dios no condenado sino aceptado, ésta es una defensa esencial contra una conciencia acusadora y contra los ataques calumniadores del diablo, cuyo nombre hebreo ('Satanás') significa 'adversario' y cuyo título griego (*diabolos*, 'diablo') significa 'calumniador'. 'Ya no hay ninguna condenación para los que están unidos a Cristo Jesús … ¿Quién condenará? Cristo Jesús es el que murió, e incluso resucitó, y está a la derecha de Dios e intercede por nosotros.'[64] Esta es la seguridad cristiana de la 'justicia', es decir de la relación correcta con Dios a través de Cristo; es una coraza fuerte que nos protege de las acusaciones satánicas.

Por otro lado, el apóstol escribió en 2 Corintios 6.7, acerca de las 'armas de justicia, tanto ofensivas como defensivas', aparentemente refiriéndose a la justicia moral, y usa la palabra en el mismo sentido en Efesios 4.24 y 5.9. Así que la coraza del cristiano puede ser justicia de carácter y conducta. Porque así como cultivar la 'verdad' es la manera de vencer los engaños del diablo, cultivar la 'justicia' es la manera de resistir a sus tentaciones.

Al igual que con los dos significados posibles de 'verdad', también se podría combinar los dos significados posibles de 'justicia', ya que de acuerdo con el evangelio de Pablo, uno de ellos llevaría invariablemente al otro. Como dice G. G. Findlay, 'la plenitud del perdón por las ofensas pasadas y la integridad de carácter que pertenecen a la vida justificada, están entretejidas en una malla impenetrable'.[65]

Lo próximo en la lista es el calzado del evangelio. De acuerdo con Markus Barth, hay consenso entre los comentaristas de que Pablo "tiene en su mente la *caliga* ('media bota') de los legionarios romanos, hecha de cuero, que dejaba los dedos al aire, tenía suelas fuertemente claveteadas y se ataba a los tobillos y a la pierna con tiras más o menos ornamentales". Estas 'lo equipaban para marchas largas y para una posición firme … No le impedían la movilidad y evitaban que el pie resbalara'.[66]

Las botas del soldado cristiano son **la disposición de proclamar el evangelio de la paz** (v. 15). 'Disposición' es la traducción de *hetoimasia* que significa 'presteza', 'preparación' o 'firmeza'. La incertidumbre es si el genitivo que sigue tiene sentido subjetivo u objetivo. Si es lo primero, la referencia es a una cierta firmeza o rapidez, que el evangelio da a aquellos que creen en él, como la firmeza que las botas fuertes dan a aquellos que las usan. En efecto, si hemos recibido las buenas nuevas, y estamos disfrutando la paz con Dios, y de uno con el otro, tenemos la base más firme posible desde la cual luchar contra el mal.

Pero el genitivo puede ser objetivo, en cuyo caso los zapatos del soldado cristiano son 'su prontitud para anunciar el evangelio de la paz' (VNC). Indudablemente siempre debemos estar listos para dar testimonio de Jesucristo, como el pacificador de Dios (2.14–15) y, también como Pablo escribe en un pasaje paralelo de Colosenses,[67] de dar respuestas llenas de gracia, aunque 'de buen gusto' a las preguntas que nos hacen los de afuera. Esta actitud tiene una influencia muy estabilizadora en nuestras propias vidas, y también en la presentación a otros del evangelio liberador. En cuanto a mí, me inclino ligeramente hacia esta explicación, en parte debido al paralelo de Colosenses, y en parte al leve parecido con 2.17 ('Y vino y proclamó paz a ustedes') y de Isaías 52.7 ('¡Qué hermosos son, sobre los montes, los pies del que trae buenas nuevas; del que proclama la paz!'). Como ha escrito Johannes Blauw, 'el trabajo misionero es como un par de sandalias que le han sido dadas a la iglesia a fin de que se ponga sobre el camino y *marche* para hacer conocer el misterio del evangelio'.[68]

En cualquier caso, el diablo teme y odia el evangelio, porque es poder de Dios para rescatar a la gente de su tiranía, tanto a nosotros que lo hemos recibido como a aquellos con quienes lo compartimos. Así que necesitamos tener atadas nuestras botas del evangelio.

La cuarta pieza de nuestro equipo es **el escudo de la fe** (v. 16). No debemos tomar el 'sobre todo' (RVR) como si viniera el arma más importante, sino como indicando **además de todo esto** (NVI) es decir, como un agregado indispensable. La palabra que Pablo utiliza no denota el pequeño escudo redondo que dejaba desprotegida la mayor parte del cuerpo, sino el largo y oblongo, que medía 1,20 m por 0,75 m y que cubría toda la persona. Su nombre latino era *scutum*. 'Consistía … de dos piezas de madera pegadas y cubiertas primero con tela y luego con piel: estaba ceñido con hierro por arriba y por abajo'.[69] Había sido diseñado especialmente para repeler los peligrosos misiles incendiarios que estaban entonces en uso, especialmente las flechas sumergidas en brea que luego eran encendidas y disparadas.

¿Cuáles son entonces, **todas las flechas encendidas del maligno** y con qué escudo pueden protegerse los cristianos? Los dardos del diablo, sin duda, incluyen sus acusaciones maliciosas que inflaman nuestra conciencia con algo que, si estamos protegidos en Cristo, sólo puede llamarse falsa culpa. Otros dardos son pensamientos no buscados de duda y desobediencia, rebelión, lujuria, malicia o miedo. Pero hay un escudo con el que podemos **apagar** o extinguir tales flechas encendidas. Es **el escudo de la fe.** Dios mismo 'es escudo para los que en él esperan',[70] y es por fe que acudimos a él para refugiarnos. Porque la fe se toma de las promesas de Dios en los tiempos de duda y depresión, y la fe se toma del poder de Dios en tiempos de tentación. Apolión tentó a Cristiano con la amenaza: 'Aquí derramaré tu alma'. 'Y con eso', continúa Bunyan, 'tiró un dardo flameante a su pecho; pero Cristiano tenía un escudo en su mano, con el cual lo detuvo y, por lo tanto, evitó el peligro'.[71]

El casco del soldado romano, que es la próxima pieza de la armadura que aparece en la lista, estaba hecho generalmente de un metal duro como bronce o hierro. 'Una cubierta interior de fieltro o de esponja hacía llevadero el peso. Sólo un hacha o un martillo podía partir un casco pesado; en algunos casos, la visera añadía protección frontal.'[72] Los cascos eran decorativos tanto como protectores, y algunos tenían plumas o crestas magníficas.

De acuerdo con una frase anterior de Pablo, el casco del soldado cristiano es 'la esperanza de salvación',[73] es decir, nuestra seguridad de salvación futura y final. Aquí, en Efesios, es sólo **el casco de la salvación**, que debemos tomar y usar (v. 17). Pero sea que esta pieza represente la porción de la salvación que ya hemos recibido (el perdón, la liberación de la esclavitud de Satanás y la adopción en la familia de Dios) o la expectativa confiada de salvación plena en el día final (incluyendo la resurrección gloriosa y semejanza a Cristo en los cielos) no hay duda de que el poder de salvación de Dios es nuestra única defensa contra el enemigo de nuestras almas. Charles Hodge escribió: 'Lo que adorna y protege al cristiano, lo que lo capacita a mantener su cabeza en alto con confianza y gozo, es el hecho de que es salvo'[74] y, podemos agregar, de que sabe que su salvación será finalmente perfecta.

La sexta y última arma especificada es 'la espada' (v. 17). De las seis piezas de la armadura o armamento que figuran en la lista, la espada es la única que puede ser usada claramente para ataque tanto como para defensa. Más aun, la clase de ataque en cuestión implicará un encuentro personal muy cercano, porque la palabra usada es *machaira*, la espada corta. Es **la espada del Espíritu**, que inmediatamente es identificada como **la palabra de Dios**, aunque en Apocalipsis se la ve surgiendo de la boca de Cristo.[75] Esto puede muy bien incluir las palabras de defensa y testimonio que Jesús prometió que el Espíritu Santo pondría en labios de sus seguidores cuando fueran llevados delante de los magistrados.[76] Pero la expresión 'la palabra de Dios' tiene una referencia mucho más amplia que esa, es decir, las Escrituras, la Palabra escrita de Dios, cuyo origen se atribuye repetidamente a la inspiración del Espíritu Santo. Aún hoy es su espada, porque la utiliza para quebrar las defensas de la gente, para punzar sus conciencias y mantenerlas espiritualmente despiertas. Pero también pone su espada en nuestras manos, para que podamos usarla tanto al resistir la tentación (como lo hizo Jesús, citando las Escrituras para contestar al diablo en el desierto de Judea), como en el evangelismo. Cada evangelista cristiano, sea un predicador o un testigo personal, sabe que la Palabra de Dios tiene poder cortante, porque es 'más cortante que cualquier espada de dos filos'.[77] Por lo tanto nunca debemos avergonzarnos de utilizarla, ni dejar de reconocer que la Biblia es la espada del Espíritu. Como escribió E. K. Simpson, esta frase habla del "vigoroso poder de la Escritura … Pero una Biblia mutilada es lo que Moody llamó 'una espada rota'".[78]

Aquí están, pues, las seis piezas que juntas hacen toda la armadura de Dios: **el cinturón de la verdad** y **la coraza de la justicia, el calzado del evangelio** y **el escudo de la fe, el casco de salvación** y **la espada del Espíritu**. Constituyen la armadura de Dios, como hemos visto, porque Dios es quien la provee. Sin embargo, es nuestra responsabilidad tomarla, ponérnosla y usarla confiadamente en contra de los poderes del mal. Más aun, debemos estar seguros de tener todas las piezas del equipo provisto y no omitir ninguna. 'Nuestros enemigos están en todos lados y así debe estar nuestra armadura, a la derecha y a la izquierda.'[79]

Finalmente, Pablo añade **la oración** (vv. 18–20), probablemente no porque pensara en ella como otra arma sino porque la oración debía impregnar toda la lucha espiritual. Equiparnos con la armadura de Dios no es una operación mecánica; es una expresión de nuestra dependencia de Dios, en otras palabras, es oración. Más todavía, es oración **en el Espíritu**, promovida y guiada por él, así como la Palabra de Dios es 'la espada del Espíritu' que él mismo utiliza. Por lo tanto, la Escritura y la oración van juntas, como las dos armas principales que el Espíritu pone en nuestras manos.

La oración cristiana sostenida es maravillosamente abarcadora. Tiene cuatro constantes, indicadas por el cuádruple uso de la palabra 'todos' que RVR traduce literalmente. Debemos orar 'en todo tiempo' (regular y constantemente); 'con toda oración y súplica' (porque se expresa de muchas formas variadas); 'con toda perseverancia' (porque como buenos soldados necesitamos estar alerta, y no abandonar el puesto ni quedarnos dormidos); y **por todos los santos** (ya que la unidad de la nueva sociedad de Dios, que ha sido la preocupación de toda esta carta, debe reflejarse en nuestras oraciones). La mayoría de los cristianos ora algunas veces, con algunas oraciones y algún grado de perseverancia, sólo por algunos en el pueblo de Dios. Reemplazar 'alguno' por 'todos' en cada una de estas expresiones sería introducirnos a una nueva dimensión de la oración. Fue cuando Cristiano 'percibió la boca del infierno … al costado del camino' en el Valle de Sombra de Muerte, y vio llamas y humo y escuchó ruidos tenebrosos, que "se vio forzado a dejar su espada y tomar otra arma, llamada Toda-oración: entonces gritó para que lo escuchara, 'Oh Señor, te ruego, salva mi alma'.[80]

Quizás lo más importante sea el mandamiento de **permanecer alerta** (v. 18). Nos hace recordar la enseñanza del mismo Jesús. Insiste en la necesidad de velar en vista de lo inesperado, tanto lo inesperado de su entorno[81] como lo inesperado de la tentación.[82] Parece haber estado repitiendo la misma advertencia: 'Vigilen.' Los apóstoles se hicieron eco de esto y pasaron a otros su amonestación. **Manténganse alerta** era el llamado general a la vigilancia cristiana,[83] en parte porque el diablo siempre está al acecho como león hambriento y los maestros falsos como lobos feroces,[84] y en parte para que el retorno del Señor no nos encuentre descuidados,[85] pero especialmente por nuestra tendencia a dormir cuando deberíamos estar orando.[86] 'Vigilen y oren' recomendó Jesús. Fue el no haber obedecido esta orden lo que llevó a los apóstoles a su desastrosa deslealtad; una actitud similar provoca hoy a una deslealtad semejante. Es por medio de la oración que esperamos en el Señor y renovamos nuestras fuerzas. Sin la oración somos demasiado débiles y blandos para enfrentar el poder de las fuerzas del mal.

Oren también por mí, pidió Pablo (v. 19). Era lo suficientemente sabio como para reconocer su propia necesidad de obtener fuerzas si debía enfrentar al enemigo, y lo suficientemente humilde como para pedir a sus amigos que oraran con él y por él. De todos modos, la fuerza que necesitaba no era sólo por su confrontación personal con el diablo, sino para su ministerio evangelístico, con el cual intentaba rescatar a la gente del dominio del diablo. Esto había sido parte de su comisión original, cuando el Señor Jesús resucitado le dijo que debía convertir a la gente 'de las tinieblas a la luz, y del poder de Satanás a Dios'.[87] De allí el conflicto espiritual del cual era consciente. Más aun, no había dejado el campo de batalla ahora que estaba bajo arresto domiciliario e incapacitado de continuar con sus viajes misioneros. No, porque estaban esos soldados a quienes, uno por vez, estaba encadenado durante varias horas; y también estaban los que venían constantemente a visitarlo. Podía testificarles a ellos, y así lo hacía. Seguramente hubo otros individuos además del esclavo fugitivo Onésimo, a quienes llevó a la fe en Cristo. Lucas cuenta de los muchos líderes judíos que vinieron a la posada de Pablo para escucharlo exponer 'desde la mañana hasta la tarde' acerca del reino y de Jesús. 'Unos se convencieron' añade Lucas.[88] Por lo tanto, las labores evangelísticas de Pablo continuaron. Durante 'dos años completos' Pablo 'recibía a todos los que iban a verlo. Y predicaba el reino de Dios y … del Señor Jesucristo' y lo hacía 'sin impedimento y sin temor alguno'.[89]

Estas últimas palabras son las que debemos observar especialmente. Porque 'sin impedimento' traduce la frase griega 'con toda *parrēsia*'. Originalmente la palabra denotaba la democrática libertad de expresión que disfrutaban todos los ciudadanos griegos. Luego se transformó en 'firmeza, franqueza, simpleza en el habla, que no encubre nada y no pasa nada por alto', junto con 'coraje, confianza, osadía, intrepidez, especialmente delante de personas de alto rango' (AG). Y esto es precisamente lo que Pablo pide a los efesios que le sea dado por medio de la oración. Lo que desea es libertad, no para salir del confinamiento, sino libertad para predicar el evangelio. Así que utiliza dos veces la palabra *parrēsia* (primero como sustantivo, luego como verbo) en las expresiones **me dé las palabras … con valor** (v. 19) al predicar el evangelio, y **que lo proclame valerosamente, como debo hacerlo** (v. 20). Y llama a las buenas nuevas el **misterio**, porque se ha llegado a conocer sólo por revelación, y se centra en la unión de judíos y gentiles en Cristo; y las dos cualidades más importantes que quiere que caracterice su predicación son la 'fluidez' ('Dios me dé las palabras') y el 'valor' (vv. 19, 20).

La primera de estas dos palabras parece referirse a la claridad de su comunicación y la segunda a su coraje. Está ansioso de no oscurecer nada por un lenguaje confuso y de no esconder nada por compromiso o temor. La claridad y el coraje siguen siendo dos de las características más cruciales de la predicación cristiana auténtica. Se relacionan con el contenido del mensaje predicado y con el estilo de la presentación. Algunos predicadores tienen el don de la enseñanza lúcida, pero sus sermones carecen de un contenido sólido; la sustancia ha sido diluida por el temor. Otros son audaces como leones. No temen a nadie y no omiten nada. Pero lo que dicen es confuso y confunde. La claridad sin coraje es como el sol en el desierto: mucha luz pero nada que valga la pena mirar. El coraje sin claridad es como un paisaje hermoso en la noche: mucho para ver, pero sin luz para disfrutarlo. Lo que se necesita en los púlpitos hoy es una combinación de claridad y coraje, de fluidez y de 'valor'. Pablo pidió a los efesios que oraran para que

266

ambas cosas le fueran 'dadas', porque las reconocía como dones de Dios. También debiéramos unirlas al orar por los pastores y predicadores de la iglesia contemporánea.

Fue por el evangelio que se había transformado en **embajador en cadenas** (v. 20). Antes se había designado a sí mismo como 'prisionero … por el bien de ustedes los gentiles' y 'preso por la causa del Señor' (3.1; 4.1). Por lo tanto, presenta al evangelio, al Señor, y a los gentiles como las tres razones de su encarcelamiento. Pero las tres son una. Porque las buenas nuevas que predicaba eran la inclusión de los gentiles en la nueva sociedad, y estas le habían sido confiadas por el Señor. Así que al comunicarlas en todo su alcance estaba siendo simultáneamente fiel al evangelio mismo, al Señor que se lo había revelado y a los gentiles que recibían sus bendiciones. Su fidelidad a estos tres le había costado la libertad. Así que era prisionero por causa de los tres. Quizás ahora se sentía algunas veces tentado a transigir para asegurar su libertad. Porque 'la prisión trae su propia tentación especial, la de inclinarse ante los hombres por temor'.[90] Pero si fue así, le fue dada la gracia para resistir. 'Pablo se piensa a sí mismo como embajador de Jesucristo, firmemente acreditado para representar a su Señor en la corte imperial de Roma.'[91] ¿Cómo podía avergonzarse de su Rey o tener miedo de hablar en su nombre? Por el contrario, estaba orgulloso de ser embajador de Cristo, aunque estaba experimentando la anomalía de ser un 'embajador en cadenas'. Es posible que utilice deliberadamente esta paradoja. Markus Barth escribe: "La palabra 'cadenas' (*alusis*) significa entre otras cosas los adornos (dorados) que usaban alrededor del cuello y las muñecas las damas ricas o los hombres de alto rango. En las ocasiones festivas, los embajadores usaban tales cadenas para revelar la riqueza, el poder y la dignidad del gobierno que representaban. Porque Pablo sirve al Cristo crucificado, considera las dolorosas cadenas de hierro de la prisión como la insignia más apropiada para ser representante de su Señor."[92] Lo que más preocupa a Pablo, de cualquier manera, no es que su muñeca sea liberada, sino que su boca pueda abrirse para dar testimonio; no que lo dejen en libertad, sino que el evangelio pueda extenderse libremente y sin obstáculos. Es por esto que ora y pide a los efesios que oren también. Contra tales oraciones, los poderes y autoridades nada pueden hacer.

13
Conclusión
Efesios 6.21–24

6.21 Nuestro querido hermano Tíquico, fiel servidor en el Señor, les contará todo, para que también ustedes sepan cómo me va y qué estoy haciendo. 22Lo envío a ustedes precisamente para que sepan cómo estamos y para que cobren ánimo.

23 Que Dios el Padre y el Señor Jesucristo les concedan paz, amor y fe a los hermanos. 24La gracia sea con todos los que aman a nuestro Señor Jesucristo con amor imperecedero.

Pablo ha llegado al final de la carta que había estado dictando. Quizás a esta altura toma la pluma de su escribiente y escribe una o dos frases con su propia mano para autenticarla. Así lo hizo en la conclusión de su carta a los gálatas,[1] a los tesalonicenses,[2] a los corintios,[3] y a los colosenses.[4]

¿A quién, entonces, le ha estado dictando? Probablemente a **Tíquico**, a quien ahora menciona afectuosamente por su nombre. Tíquico era un nativo de Asia. Lucas no sólo lo describe como un asiático[5] sino que también lo vincula con Trófimo, a quien más tarde llama 'el efesio'.[6] Así que tal vez Tíquico haya venido también de Éfeso. Ciertamente, Pablo lo envió allí durante su segundo encarcelamiento en Roma,[7] y si leemos entrelíneas las cartas a Efesios y a Colosenses, Pablo parece dar por sentado que sus lectores ya lo conocen.

Lo que sí es claro, al margen de que Tíquico fuera o no el escribiente de Pablo, es que Pablo le confía la carta a él para que la entregue, junto con la carta escrita a los colosenses.[8] El apóstol, evidentemente, tiene completa confianza en su colega más joven. Lo llama **querido hermano** y también **fiel servidor en el Señor** (v. 21). Confiará en él, no solamente para que lleve las cartas con seguridad, sino también para que complete su mensaje con algunas noticias personales. Lo envía, dice, **para que también ustedes sepan cómo me va y qué estoy haciendo, y les hará saber todo** (v. 21). Más aun, **precisamente para que sepan cómo estamos** (v. 22). Por lo tanto, Pablo reitera tres veces su intención de que Tíquico ponga a sus lectores al tanto de las noticias acerca de él. Esto explica, sin duda, la ausencia poco usual de mensajes y saludos personales al final de la carta. Tíquico iba a transmitirlos por su propia boca.

Luego hay otra razón para la visita de Tíquico a Éfeso y sus ciudades vecinas. Les llevará la carta, les dirá a los miembros de la iglesia cómo está Pablo y además, Pablo lo envía para **que cobren ánimo** (v. 22). Resulta conmovedor ver el deseo del apóstol de forjar vínculos personales entre él y estos cristianos asiáticos. Su exposición de la nueva sociedad de Dios no es mera teoría teológica; ya pertenecen a ella. Así que deben profundizar su comunión: orando unos por otros (les ha expresado dos de sus oraciones por ellos, en los capítulos 1 y 3, antes de pedirle sus oraciones por él en los versículos 19 y 20); por medio de su carta; y a través de Tíquico, quien les llevará información acerca de Pablo y buscará alentarlos. La oración, la correspondencia y las visitas son todavía hoy tres de los mejores medios por los cuales los cristianos y las iglesias pueden enriquecerse unos a otros y así contribuir a edificar el cuerpo de Cristo.

Era costumbre del mundo antiguo finalizar las cartas con un deseo de salud o felicidad para el lector. Pablo no ve razón alguna para abandonar esta costumbre. Pero así como ha cristianizado el saludo inicial, ahora también cristianiza el deseo final. En efecto, lo que escribe es mitad deseo, mitad oración. Porque la bendición que anhela para sus lectores vendrá de **Dios el Padre y el Señor Jesucristo** ¿Qué bendiciones son estas?

El primer deseo y oración de Pablo es que: **les concedan paz, amor y fe a los hermanos** (v. 23). Paz ha sido la palabra característica de esta carta. En la sección doctrinal del comienzo, ha explicado de qué manera Jesucristo es 'nuestra paz' ya que ha derribado la pared divisoria y ha creado una sola y nueva humanidad, 'al hacer la paz', y cómo luego 'vino y proclamó paz'.[9] En consecuencia, en la sección ética que sigue, Pablo les ha pedido 'esfuércense por mantener la unidad del Espíritu mediante el vínculo de la paz' y que con paciencia sean 'tolerantes unos con otros en amor' (4.2–3), más aun que 'lleven una vida de amor, así como Cristo nos amó' (5.2). La paz y el amor van juntos, porque la paz es reconciliación y el amor es su origen y consecuencia. Pablo pinta un hermoso cuadro de la comunión de la iglesia y del hogar cristiano colmados de amor y de paz, si bien jamás podrá negociarse ningún tratado de paz con los principados y potestades del mal. Literalmente pide que se les conceda 'amor con fe' (RVR). Probablemente esté pensando en la fe como en una característica que ya tienen, en lugar de otra que desea que reciban. Porque 'fe tenían; la oración de Pablo era que el amor pudiera estar conectado con ella'.[10]

El segundo deseo oración de Pablo es: **La gracia sea con todos los que aman a nuestro Señor Jesucristo con amor imperecedero** (v. 24). Por medio de esta expresión caracteriza a sus lectores cristianos en términos de su amor por Cristo. Las palabras finales significan simplemente 'en incorrupción' (en *aphtharsiâ*). La mayoría de los comentaristas entienden esta expresión como una descripción del amor de las personas hacia Cristo. Pero esta lo convertiría en una restricción sobre la gracia de Dios, en cuyo caso la oración estaría diciendo que la gracia de Dios acompañe a los que aman a Cristo 'con amor imperecedero'. Pero otros comentaristas han pensado que tal limitación no era coherente con la conclusión de Pablo. Por lo tanto, sugieren que Pablo se está refiriendo a la gracia de Dios, y no al amor de los cristianos. En este caso, la oración es que todos los que aman a nuestro Señor Jesucristo puedan experimentar la gracia de Dios 'en inmortalidad' o 'por siempre'. Si esto es correcto, entonces, 'la epístola que comenzó con una osada visión del pasado eterno, cierra con el atisbo de una esperanza inmortal'.[11]

De las cuatro palabras: 'paz', 'amor', 'fe' y 'gracia' que se incluyen en el saludo final del apóstol, las dos que resultan particularmente apropiadas son 'gracia' y 'paz'. El apóstol comenzó su carta deseando a sus lectores 'que Dios nuestro Padre y el Señor Jesucristo les concedan gracia y paz' (1.2); ahora termina con una referencia similar a la gracia y la paz. Ninguna otra pareja de palabras podría haber resumido el mensaje de la carta más sucintamente. Porque 'paz', en el sentido de reconciliación con Dios y de unos con otros, es el gran logro de Jesucristo; y 'gracia' es la razón por la cual lo hizo y el medio para lograrlo. Más aun, ambas son indispensables para todos los miembros de la nueva sociedad de Dios. De allí que Pablo esté deseando paz **a los hermanos** (v. 23), que se pertenecen unos a otros como hermanos y hermanas en la familia de Dios, y gracia a 'todos' los que aman a Cristo, sin discriminación, cualquiera sea su raza, rango, edad o sexo. Es un deseo, una oración, para que los miembros de la nueva sociedad de Dios puedan vivir en armonía como hermanos y hermanas en su familia, en paz y en amor con él y unos con otros, junto con el reconocimiento de que sólo por gracia este sueño puede hacerse realidad.

Me aventuro entonces, al concluir nuestro estudio de esta Carta a los Efesios, a hacer mías las palabras de Pablo y dirigirlas a ustedes, mis lectores: 'Paz sea a los hermanos y hermanas' y 'la gracia sea con todos'.

Bibliografía

Armitage Robinson — *St. Paul's Epistle to the Ephesians, with Exposition and Notes*, J. Armitage-Robinson, Macmillan, 1903.

Barclay — *Gálatas y Efesios*, Comentario al Nuevo Testamento, William Barclay, Vol. x, CLIE, Barcelona, 1995.

Barth, Broken Wall — *The Broken Wall: A Study of the Epistle to the Ephesians*, Markus Bath, Collins, 1959 y 1960 .

Barth, Ephesians, I, II — *Ephesians, A New Translation with Introduction and Commentary*, Markus Barth, en la *Anchor Bible*. Vol. I, Eph. 1–3; Vol. II, Eph. 4–6, Doubleday, 1974.

Bruce — *The Epistle to the Ephesians, A Verse-by-Verse Exposition*, F. F. Bruce, Pickering & Inglis, 1961.

Caird — *Paul's Letters from Prison*, G. B. Caird, en el *New Clarendon Bible*, Oxford, 1976.

Calvino — *Sermons on the Epistle to the Ephesians*, Juan Calvino (sermones originales, 1558–9), 1ª traducción al inglés en 1577; trad. revisada por Banner of Truth, 1973.

Dale — *Lectures on the Epistle to the Ephesians, its Doctrine and Ethics*, R. W. Dale, Hodder & Stoughton, 1882; 5ª edición, 1890.

Findlay — *The Epistle to the Ephesians*, G. G. Findlay, en Expositor's Bible (Hodder & Stoughton, 1892).

Foulkes   *The Epistle of Paul to the Ephesians*, Francis Foulkes, en *Tyndale Testament Commentaries*, InterVarsity Press, 1963.

Gurnall   *The Christian in Complete Armour, or a Treatise of the Saints' War Against the Devil*, William Gurnall, publicado originalmente en tres secciones, 1655, 1658 y 1661: 3 volúmenes; 8ª edición, Londres, 1821.

Hendriksen   *Efesios: Comentario del Nuevo Testamento*, William Hendriksen, Desafío, 1984.

Hodge   *A Commentary on the Epistle to the Ephesians*, Charles Hodge, 1856, Banner of Truth, 1964.

Houlden   *Paul's Letters from Prison*, J. H. Houlden, en la serie *Pelican New Testament Commentary*, Penguin, 1971.

Hunter   *Galatians to Colossians*, A. M. Hunter, en *Layman's Bible Commentaries* (1959; SCM, 1960).

Josefo, Antigüedades   *Antigüedades de los Judíos*, 2 tomos, Flavio Josefo, CLIE.

Josefo, Guerras   *Las guerras de los Judíos*, 2 tomos, Flavio Josefo, CLIE.

Lightfoot   *Notes on Epistles of St. Paul, from unpublished commentaries*, J. B. Lightfoot, Macmillan, 1895. Las notas sobre Efesios cubren sólo 1:1–14.

Lloyd-Jones, God's Way   *God's Way of Reconciliation, Studies in Ephesians 2*, Dr. Martin Lloyd-Jones, Evangelical Press, 1972.

Lloyd-Jones, Life in the Spirit   *Life in the Spirit in Marriage, Home and Work: An Exposition of Ephesians 5.18 to 6.9*, Martin Lloyd-Jones, Banner of Truth, 1974. También existe en castellano con el título *La Vida en el Espíritu: En el matrimonio, el hogar y el trabajo*, Dr. Martin Lloyd-Jones, Desafío, 1998.

Lloyd-Jones, Warfare *The Christian Warfare, An Exposition of Ephesians 6:10–13,* Martin Lloyd-Jones, Banner of Truth, 1976.

Mackay *God's Order: The Ephesian Letter and this Present Time,* John A. Mackay, Conferencias Croall de 1948; Nisbet and Macmillan, 1953.

Mitton, *Ephesians,* C. Leslie Mitton, en *New Century Bible* Oliphants, 1976.

Moule, Ephesians *The Epistle to the Ephesians,* Handley C. G. Moule, en *The Cambridge Bible for Schools and Colleges,* Cambridge University Press, 1886.

Moule, Grace *Grace and Godliness, Eight Studies in Ephesians,* Handley C. G. Moule, Seeley, 1895.

Moule, Studies *Ephesians Studies,* Handley C. G. Moule, Hodder & Stoughton, 1900.

Moule, Veni Creator *Veni Creator,* C. G. Moule, Hodder & Stoughton, 1890.

Moulton and Milligan *The Vocabulary of the Greek New Testament,* J. H. Moulton y G. Milligan, Hodder & Stoughton, 1930.

Salmon *History of the Roman World from 30 BC to AC 138,* Edward T. Salmon (Methuen, 1944).

Simpson *Commentary on the Epistles to the Ephesians and the Colossians,* E. K. Simpson y F. F. Bruce, en el *New International Commentary on the New Testament,* Marshall, Morgan & Scout y Eerdmans, 1957.

Thayer *A Greek-English Lexicon of the New Testament,* J. H. Thayer, 4ª edición, T. & T. Clark, 1901.

Westermann *Between Slavery and Freedom,* W. L. Westermann en *The American Historical Review,* Vol. 50, Nº 2, enero de 1945.

Yoder *The Politics of Jesus,* John Howard Yoder, Eerdmans, 1972. Existe también en castellano con el título *Jesús y la realidad política* (Certeza, 1986).

Notas

Introducción a la Carta

[1] Armitage Robinson, p. VII.

[2] Barclay, p. 69.

[3] Mackay, p. 24.

[4] *Ibid.*, p. 21.

[5] *Ibid.*, pp. 9–10.

[6] *Ibid.*, p. 31.

[7] *Ibid.*, p. 33.

[8] *Ibid.*, p. 36.

[9] Houlden, p. 235.

[10] Barth: *Broken Wall*, p. 12.

[11] Ver Hechos 20.17–38, especialmente los versículos 18, 20, 34, 36–38.

[12] Barth: *Ephesians*, I, pp. 3–4.

[13] Houlden, p. 242.

[14] Barth: *Broken Wall*, p. 22.

[15] *Ibid.*, pp. 23–24.

[16] *Ibid.*, p. 29.

[17] *Ibid.*, p. 30.

[18] Houlden, p. 236.

[19] Hunter, p. 45.

[20] Barth: *Broken Wall*, p. 41.

[21] Findlay, p. 4.

[22] Bruce, pp. 11–12.

[23] Lc. 6.12–13.

[24] Hodge, p. XV.

[25] Gá. 6.16.

[26] Gá. 6.10.

[27] Armitage Robinson, p. 141.

[28] Ver Hechos 19.23ss.

[29] Col. 4.16.

[30] Ef. 6.21–22; Col. 4.7–8.

[31] Ap. 3.14–22.

[32] Hodge, p. XIII.

[33] Ef. 2.10, 15; 4.24.

1. Toda bendición espiritual

[1] Findlay, p. 21.

[2] Dale, p. 40.

[3] Armitage Robinson, p. 19.

[4] Hendriksen, p. 77.

[5] Simpson, p. 24.

[6] Mackay, p. 75.

[7] Armitage Robinson, p. 19.

[8] Hodge, p. 28.

[9] Barth: *Ephesians*, pp. 97–98.

[10] Por ejemplo, Jer. 31.31–34.

[11] Col. 2.10; ver también 1 Co. 3.21–23.

[12] LPD y BJ colocan la expresión 'en amor' inmediatamente después de 'santos y sin mancha delante de él', porque lo entienden como refiriéndose al amor que Dios quiere ver en nosotros. Por lo tanto, la santidad se define en términos de amor. Esta puede ser muy bien la traducción correcta, ya que las palabras 'en amor' aparecen en cinco contextos más de Efesios, y en cada

caso describen al pueblo cristiano (3.17; 4.2, 15, 16; 5.2). La NVI, sin embargo, une las palabras al verbo 'predestinó' porque lo entiende como refiriéndose al amor de Dios, no al nuestro. Apoyo esta interpretación porque el contexto parece estar enfatizando el amor como el origen en lugar del resultado de nuestra elección.

[13] Por ejemplo, 'serán mi propiedad exclusiva entre todas las naciones' (Éx. 19.4–6; ver Dt. 7.6ss; Is. 42.1 y 43.1).

[14] Ver 1 P. 2.9–10.

[15] Calvino, p. 69.

[16] Bruce, p. 28.

[17] Dt. 7.7–8.

[18] Calvino, p. 33.

[19] Ver Gá. 4.5.

[20] He. 12.10 DHH.

[21] TDNT I, p. 681.

[22] TDNT I, p. 682.

[23] Barth: *Broken Wall*, p. 255.

[24] *Ibid.*, p. 110.

[25] *Ibid.*, p. 139.

[26] *Ibid.*, p. 144–146.

[27] He. 1.2–3.

[28] Ro. 8.18ss; ver Mt. 19.28; 2 P. 3.10–13.

[29] Col. 1.16–17.

[30] He. 1.2.

[31] Lightfoot, p. 322.

[32] Armitage Robinson, pp. 34, 146.

[33] Ver la versión LXX de Dt. 32.9; Sal. 33.12; ver Dt. 4.20; 1 R. 8.51; Sal. 106.40; 135.4; Jer. 10.16; Zac. 2.12; etc.

[34] Houlden, p. 271.

[35] Ver la versión LXX de Éx. 19.5; Dt. 7.6. Ver Dt. 14.2; 26.18; Is. 43.21; Mal. 3.17; etc.

[36] Ver Hechos 20.28; Tit. 2.14 y 1 P. 2.9.

[37] Para una exposición más completa de este importante tema ver *Evangelism and the Sovereignty of God*, de J. I. Paker, InterVarsity Press, 1961.

[38] Ver, por ejemplo, Ez. 36.27; Jl. 2.28; Jn. 14–16; Lc. 24.49; Hch. 1.4–5; 2.33, 38–39; Gá. 3.14, 16.

[39] Para el concepto de 'sellar' ver Éx. 9.4ss, y Ap. 7.4ss; 9.4. En relación con el Espíritu Santo como la marca distintiva del cristiano ver 2 Co. 1.21–22; Ef. 4.30. A partir del siglo segundo algunos autores identificaron el sello del Espíritu con el bautismo, en parte porque el bautismo y el don del Espíritu están unidos en el Nuevo Testamento, y en parte por analogía con la circuncisión a la que Pablo llama 'el sello' (Ro. 4.11). Pero el bautismo es una señal o sello exterior y visible, mientras que el sello interior e invisible que Dios da para marcar a sus hijos como propios es la presencia del Espíritu Santo en sus corazones. Ver Ro. 8.16.

[40] Lightfoot, p. 324. Ver 2 Co. 1.22; 5.5; Ro. 8.23.

[41] Por ejemplo, Is. 43.21; Jer. 13.11.

2. Una oración pidiendo conocimiento

[1] Barth: *Ephesians,* I, p. 146.

[2] Col. 1.9.

[3] Fil. 1.9.

[4] Citado por Findlay, p. 68.

[5] Ro. 8.30.

[6] Ro. 10.12–13.

[7] Ro. 1.6; 1 Co. 1.9.

[8] Ro. 1.7; 1 Co. 1.2; 2 Ti. 1.9; 1 P. 1.15, 16; ver 1 Ts. 4.7.

[9] Gá. 5.1, 13.

[10] Col. 3.15; Ef. 4.1–2.

[11] 1 P. 2.21.

[12] 1 Ts. 2.12; 1 P. 5.10; Fil. 3.14.

[13] 1 P. 1.4.

[14] Ro. 8.17.

[15] Para la enseñanza del Nuevo

Testamento acerca de nuestra herencia celestial aludida aquí, ver Ap. 22.3–4; 1 Jn. 3.2; Fil. 3.21; Ap. 7.9; ver Hch. 20.32.

[16] Gn. 3.19.

[17] Hch. 2.27.

[18] 6.12; ver allí el análisis acerca de la identidad de estas 'potestades'.

[19] 1 Co. 15.25; He. 10.13.

[20] Gn. 1.27, 28; Sal. 8.6–8.

[21] He. 2.8–9.

[22] He. 2.14, 15; 1 Co. 15.25–27.

[23] Jer. 23.24; ver 1 R. 8.27; Sal. 139.7.

[24] Col. 1.19; 2.9.

[25] *Colossians and Philemon*, Cambridge University Press, 1957, p. 168.

[26] Caird, p. 48.

[27] Hodge, p. 88.

[28] Ef. 4.10; Col. 1.16–17.

[29] Mr. 6.43; ver 8.20.

[30] Mr. 2.21; Mt. 9.16.

[31] 1 Co. 10.26.

[32] Col. 1.19; 2.9.

[33] Bruce, p. 45.

[34] Calvino, pp. 122–3.

[35] Hendriksen, p. 113.

[36] Hodge, pp. 89–90.

[37] Armitage Robinson, p. 42.

[38] *Ibid.*, pp. 42–43. Ver *ibid.*, p. 259.

[39] *Ibid.*, p. 45.

[40] Es cierto que en Col. 1.24 Pablo afirma que sus sufrimientos 'completan' los de Cristo, pero la referencia es específicamente a su sufrimiento, no a los de la iglesia.

[41] Barth: *Ephesians,* I, p. 208. Ver su extenso excursus, pp. 183–210.

[42] Calvino, p. 109.

3. Resucitados con Cristo

[1] Is. 59.2.

[2] Ver 1 Ti. 5.6.

[3] Bruce, p. 49.

[4] C. H. Dodd, *The Epistle of Paul to the Romans,* Moffatt New Testament Commentary, Hodder & Stoughton, 1932, p. 23.

[5] F. F. Bruce en una nota al pie, Simpson, p. 46.

[6] Dale, p. 162.

[7] Ver 1 Co. 7.14.

[8] Por ejemplo, Hch. 8.27; Fil. 1.29.

[9] Bruce, p. 52.

[10] Calvino, p. 162.

4. Una sola humanidad nueva

[1] Ver Gn. 12.1–3; Is. 42.1–6; 49.6.

[2] Barclay, p. 114.

[3] *Antigüedades*, xv 11.5.

[4] *Las guerras de los judíos,* V 5. 2.

[5] Hch. 21.27–31.

[6] Ver Ro. 2.28–29; Fil. 3.3; Col. 2.11–13.

[7] Ver Hch. 14.15ss; 17.22ss; Ro. 1.18ss.

[8] Sal. 147.20.

[9] Hendriksen, p. 141.

[10] Dt. 4.7.

[11] Is. 49.1.

[12] Is. 57.19; Ef. 2.17.

[13] He. 10.22; Stg. 4.8.

[14] Armitage Robinson, p. 60.

[15] Mt. 5.17.

[16] Gá. 3.10, 13.

[17] Bruce, p. 55.

[18] Col. 3.11; Gá. 3.28.

[19] Armitage Robinson, p. 65.

[20] Ver Is. 52.7.

[21] Jn. 20.19, 21.

[22] Ver Hch. 10.36; Ef. 6.15.

[23] Ro. 5.1–2.

[24] Hch. 22.25–29.

[25] De manera similar, en 1 Co. 10.32, Pablo se refiere a la 'iglesia de Dios' como a una tercera comunidad,

distinta tanto de 'judíos' como de 'griegos'. Sin duda fue sobre la base de textos como estos que Clemente de Alejandría pudo distinguir a los cristianos de griegos y judíos como aquellos que adoran a Dios de la 'tercera forma' y 'la única raza de gente salvada' (*Miscellanies*, VI.5) mientras que la *Carta a Diogneto* del siglo II llama a los cristianos 'una nueva raza' (capítulo I).

[26] Lloyd-Jones: *God's Way*, p. 302.

[27] Armitage Robinson, p. 69.

[28] Ver Is. 28.16; Sal. 118.22; 1 Co. 3.11; 1 P. 2.4–8.

[29] 1 P. 2.4–5.

[30] Ver 1 R. 8.27; Hch. 7.48–49; 17.24.

[31] Contrastar con 1 Co. 6.19; 3.16 y Ef. 2.21–22 donde el templo de Dios se identifica, sucesivamente, como el cuerpo individual del cristiano, la iglesia local y la iglesia universal.

[32] Ap. 21.1–5.

5. El privilegio único de Pablo

[1] Hch. 25.11–12.

[2] También Flm. 1, 9 ; y ver 2 Ti. 1.8.

[3] Ef. 4.1.

[4] Barth: *Ephesians*, I, p. 361.

[5] Hch. 21.17ss; 22.21ss.

[6] Hendriksen, p. 168.

[7] Un ejemplo era la revelación especial al apóstol Pedro del propósito de Dios de incluir a los gentiles, según está registrada en Hch. 10 y 11.

[8] Gn. 12.1–3; Sal. 2.8; Is. 42.6; 49.6; 2.2–4.

[9] Veáse su afirmación de poseer directamente una revelación en Gá. 1.12.

[10] Armitage Robinson, p. 169.

[11] 1 Ti. 1.13.

[12] Simpson, p. 70.

[13] Hch. 26.17–18.

[14] 2 Co. 4.6.

[15] Ef. 1.9–10.

[16] Ef. 1.19–2.6.

[17] Ef. 2.7.

[18] Mackay, p. 84.

[19] 1 P. 1.10–12.

[20] Caird, pp. 66–67.

[21] Barth: *Ephesians*, I, p. 365.

[22] 2 Cor. 6.9.

[23] 2 Cor. 6.16; Lv. 26.12.

[24] Gá. 2.20.

6. Confianza en el poder de Dios

[1] Ro. 10.1.

[2] Jn. 13–17.

[3] Moule: *Veni Creator*, p. 228.

[4] Ver por ejemplo, Jn. 15.7 y 1 Jn. 5.14.

[5] Esd. 9.5ss; Mt. 26.39; Lc. 22.41; Hch. 7.59–60.

[6] Hendriksen, p. 182.

[7] Ef. 1.2–3.

[8] Ef. 2.18–19.

[9] F. F. Bruce en Simpson, p. 78.

[10] Armitage Robinson, p. 84.

[11] Ver Jn. 14.16–18 y Ro. 8.9–11.

[12] Col. 1.27.

[13] Ro. 8.9–10; 1 Co. 6.19.

[14] Hodge, p. 186.

[15] F. F. Bruce en Simpson, p. 78.

[16] Col. 2.9.

[17] Moule: *Veni Creator*, pp. 235 y 240.

[18] Ver Ef. 1.3, 17 y 2.18.

[19] Mitton, p. 134.

[20] Armitage Robinson, p. 176.

[21] Ef. 1.19.

[22] Ef. 2.7.

[23] Col. 1.19; 2.9–10.

[24] Ef. 5.18.

[25] Ef. 1.23.

[26] Ef. 4.13–16.

[27] 1 P. 1.15–16; Mt. 5.48.

[28] Ro. 8.29; 1 Jn. 3.2.

[29] Jn. 17.26.

[30] 2 Co. 3.18.

[31] Bruce, p. 70.

[32] Simpson, p. 84.

7. Unidad y diversidad en la iglesia

[1] Simpson, p. 87.

[2] F. F. Bruce en Simpson, p. 88, nota.

[3] Fil. 2.3–8, el mismo sustantivo se utiliza en el versículo 3.

[4] Barclay, p. 144.

[5] Findlay, p. 265.

[6] 1 Co. 4.21; 2 Ti. 2.25.

[7] Dale, p. 215.

[8] Mt. 11.29 (*präos ... kai tapeinos*); ver 2 Co. 10.1.

[9] Por ejemplo, Ro. 2.4; 1 Ti. 1.16.

[10] 1 Co. 12.13.

[11] Por ejemplo, 1 Co. 1.13; Gá. 3.27.

[12] Armitage Robinson, p. 93.

[13] Ver 1.2, 17; 2.18–19; 3.14–15.

[14] Barth, p. 428.

[15] Ver 2.5, 8: 'Por gracia ustedes han sido salvados'.

[16] Ef. 1.20–22; ver Col. 2.15.

[17] Houlden, p. 310.

[18] Por ejemplo, Mitton, p. 146.

[19] Para ejemplos del Antiguo Testamento ver Gn. 14; Jue. 5. 30; 1 S. 30.26–31; Sal. 68.12 e Is. 53.12.

[20] Caird, pp. 73–74.

[21] Hch. 2.25ss y Ro. 10.7.

[22] Hendriksen, p. 201.

[23] Gá. 5.22–23.

[24] Jn. 13.16.

[25] Jn. 17.18; 20.21.

[26] 2 Co. 8.23; ver Fil. 2.25.

[27] Hch. 1.21, 22; 10.40, 41; 1 Co. 9.1; 15.8, 9.

[28] Ver Jer. 23.16–32.

[29] 1 Co. 14.3; ver Hch. 15.32.

[30] Ver Jn. 21.15–17; Hch. 20.28; 1 P. 5.2.

[31] 1 Co. 12.31.

[32] 1 Ti. 3.2.

[33] Citado por Hodge, p. 230. Ver, de Calvino, *Institución de la religión cristiana*, IV 3, 4.

[34] Armitage Robinson, p. 99.

[35] Mackay, p. 185.

[36] *Ibid.*

[37] Markus Barth. La primera cita es de *Broken Wall*, p. 165 y la segunda del análisis más extenso en *Ephesians*, II, *viz.* Comment VI, titulado 'The Church without Laymen and Priests', pp. 477–484.

[38] 1 Co. 12.7.

[39] 1 Co. 12.31.

[40] Barth: *Ephesians*, II, Comment VII, 'Meeting the Perfect Man', pp. 484–496.

[41] Mt. 18.3; 1 Co. 14.20.

[42] Armitage Robinson, p. 183.

[43] Armitage Robinson, p. 104.

[44] Barth: *Ephesians*, II, p. 426.

[45] Por ejemplo, Jn. 14.17; 15.26; 16.13; Gá. 5.22.

8. Una nueva vestimenta

[1] Armitage Robinson, pp. 264–274.

[2] *Ibid.*, p. 267.

[3] Houlden, p. 317.

[4] Barth: *Ephesians*, II, p. 504.

[5] 2 Co. 4.5.

[6] Col. 2.6.

[7] Jn. 14.6.

[8] Col. 3.9–10.

[9] Hodge, pp. 259–260.

[10] *Ibid.*, pp. 264–265.

[11] Ver Gá. 3.27.

[12] Houlden, p. 320.

[13] Findlay, p. 292.

[14] Mackay, p. 213.

[15] Mr. 3.5.

[16] Sal. 119.53.

[17] Simpson, p. 108.

[18] Stg. 1.19–20.

[19] Citado de otro comentarista por Armitage Robinson, p. 112, nota.

[20] Dt. 24.13–15.

[21] Mt. 7.17–18 y 12.33.

[22] Mt. 12.33–37.

[23] Stg. 3.1–12.

[24] Armitage Robinson, p. 194.

[25] Caird, p. 83.

[26] Lc. 6.35.

[27] Mt. 5.45, 48.

[28] Hendriksen, p. 248.

[29] Ver también 1 Co. 5.10–11; 6.9–10 y Col. 3.5, otros pasajes donde el apóstol asocia la codicia con la inmoralidad.

[30] Houlden, p. 324.

9. Más incentivos para la rectitud

[1] Ver 1 Co. 6.9–10; Gá. 5.21.

[2] Ver Ro. 1.18ss; Ef. 4.17–19.

[3] Jn. 17.15; 1 Co. 5.9–10.

[4] Ef. 1.13–14.

[5] Ef. 1.18.

[6] Por ejemplo, Jn. 8.12; 1 P. 2.9; 1 Jn. 1.5–7; 2.9.

[7] Bruce, p. 145.

[8] Jn. 8.12; ver Mt. 5.14.

[9] Foulkes, p. 148.

[10] Armitage Robinson, p. 201.

[11] Horace Mann, citado por Ted W. Engstrom y Alex Mackenzie en *Managing Your Time*, Zondervan, 1967, p. 63.

[12] Bruce, p. 110.

[13] Lloyd-Jones: *Life in the Spirit*, p. 19 (*La vida en el Espíritu*, Libros Desafío).

[14] *Ibid.*, p. 15.

[15] *Ibid.*, pp. 20–21.

[16] Extracto de la famosa carta dirigida al Emperador Trajano, c. 112 d.C. por Plinio el Joven, procurador de Bitinia.

[17] Armitage Robinson, p. 116.

[18] Ver las tres referencias que se hacen en Col. 3.15–17; también 1 Ts. 5.18.

10. Esposos y esposas

[1] Barth: *Broken Wall*, pp. 205–207; ver también su *Ephesians*, II, p. 755.

[2] Por ejemplo, Ef. 5.2–6.9; Col. 3.18–4.1; Tit. 2.1–10 y 1 P. 2.18–3.7.

[3] John Howard Yoder da una lista de ocho 'diferencias muy significativas' entre la *Haustafeln* estoica y la cristiana, en *Jesús y la realidad política*, pp. 170–183.

[4] De su exposición de 'Dichosos los humildes' (Mt. 5.5) en *The Sermon on the Mount, Luther's Works,* vol. 21, Concordia, 1956, p. 23 (Edición en castellano por editorial CLIE).

[5] Yoder, p. 177, nota 23.

[6] Hch. 5.29.

[7] Gn. 1.26–27.

[8] Gn. 2.18–24.

[9] Publicado en Estados Unidos en 1973 y en Gran Bretaña por Maurice Temple Smith en 1977.

[10] *Op. cit.*, p. 63.

[11] *Op. cit.*, p. 60.

[12] *Op. cit.*, p. 62.

[13] *Op. cit.*, p. 121.

[14] *Op. cit.*, p. 81.

[15] Barclay, pp. 176–179.

[16] *Women in Antiquity*, Pan, 1956, pp. 136, 138.

[17] Barth: *Ephesians*, II, pp. 655–662.

[18] Barth: *Broken Wall*, p. 223.

[19] Por ejemplo, Is. 54.5–8; Jer. 2.1–3; 31.31–32; Ez. 23; Os. 1–3.

[20] Mr. 2.18–20; ver 21.2, 9.

[21] Ap. 19.6–9; 21. 2, 9.

[22] Ver Hch. 22.16.

[23] Ro. 10.8–10, 13.

[24] 1 P. 3.21.

[25] Calvino, pp. 583–584.

[26] Barth: *Ephesians*, II, p. 691.

[27] Lc. 7.25.

[28] Lloyd-Jones: *Life in the Spirit*, pp. 175–176.

[29] Ef. 3.19.

[30] Mt. 7.12.

[31] La frase 'de su carne y de sus huesos' de la RVR no pertenece al texto original. Sin duda fue añadida haciendo eco de Gn. 2.23.

[32] La traducción que hace Jerónimo de la Vulgata es *sacramentum hoc mágnum est*. Utilizó *sacramentum* en su significado antiguo de 'misterio' que contenía alguna verdad escondida o simbolismo sagrado, como en 1 Ti. 3.16. No implicaba, como tampoco lo hace el idioma griego, que el casamiento es un 'sacramento' en el sentido que más tarde le dio la teología católico-romana. Es 'sacramental' sólo en el sentido que Pablo le da, es decir que la unión del esposo y la esposa simboliza la unión de Cristo y su iglesia.

[33] Ver Mt. 5.22, 28, 32, 34, 39, 44.

[34] Hodge, p. 353.

[35] Lloyd-Jones: *Life in the Spirit*, p. 148.

[36] 1 P. 5.5.

[37] Yoder, p. 174.

[38] Barth: *Ephesians*, II, pp. 714–715.

11. Padres, hijos, amos y siervos

[1] Mr. 10.14.

[2] Mt. 18.5.

[3] 1 P. 3.1–6.

[4] Ro. 2.14–15.

[5] Ro. 1.28–30; 2 Ti. 3.1–2.

[6] Levítico 19. 1–3.

[7] Levítico 20.9; Dt. 21.18–21.

[8] Bruce, p. 121.

[9] Bruce, p. 121.

[10] Mr. 12.28.

[11] Hendriksen, p. 282.

[12] Hodge, p. 358.

[13] Hunter, p. 74.

[14] Mt. 10.34-39.

[15] Mt. 5.9; Ro. 12.18.

[16] Col. 3.20.

[17] Barclay, p. 184.

[18] Col. 3.20.

[19] Lc. 2.51.

[20] Es decir, 'derecho de vida y muerte'.

[21] Del artículo *Patria potestas* en el *Oxford Classical Dictionary* (ed. 1949), p. 653.

[22] Barclay, p. 184.

[23] Col. 3.21.

[24] *A Better Way*, InterVarsity Press, 1975, p. 59.

[25] (Victor Gollancz, 1952), pp. 285–286.

[26] Calvino, p. 622.

[27] Hendriksen, p. 285.

[28] Lloyd-Jones: *Life in the Spirit*, p. 290.

[29] Houlden, p. 336.

[30] He. 12.5–11.

[31] Pr. 13.24; 22.15. Ver también Pr. 23.13–14 y 29.15.

[32] Lloyd-Jones: *Life in the Spirit*, p. 268.

[33] *Ibid.*, p. 283.

[34] *Ibid.*, p. 279. Su exposición de estos cuatro versículos se da en cinco capítulos y cubre pp. 237–302.

[35] Barclay, p. 188.

[36] Westerman, p. 215.

[37] *Ética nicomaquea*, VIII.11.6, y *La Política*, 1.2,4.

[38] Salmon, p. 70.

[39] *The Slave Systems of Greek and Roman Antiquity* por W. L. Westermann, The American Philosophical Society, 1955, pp. 75–76. El *pater familias* era la cabeza da la familia y el *ergastulum* una casa de trabajos o prisión para esclavos que habían ofendido.

[40] Col. 3.22; ver Ef. 5.21.

[41] Por ejemplo, Fil. 2.7; Jn. 13.14–16.

[42] Por ejemplo, 1 Co. 9.19; 2 Co. 4.5.

[43] Caird, p. 216.

[44] Westerman, p. 215.

[45] Del artículo 'Slave, Slavery' de A. Rupprecht en *The Zondervan Pictorial Encyclopedia of the Biblia,* ed. Merrill C. Tenney, Zondervan, 1975, vol. V, p. 458.

[46] *Ibid.*, p. 459.

[47] 1 Co. 7.21; Flm. 16.

[48] A. Rupprecht *op. cit.* p. 458.

[49] *Ibid.*, p. 459.

[50] Salmon, p. 72.

[51] Calvino, p. 634.

[52] Flm. 16.

[53] Gá. 3. 28.

[54] Col. 3.11.

[55] Hendriksen, p. 287. Ver también el capítulo 'The Apostle Paul and the Roman Law of Slavery' de P. R. Colenm-Norton en Studies in *Roman Economic and Social History,* Princeton University Press, 1951, pp. 155–177.

12. Poderes y autoridades

[1] Hendriksen, p. 297.

[2] Lloyd-Jones: *Warfare,* pp. 16, 22.

[3] Barth, *Ephesians,* II, pp. 759–760.

[4] La expresión literal 'carne y sangre' que RVR y otras traducciones retienen, significa 'seres humanos' en su naturaleza humana presente y mortal de Mt. 16.17; 1 Co. 15.50; Gá. 1.16 y Hch. 2.14.

[5] Hch. 19.13–17.

[6] Hch. 19.18–20.

[7] Mt. 4.8–9; Jn. 12.31; 14.30; 16.11; 1 Jn. 5.19; ver también Ef. 2.2.

[8] Bruce, p. 128.

[9] 2 Co. 2.11.

[10] Caird, p. 92.

[11] 2 Co. 11.14.

[12] 1 P. 5.8; Gn. 3.1.

[13] Simpson, pp. 144–145.

[14] Lloyd-Jones: *Warfare,* p. 292.

[15] Publicado por Epworth.

[16] *Op.cit.,* p. 9.

[17] *Ibid.,* p. 10.

[18] *Ibid.,* p. 11.

[19] *Ibid.,* p. 83.

[20] *Ibid.,* p. 2.

[21] Herald Press, 2ª edición, 1977.

[22] *Op. cit.* p. 23.

[23] *Ibid.,* p. 24.

[24] *Ibid.,* pp. 25–26.

[25] *Ibid.,* pp. 20–22.

[26] *Ibid.,* p. 32.

[27] *Ibid.,* pp. 38–39.

[28] *Ibid.,* p. 44.

[29] *Ibid.,* p. 58.

[30] *Ibid.,* p. 49.

[31] *Ibid.,* pp. 50–51.

[32] *Ibid.,* p. 52.

[33] Oxford University Press.

[34] *Op.cit.,* pp. 20–21.

[35] *Ibid.,* p. VIII.

[36] *Ibid.,* pp. 27–30.

[37] *Ibid.,* p. 41.

[38] *Ibid.,* p. 101.

[39] Caird, p. 46.

[40] *Ibid.,* p. 91.

[41] Barth: *Broken Wall,* pp. 82–83.

[42] Barth: *Ephesians*, I, p. 154.

[43] *Ibid.*, p. 800.

[44] Lc. 20.20.

[45] Lc. 12.11; Tit. 3.1; Ro. 13.1–3.

[46] AG sobre *archē*.

[47] AG sobre *exousia*.

[48] Acerca de su creación ver Col. 1.16; su caída se da por entendida ya que Cristo necesitó conquistarlos; acerca de su conquista, ver Ef. 1.20–22; Col. 2.15; Ro. 8.38 y 1 P. 3.22; acerca de su aprendizaje, ver Ef. 3.10; su hostilidad Ef. 6.12 y su destrucción final, 1 Co. 15.24.

[49] Por ejemplo, Mt. 26.53; Mr. 12.25; Lc. 15.10; 16.22.

[50] Por ejemplo, Ro. 8.38; 1 Co. 4.9; 11.10; 1 T. 5.21; 1 P. 1.12; 3.22; He. 1.4–2.9; 12.18–24.

[51] Gá. 3.19–4.11. La cita corresponde a 4.3, TLA.

[52] Armitage Robinson, p. 132.

[53] Hendriksen, p. 296.

[54] Is. 59.17.

[55] Gurnall, I, p. 67.

[56] *Ibid.*, p. 330.

[57] *The Christian Soldier, An Exposition of Eph. 6.10–20*, Banner of Truth, 1977.

[58] Ver Jn. 8.31–36, 43–45.

[59] Por ejemplo, 4.21; 5.6, 9.

[60] Sal. 51.6; Ef. 4.15, 25.

[61] Gurnall, I, p. 337.

[62] *The Pilgrim's Progress* (1678), Collins' Classic Edition, 1953, p. 71. Hay diversas ediciones en castellano.

[63] 1 Ts. 5.8.

[64] Ro. 8.1, 33–34.

[65] Findlay, p. 415.

[66] Barth: *Ephesians*, II, p. 798.

[67] Col. 4.5–6.

[68] *The Misionary Nature of the Church* de Johannes Blauw (1962), Eerdmans, 1974, p. 125.

[69] Armitage Robinson, p. 251.

[70] Pr. 30.5, RVR.

[71] *The Pilgrim's Progress*, p. 74.

[72] Barth, *Ephesians*, II, p. 775.

[73] 1 Ts. 5.8.

[74] Hodge, pp. 387–388.

[75] Ap. 1.16; 2.12; 19.15; ver Is. 11.4; Os. 6.5.

[76] Mt. 10.17–20.

[77] He. 4.12.

[78] Simpson, p. 151.

[79] Gurnall, p. 60.

[80] *The Pilgrim's Progress*, p. 77.

[81] Por ejemplo, Mr. 13.33ss; Lc. 12.37ss.

[82] Mr. 14.34–38.

[83] 1 Co. 16.13; ver Ap. 3.2–3.

[84] 1 P. 5.8; Hch. 20.29–31.

[85] 1 Ts. 5.1–8; Ap. 16.15.

[86] Versículo 18; Col. 4.2.

[87] Hch. 26.18.

[88] Hch. 28.17, 23–24.

[89] Hch. 28.30–31.

[90] Foulkes, p. 180.

[91] Bruce, p. 134.

[92] Barth; Ephesians, II, p. 782.

Conclusión

[1] Gá. 6.11.

[2] 2 Ts. 3.17.

[3] 1 Co. 16.20.

[4] Col. 4.18.

[5] Hch. 20.4.

[6] Hch. 21.29.

[7] 2 Ti. 4.12.

[8] Col. 4.7–8.

[9] Ef. 2.14–17.

[10] Hendriksen, p. 310.

[11] Armitage Robinson, p. 138.

Editoriales de la Comunidad Internacional de Estudiantes Evangélicos (CIEE) apoyan esta publicación de Certeza Unida:

Certeza Argentina, Bernardo de Irigoyen 654,
(C1072AAN) Ciudad Autónoma de Buenos Aires, Argentina.
certeza@certezaargentina.com.ar

Editorial Lámpara, Calle Almirante Grau No 464, San Pedro,
Casilla 8924, La Paz, Bolivia. *coorlamp@entelnet.bo*

Publicaciones Andamio, Alts Forns 68, Sótano 1, 08038, Barcelona,
España. *editorial@publicacionesandamio.com*
www.publicacionesandamio.com

A la CIEE la componen los siguientes movimientos nacionales:

Asociación Bíblica Universitaria Argentina (ABUA)

Comunidad Cristiana Universitaria, Bolivia (CCU)

Aliança Bíblica Universitária do Brasil (ABUB)

Grupo Bíblico Universitario de Chile (GBUCH)

Unidad Cristiana Universitaria, Colombia (UCU)

Estudiantes Cristianos Unidos, Costa Rica (ECU)

Grupo de Estudiantes y Profesionales Evangélicos Koinonía, Cuba

Comunidad de Estudiantes Cristianos del Ecuador (CECE)

Movimiento Universitario Cristiano , El Salvador (MUC)

Grupo Evangélico Universitario, Guatemala (GEU)

Comunidad Cristiana Universitaria de Honduras (CCUH)

Compañerismo Estudiantil Asociación Civil, México (COMPA)

Comunidad de Estudiantes Cristianos de Nicaragua (CECNIC)

Comunidad de Estudiantes Cristianos, Panamá (CEC)

Grupo Bíblico Universitario del Paraguay (GBUP)

Asociación de Grupos Evangélicos Universitarios del Perú (AGEUP)

Asociación Bíblica Universitaria de Puerto Rico (ABU)

Asociación Dominicana de Estudiantes Evangélicos (ADEE)

Comunidad Bíblica Universitaria del Uruguay (CBUU)

Movimiento Universitario Evangélico Venezolano (MUEVE)

**Oficina Regional de la CIEE: c/o ABUB, Caixa Postal 2216,
01060-970 São Paulo, SP, Brasil.**
cieeal@cieeal.org | secregional@cieeal.org | www.cieeal.org

'Indispensable'

John Stott

Más de **10.000 temas** relacionados en una exhaustiva guía temática.
Más de **1400 páginas** de artículos.

Términos y conceptos teológicos y doctrinales, lugares y personajes bíblicos, bosquejos de los libros de la Biblia, mapas, diagramas y mucho más...